普通高等教育"十四五"应用型本科实验实践类创新性系列教材

跨境电子商务物流

主编 杨 芳 李金亮 戴恩勇

西安交通大学出版社
XI'AN JIAOTONG UNIVERSITY PRESS

图书在版编目(CIP)数据

跨境电子商务物流 / 杨芳,李金亮,戴恩勇主编. -- 西安:西安交通大学出版社,2025.1
普通高等教育"十四五"应用型本科实验实践类创新性系列教材
ISBN 978-7-5693-3760-0

Ⅰ.①跨⋯ Ⅱ.①杨⋯②李⋯③戴⋯ Ⅲ.①电子商务－物流管理－高等学校－教材 Ⅳ.①F713.365.1

中国国家版本馆 CIP 数据核字(2024)第 090429 号

书　　名	跨境电子商务物流 KUAJING DIANZI SHANGWU WULIU
主　　编	杨　芳　李金亮　戴恩勇
责任编辑	李逢国
责任校对	郭　剑
封面设计	任加盟
出版发行	西安交通大学出版社 (西安市兴庆南路 1 号　邮政编码 710048)
网　　址	http://www.xjtupress.com
电　　话	(029)82668357　82667874(市场营销中心) (029)82668315(总编办)
传　　真	(029)82668280
印　　刷	陕西奇彩印务有限责任公司
开　　本	787 mm×1092 mm　1/16　印张 14.75　字数 342 千字
版次印次	2025 年 1 月第 1 版　2025 年 1 月第 1 次印刷
书　　号	ISBN 978-7-5693-3760-0
定　　价	44.80 元

如发现印装质量问题,请与本社市场营销中心联系。
订购热线:(029)82665248　(029)82667874
投稿热线:(029)82664840　QQ:1905020073
读者信箱:1905020073@qq.com

版权所有　侵权必究

前　言

跨境电子商务是通过互联网进行国际贸易的一种跨国界实现商品、服务和货币交流的经济活动，是发展速度快、潜力大、带动作用强的外贸新业态。跨境电子商务在打破地理障碍、降低交易成本、改变消费行为、增加跨国贸易等方面都有着积极的推动作用，成为目前外贸增长的新引擎。据海关测算，2023年，我国跨境电商进出口总额2.38万亿元，较上年增长15.6%。其中，出口1.83万亿元，增长19.6%；进口5483亿元，增长3.9%。中国的跨境电子商务进出口规模5年来增长了近10倍。

跨境电子商务的发展离不开物流体系的支撑，跨境电子商务物流的成本、时效性和通畅程度直接影响电商企业的销售成本和利润以及客户的购物体验。选择合适的物流渠道和服务，能有效降低跨境电子商务物流成本和运营风险，提升消费者的购物满意度，更为商品拓展海外市场、提升品牌形象创造条件和基础。

跨境电子商务物流涉及国际和国内物流、海关出入境与商检、地区间物流渠道与价格的差异性等因素，物流方式更为纷繁复杂，如何选择合适的跨境电子商务物流解决方案和产品，以最大限度降低成本和风险，获得最理想的经营效果，是跨境电子商务领域所追求的目标。"业以才兴"，跨境电子商务物流发展需要一批具备国际贸易、国际物流及相关知识的高素质、技能型专业人才。不少学校在电子商务、物流管理、商务英语等相关专业开设了"跨境电子商务物流"课程，以适应社会对跨境电子商务专业人才的要求。

本书聚焦跨境电子商务与物流的整合知识需求，以培养熟悉跨境电子商务和跨境物流知识的人才为目标，广泛参考了国内外电子商务物流管理相关著作和论文，注重理论与实际的有机结合，力求培养出具有扎实专业知识和较强职业能力的跨境电子商务物流专业人才。本书重点介绍了跨境电子商务、跨境电子商务物流及其系统网络、跨境电子商务物流政策与标准化、海关对跨境电子商务物流的监控与通关、跨境电子商务物流海运流程、海外仓流程、信息系统及案例分析等几部分内容。

本书为校企联合开发教材，集结了来自长沙学院（杨芳、戴恩勇、李金亮、龙飞、吴堪）、湖南女子学院（王琳）、湖南财政经济学院（杨鹏）、长沙华球通供应链有限责任公司（吴盛兴、刘宇航）、湖南京邦达物流科技有限公司（张佳林）的高校教师和企业导师共同编写。其中，长沙学院杨芳负责全书的框架设计和大纲搭建，并与杨鹏负责第一章、附录内容的编写及全书的统稿工作，李金亮、吴盛兴负责第二、四章内容的编写，戴恩勇、吴堪负责第三、八章内容的编写，王琳、刘宇航负责第五、六章内容的编写,龙飞、张佳林负责第七章内容的编写。

电子商务发展日新月异,本书内容仅围绕截稿时跨境电商平台进行编写,由于作者的水平有限、时间仓促,书中难免存在不足之处,恳请读者提出宝贵意见,以便再版时予以修正。

本书为湖南省教育厅科学研究课题(项目编号:21A0547)的部分研究成果、湖南省普通高等学校教学改革研究课题(项目编号:202401001964)、湖南省普通高等学校教学改革研究课题(项目编号:HNJG20220303)的阶段性研究成果,并得到以上课题的相关资助。

编者

2024 年 8 月

目 录

第一章 跨境电子商务与跨境电子商务物流概述 ... 1
- 第一节 跨境电子商务概述 ... 1
- 第二节 跨境电子商务物流概述 ... 10
- 第三节 跨境电子商务物流运作模式及流程 ... 16

第二章 跨境电子商务物流系统与网络 ... 22
- 第一节 跨境电子商务物流系统 ... 22
- 第二节 跨境电子商务物流模式 ... 24
- 第三节 跨境电子商务物流节点 ... 33
- 第四节 跨境电子商务物流连线 ... 35
- 第五节 跨境电子商务物流网络 ... 38

第三章 跨境电子商务物流政策与标准化 ... 44
- 第一节 跨境电子商务物流发展的环境 ... 44
- 第二节 跨境电子商务新政 ... 55
- 第三节 跨境电子商务物流标准化 ... 64

第四章 海关对跨境电子商务物流的监控与货物通关 ... 75
- 第一节 海关对跨境电子商务的监管 ... 75
- 第二节 海关对货运的监管制度 ... 79
- 第三节 通关作业 ... 83
- 第四节 报关单及其填制规范 ... 86
- 第五节 跨境电子商务服务平台 ... 95
- 第六节 常见海关清关问题分析 ... 101

第五章 跨境电子商务物流发运流程 ... 106
- 第一节 跨境电子商务包装 ... 106
- 第二节 电商发货处理 ... 131
- 第三节 常见的物流网规 ... 139

第六章 海外仓运作流程 ... 147
- 第一节 海外仓概述 ... 147
- 第二节 海外仓选品规则 ... 151
- 第三节 海外仓费用结构 ... 153
- 第四节 海外仓商品增值税与服务规范 ... 164

1

第七章　跨境电子商务物流信息系统……………………………………………… 168
　第一节　跨境电子商务物流信息技术……………………………………………… 168
　第二节　跨境电子商务物流信息系统概述………………………………………… 180

第八章　跨境电子商务背景下各类企业物流系统……………………………… 195
　第一节　企业自营物流系统………………………………………………………… 195
　第二节　第三方企业物流系统……………………………………………………… 208
　第三节　基于供应链的跨境电子商务物流系统…………………………………… 217

附录　跨境电子商务物流相关名词解释………………………………………… 224

参考文献…………………………………………………………………………… 228

第一章 跨境电子商务与跨境电子商务物流概述

学习目标

- 掌握跨境电子商务、跨境电子商务物流的概念和特点。
- 理解跨境电子商务产业类型、运作模式以及跨境电子商务物流渠道类型。
- 了解跨境电子商务对跨境电子商务物流的影响。
- 合理选择跨境电子商务物流渠道。

第一节 跨境电子商务概述

跨境电子商务源于电子商务、经济全球化、国际贸易的发展与融合,也是电子商务发展成熟向细分市场演进的产物。外部环境方面,互联网普及与信息技术进步,加快了信息的传递速度,增强了信息的透明度,有助于电子商务产业发展成国际化的跨境电子商务;需求方面,智能移动装置普及带动消费者购物习惯发生改变,更突出了跨境电子商务所强调的需求者可以不受时空限制,直接向供给者下单购买商品,进而构建出多种新形态的跨境电子商务模式。

一、跨境电子商务的概念及特征

(一)电子商务的概念

电子商务是利用计算机技术、网络技术和远程通信技术,通过实现电子化、数字化和网络化而进行的商务活动。联合国国际贸易程序简化工作组对电子商务的定义是:采用电子形式开展商务活动,它包括在供应商、客户、政府及其他参与方之间通过任何电子工具,如电子数据交换(EDI)、Web技术、电子邮件等共享非结构化商务信息,并管理和完成在商务活动、管理活动和消费活动中的各种交易。因此,电子商务是以商务活动为主体,以计算机网络为基础,以电子化方式为手段,在法律许可范围内所进行的商务活动交易过程。

电子商务即使在各国或不同的领域有不同的定义,其关键依然是依靠着电子设备和网络技术进行的商业模式。随着电子商务的高速发展,它已不仅仅包括购物的主要内涵,还包括了物流配送等附带服务等。电子商务包括电子货币交换、供应链管理、电子交易市场、网络营销、在线事务处理、电子数据交换、存货管理和自动数据收集系统。在此过程中,会使用互联网、外联网、电子邮件、数据库、电子目录和移动电话等技术。

对电子商务的理解应从"现代信息技术"和"商务"两个方面考虑。一方面,"电子商务"概念所包括的"现代信息技术"应涵盖各种以电子技术为基础的通信方式;另一方面,对"商务"一词应做广义解释,使其包括契约型和非契约型的一切商务性质的关系所引起的各种事项。如果将"现代信息技术"看作一个子集,"商务"看作另一个子集,电子商务所覆盖的范围应是这两个子集所形成的交集。电子商务概念模型如图1-1所示。

图1-1 电子商务概念模型

结合相关概念,电子商务是各种具有商业活动能力和需求的实体(生产企业、商贸企业、金融企业、政府机构、个人消费者等)为了跨越时空限制和提高商务活动效率,采用计算机网络和各种数字化传媒技术等电子方式实现商品交易和服务交易的一种贸易形式。

电子商务有狭义和广义之分。狭义上讲,电子商务(electronic commerce,EC)是指:通过使用互联网等电子工具(这些工具包括电报、电话、广播、电视、传真、计算机、计算机网络、移动通信等)在全球范围内进行的商务贸易活动。它是以计算机网络为基础所进行的各种商务活动,包括商品和服务的提供者、广告商、消费者、中介商等有关各方行为的总和。人们一般理解的电子商务是指狭义上的电子商务。广义上讲,电子商务一词源自"electronic business",是通过电子手段进行的商业事务活动。它通过使用互联网等电子工具,使公司内部、供应商、客户和合作伙伴之间,利用电子业务共享信息,实现企业间业务流程的电子化,配合企业内部的电子化生产管理系统,提高企业的生产、库存、流通和资金等各个环节的效率,如市场调研、财务核算、生产计划安排、客户联系、物资调配等,这些活动涉及企业内外。

无论是狭义还是广义的电子商务概念,都涵盖了两个方面:一是电子商务离不开互联网这个平台,没有了网络,就称不上电子商务;二是通过互联网完成的是一种商务活动。

(二)跨境电子商务的概念及特征

1. 跨境电子商务的概念

跨境电子商务(cross-border e-commerce)也称跨境电商,是不同关境的交易主体,通过电子商务平台达成交易、进行支付结算,并通过跨境电子商务物流送达商品、完成交易的一种国际商业活动。广义的跨境电子商务不仅包括B2C(企业对个人)、C2C(个人对个人)两种中小型交易类型,还包括B2B(企业对企业)这种大型交易类型。

目前,跨境电子商务供应链的基本业务流程是:生产商(或制造商)的商品通过跨境电子商务平台展示给消费者,在下单成功及支付完成后,国内外物流企业将其送达消费者或者企业手中。消费者需要退货时,在跨境电子商务平台上提出申请,并通过物流企业进行投递,最终送达境外卖家手中。跨境电子商务供应链基本流程如图1-2所示。

2. 跨境电子商务的特征

跨境电子商务作为一种国际贸易新业态,将传统国际贸易加以网络化、电子化,以电子技术和物流为主要手段,以商务为核心,把传统的销售、购物渠道移到网上,打破国家与地区有形、无形的壁垒,因其具有减少中间环节、节约成本等优势,在全世界范围内迅猛发展。因此跨境电子商务具备全球性、无形性、匿名性、即时性、无纸性、快速演进六大特征。

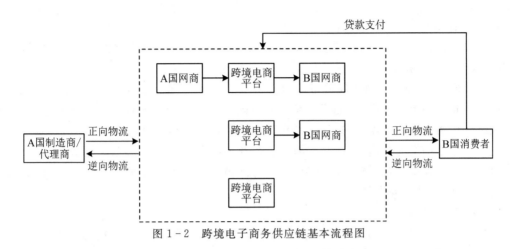

图 1-2　跨境电子商务供应链基本流程图

1) 全球性

互联网是一个没有边界的媒介体,具有全球性和非中心化等特征;由于经济全球化的发展趋势,商家依附于网络进行跨境销售,使得跨境销售也具有全球性和非中心化等特征。

2) 匿名性

跨境电子商务的全球性和非中心化,使得卖家很难识别买家身份和具体的地理位置。在线交易的买家大多不会显示自己具体的位置和身份,但是这并不影响交易的进行,网络匿名也允许买家这样做。

3) 无形性

网络的发展,使得数字化产品及服务传输盛行,而数字化传输则通过不同类型的媒介进行。例如,数据、图像和声音在全球网络环境中集中传输,这些媒介在网络中主要以数据代码的形式存在,因而是无形的。

4) 即时性

对于网络上的传输信息而言,其传输的速度与信息的地理位置、距离无关。传统交易模式主要以信函、传真、电报等进行,在信息发送与接收之间,存在很长一段不确定的时间差。而在电子商务中,其信息交流则较为便捷,发送信息与接收信息几乎同步,就如面对面交流一样。

5) 无纸性

电子商务主要采用无纸化的方式进行操作,这是以电子商务形式进行贸易的主要特点。在电子交易过程中,电子计算机会记录一系列的纸面交易数据,因为电子信息以比特的形式存在和发送,所以整个信息的发送和接收过程可实现无纸化交易。

6) 快速演进

跨境电子商务是一个新的模式,其现阶段尚处于发展阶段,其网络设施和相应协议软件的发展具有很大的不确定性。政策制定者需考虑电子商务是在网络上交易,就像新生儿一样,它势必会以前所未有的速度和无法预知的方式,进行不断的演进。

3. 跨境电子商务的产业类型

跨境电子商务产业类型分为 B2B、B2C、C2C 三种。但在跨境电子商务市场中,跨境 B2B 模式在整体跨境电子商务行业中尤为重要,扮演着支柱型产业的角色。

1)跨境 B2B 电商

B2B(Business-to-Business)是企业对企业的模式,即企业与企业之间通过互联网进行产品、服务及信息的交换。

跨境 B2B 是指分属不同关境的企业和企业,通过电商平台达成交易、进行支付结算,并通过跨境电子商务物流送达商品、完成交易的一种国际商业活动。B2B 跨境电子商务平台所面对的最终客户为企业或集团客户,这个平台可以提供企业、产品、服务等相关信息。目前,中国跨境电子商务市场交易规模中,B2B 跨境电子商务市场交易规模占总交易规模 90% 以上。在跨境电子商务市场中,企业级市场始终处于主导地位。代表企业主要有敦煌网、中国制造、阿里巴巴国际站、环球资源网等。

2)跨境 B2C 电商

B2C(Business-to-Customer)是企业针对个人开展的电子商务活动的总称,如企业为个人提供在线医疗咨询、在线商品购买等。

跨境 B2C 是指分属不同关境的企业直接面向消费个人开展在线销售产品和服务,通过电商平台达成交易、进行支付结算,并通过跨境电子商务物流送达商品、完成交易的一种国际商业活动。B2C 跨境电子商务企业所面对的最终客户为个人消费者,针对最终客户以网上零售的方式,将产品售卖给个人消费者。B2C 跨境电子商务平台同时在不同垂直类目商品销售中体现不同的特点和优势,如 FocalPrice(一个针对海外客户的外贸 B2C 网站)主营 3C 数码电子产品,兰亭集势则在婚纱销售上占有绝对优势。B2C 跨境电子商务市场正在逐渐发展,且在中国整体跨境电子商务市场交易规模中的占比不断升高。未来,B2C 跨境电子商务市场将会迎来大规模增长。代表企业主要有速卖通、帝科思、兰亭集势、米兰网、大龙网等。

3)跨境 C2C 电商

C2C(Customer-to-Customer)是个人与个人之间的电子商务,主要通过第三方交易平台实现个人对个人的电子交易活动。

跨境 C2C 是指分属不同关境的个人卖方对个人买方开展在线销售产品和服务,由个人卖家通过第三方电商平台发布产品和服务售卖信息、价格等内容,个人买方进行筛选,最终通过电商平台达成交易、进行支付结算,并通过跨境电子商务物流送达商品、完成交易的一种国际商业活动。

在众多国内跨境进口电商中,C2C 买手模式发展得最早,"粉丝共享"经济做得最好。C2C 买手代购模式是指买手负责在全球采购,平台撮合买手与用户之间的交易。这种模式是一种典型的"共享经济"模式,平台依赖买手入驻,优势在于无库存。这一模式最大的缺点在于:基于买手的"个人化"角色,平台无法完全确保买手诚信及产品为正品,商品的品质问题一直无法彻底解决。代表企业主要有全球购、洋码头、街蜜等。

4. 跨境电子商务的运作模式

跨境电子商务的运作主要依赖于互联网的运营,所以运作最重要的是将互联网优势发挥到最大,降低所有中间环节,这才是电商的本质。不同跨境电子商务运作模式在一定程度上影响着用户体验。

1)平台模式

电商将第三方商家引入平台,提供商品服务,属于轻资产模式,收入仅靠佣金,第三方商家品质难以保障。

2) 自营＋平台模式

一部分采取自营,一部分允许商家入驻,供应链管理能力强,对爆款标品采取自营,非标品可引进商家,最小存货单位(SKU)丰富;正品真货,与品牌建立稳固关系,打通了产品的流通环节,属于重资产模式。

3) 闪购模式

凭借积累的闪购经验及用户黏性,采取低价抢购策略,产品更换快,新鲜度高,客户重复购买率高,折扣带来足够的利润空间,容易产生用户二次购买,能够最大化利用现金流,物流成本高,门槛低,竞争激烈。

4) 线下转型 O2O

依托线下门店和资源优势,同时布局线上平台,形成线上到线下(online to offline,O2O)闭环,富有经验的采购团队与线上平台形成协同效应,但线上引流能力不足,客户黏性需要长时间培养。

5) 买手制＋海外直邮平台模式

平台引入海外专业买手提供商品服务,依托自身官方国际物流承运,保证商品来自海外且全程密封安全。买手群体庞大,商品多元,且100％来自海外,同时已建立国际物流门槛,运输时效有保证,平台 App(应用软件)体验有待提高。

6) 垂直自营平台

品类的专项化程度高,以深耕某一个特定领域为主,供应链模式多样,可选择代采直采、保税和直邮。单一品类细分程度高,前期需要较大资金支持。

7) 自营模式

电商从供应商采购商品销售给客户,商品源可控,消费者有保障,一站式购物,但毛利水平低,品类选择少,SKU 少。

8) 导购返利平台模式

通过编辑海外电商信息达到引流的目的,再将订单汇总给海外电商。比较快地了解消费者的前端需求,引流速度快,但技术门槛低,竞争激烈,难以形成规模。

9) C2C 代购模式

客户下单后,海外个人买手或商家从当地采购,通过国际物流送达,但现金流沉淀大,通过庞大买手数量扩充 SKU,管理成本高,商品源不可控,收入仅为佣金和服务费。

二、跨境电子商务与传统外贸的关系与演进

(一)跨境电子商务与传统外贸的关系

跨境电子商务与地区传统外贸之间相互促进共同发展。通常对外贸易越发达的地区,其跨境电子商务交易也越频繁;反之,对外贸易发展越落后的地区,其跨境电子商务交易活动越少。由此可见,跨境电子商务发展水平与传统对外贸易之间并不是相互冲突、此消彼长的关系,而是相互促进的互动关系,即传统对外贸易的增长能有效推动跨境电子商务的发展,反过来跨境电子商务的出现也为对外贸易提供了一种新的交易方式,有力地拉动了外贸增长。

1. 传统外贸的增长能有效推动跨境电子商务的发展

首先,传统外贸的增长能有效带动国内整个市场经济的增长,而市场经济的发展也为国内

电商发展提供了沃土；其次，传统外贸的增长能有效提高中国在国际上的市场地位，促使人民币实现国际化，为跨境电子商务发展奠定良好的货币环境；最后，传统外贸的增长，也会有更多跨境购买商增加对多种贸易方式，包括跨境电子商务的需求，进而通过需求推动跨境电子商务的发展。传统外贸对跨境电子商务发展的推动机理如图1-3所示。

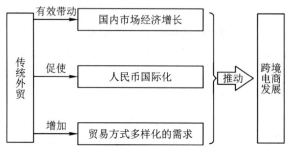

图1-3 传统外贸对跨境电子商务发展的推动机理

2. 跨境电子商务能拉动传统外贸增长

从宏观层面看，一方面，跨境电子商务的出现能够打破传统贸易的地域性限制，真正实现国家产品销售渠道的全球化，通过拓展市场份额拉动外贸增长；另一方面，跨境电子商务将大大缩短对外贸易链，通过降低贸易成本拉动外贸增长。跨境电子商务通过B2B、B2C等模式实现了购买商与供应商的直接对接，减少了中间出口商、进口商、批发商等多环节。

从中观层面看，由于跨境电子商务实现了生产者与消费者之间的联系，国内生产商既能够通过把握消费者需求进而出口种类更为丰富的产品，带动传统外贸增长；同时，也能避免传统模式下利润被上游研发者和下游售后者截留造成中间出口商利润微薄的弊端，拉平微笑曲线价值链。

从微观层面看，跨境电子商务一方面降低了外贸成本，包括市场搜索费、开发研究费等，为传统外贸创造了更多商业机会；另一方面跨境电子商务也能有力带动外贸产业的升级转型，推动了外贸企业的创新转型发展。跨境电子商务对传统外贸发展的拉动机理如图1-4所示。

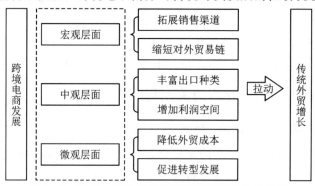

图1-4 跨境电子商务对传统外贸发展的拉动机理

(二)跨境电子商务与传统外贸的演进

按照协同主导力量的不同，将跨境电子商务平台与传统外贸企业协同演化划分为以下五个阶段。

1. 无主导型阶段

在此阶段,跨境电子商务处于起步阶段,发展规模比较小,平台定位、服务模式等都不清晰。其主要特征表现为:第一,缺乏合作意识。大部分传统外贸企业对跨境电子商务平台的信任度较低,对跨境电子商务持观望态度。少数传统外贸企业率先尝试通过跨境电子商务平台进行简单交易,但由于没有考虑到自身发展需求和市场发展趋势,盲目选择了不适合自己的跨境电子商务平台。第二,协同发展程度低。传统外贸与跨境电子商务同时都在发展,但二者的发展运动是没有规律且不稳定的。一方面,传统外贸企业试图借助跨境电子商务平台完成跨境交易获得利润;另一方面,跨境电子商务平台则企图通过提供一些线上服务从外贸企业的交易利润中获得部分佣金收入。二者协同发展程度很低,没有明显的主导力量,即无主导型阶段。

2. 传统外贸企业主导阶段

随着跨境电子商务的发展,大部分传统外贸企业开始基于自身需求选择跨境电子商务平台,而跨境电子商务平台正急需外贸企业的入驻以提高平台流量,形成了传统外贸企业主导的协同行为。其主要特征表现为:第一,双方有合作意识但合作方式不明确。传统外贸企业和跨境电子商务平台各自基于自身利益产生了现实合作的需要,但由于跨境电子商务平台自身建设缺乏整体规划,同时由于双方合作关系建立的时间短且不稳定,因此双方具体合作方式与内容还不明确。第二,传统外贸企业的主导作用较明显。此阶段,跨境电子商务平台的发展依赖于传统外贸企业入驻的规模以及商品品类和数量的增加。而入驻的传统外贸企业对跨境电子商务平台提出了更高的要求,比如简便的平台操作方式、规范且公平的平台规则、更高的点击量和流量转化率等,使得跨境电子商务平台不得不加大投入来满足客户需求。

3. 跨境电子商务平台主导阶段

随着国家相关政策措施的出台,跨境电子商务平台的服务模式不断规范,建立了稳定而有效的盈利模式,形成了由跨境电子商务平台主导的协同行为。其主要特征表现为:第一,二者合作意愿增强且合作方式比较明确。跨境电子商务平台在此阶段凭借其精准的大数据处理能力积极拓展服务范围,为外贸企业提供从商品线上展示、信用评估、物流通关、订单支付等一站式跨境交易服务,跨境电子商务平台与外贸企业之间的合作意愿逐渐增强,且合作方式与内容更加明确。第二,跨境电子商务平台的主导作用较明显。此阶段,传统外贸企业纷纷借助跨境电子商务平台进行跨境交易,而跨境电子商务平台则以较明显的主导地位对入驻的外贸企业进行严格的资质审核,对平台商品的品类和质量提出了更高的要求。跨境电子商务平台和传统外贸企业的协同主要表现为:外贸企业单方面配合跨境电子商务平台的服务模式。

4. 协同主导发展阶段

随着国际规则日趋完善,跨境电子商务平台与传统外贸企业进入了二者协同主导的阶段。其主要特征表现为:第一,合作意愿强烈且矛盾冲突减少。此阶段,跨境电子商务平台与传统外贸企业的相互信任度提高,合作意愿强烈。同时,在外贸企业、跨境电子商务平台、海关、物流、售后等各个可能出现争端的环节均有了较成熟的解决方案,有效地减少了矛盾冲突。第二,二者协同发展水平较高。随着大数据挖掘、电子支付等新技术的发展,跨境电子商务与传统外贸呈现出彼此促进的较高的协同发展水平。一方面,跨境电子商务平台通过采购的规模化和物流的集约化对供应链进行管控,为外贸企业提供订单、物流、通关、售后等一条龙的服务。另一方面,传统外贸企业围绕跨境电子商务平台逐步形成了稳定的产业集群,较大地促进

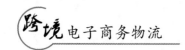

了跨境电子商务平台的进一步发展。

5. 协同创新发展阶段

随着外贸市场环境以及国际规则的不断完善,跨境电子商务平台与传统外贸企业通过技术革新等手段创造了新的增长点,达到更高层次的协同,形成协同创新阶段。其主要特征表现为:第一,合作深入且开始创新合作内容。此阶段,跨境电子商务平台提供的综合服务项目已经很全面,主要做的是利用各种新技术手段提供增值服务,以满足用户更高层次的潜在需求。比如,通过海外仓等设施的建设提高物流效率,通过绿色可循环包装提高包装质量,通过提供更人性化的服务提高用户满意度,等等。第二,协同发展能力强、层次高。随着跨境电子商务平台与传统外贸企业在信息共享、合作共赢的基础上不断追求新的合作模式,此阶段出现了产业链协同、用户协同等高层次、创新性的协同。比如,跨境电子商务平台和信息技术双向联合,共同为用户的私人财产安全提供有效保障。

三、跨境电子商务的发展现状及趋势

近年来,随着全球人均购买力的增强、互联网普及率的提升、第三方支付软件的进一步成熟、物流等配套设施的完善,网络购物已经成为全球兴起的消费习惯。而跨境电子商务搭建了一个自由、开放、通用、普惠的全球贸易平台,并通过互联网实现了全世界的链接。

(一)跨境电子商务发展现状

在经济一体化的推动及国家政策的支持下,跨境电子商务经历了兴起期、爆发期,目前正处于稳定发展阶段。在兴起期(1998—2007年),主要是传统B2B向B2C、C2C转型,以敦煌网和个人代购为主;在爆发期(2008—2015年),涌现诸多垂直型跨境电子商务,例如洋码头、小红书、蜜芽等,专注于发展某一单一行业;在稳定发展期(2016年至今),跨境电子商务得到迅速发展,小型跨境电子商务被淘汰,综合型跨境电子商务稳步发展,例如京东全球购和阿里巴巴旗下的速卖通,销售商品品类也从单一化发展为多元化。

据中国电子商务研究中心统计,自2011年到2023年,我国跨境电子商务交易总额不断增长,尤其是在我国传统进出口贸易平稳发展甚至负增长的情况下,跨境电子商务市场交易规模持续扩大,2023年我国跨境电商进出口总额2.38万亿元,较上年增长15.6%,其中,出口1.83万亿元,较上年增长19.6%;进口5483亿元,较上年增长3.9%。近13年的统计数据如表1-1和图1-5所示。

表1-1 2011—2023年我国对外贸易与跨境电子商务交易情况汇总表

年份	进出口总额/万亿元	进出口贸易增长率/%	跨境电子商务交易总额/万亿元	跨境电子商务交易增长率/%	跨境电子商务行业渗透率/%
2011	23.64	17.20	1.70	54.50	7.20
2012	24.42	3.30	2.10	23.53	8.60
2013	25.82	5.70	3.15	50.00	12.20
2014	26.42	2.30	4.20	33.33	15.90
2015	24.55	-7.10	5.40	28.57	22.00
2016	24.34	-0.90	6.70	24.07	27.50

续表

年份	进出口总额/万亿元	进出口贸易增长率/%	跨境电子商务交易总额/万亿元	跨境电子商务交易增长率/%	跨境电子商务行业渗透率/%
2017	27.79	14.20	8.06	20.29	29.00
2018	30.51	9.70	9.00	11.66	29.50
2019	31.54	3.40	10.50	16.66	33.29
2020	32.16	1.90	12.50	19.05	38.86
2021	39.10	21.40	14.20	13.60	36.32
2022	40.07	7.70	15.7	10.56	37.32
2023	41.76	0.20	—	—	—

资料来源：由中国电子商务研究中心数据、《中国统计年鉴》、艾瑞咨询数据整理及计算所得。

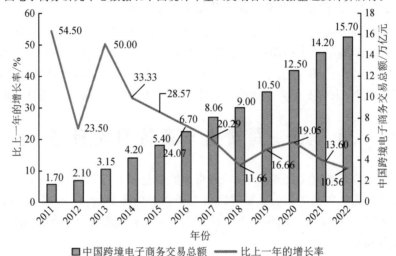

资料来源：由中国电子商务研究中心数据、中国统计年鉴、艾瑞咨询数据整理及计算所得。

图1-5　2011—2022年中国跨境电子商务交易规模及增长率

(二)跨境电子商务发展趋势

总体来说，我国跨境电子商务呈稳定发展趋势。同时，在全球经济一体化的大趋势下，随着网络科技逐渐普及，跨境消费者购买需求增强，再加上国家对试点城市以及跨境电子商务物流、线上支付的大力支持，中国跨境电子商务在未来将会持续迅猛发展。在国家政策、市场需求、技术发展、资本力量的影响下，我国跨境电子商务呈现出三大新发展趋势。

1. 资本支持、需求增加，跨境电子商务支持服务商市场潜力巨大

在技术发展上，随着跨境电子商务运营的日趋精细化，行业支撑体系朝着多样化、数字化、智能化方向发展。跨境电子商务物流、跨境支付、软件即服务(SaaS)、数字营销等支持服务商以大数据、云计算、人工智能、区块链等数字技术为基础，加速推动供应链重塑，助力全流程优化提升，极大地提高了行业运行效率和利润空间。

随着独立站模式的兴起，跨境电商领域对支持服务商的需求不断增加。海外营销、跨境支付和独立运营是独立站平台面临的三大难题,与专业支持服务商合作、推动精细化运营成为独立站破局的关键。

2. 跨境电子商务从"产品出海"跨入"品牌出海"时代

伴随着跨境电子商务由消费者终端向贸易链中心的转型,传统品牌企业将本土化的成熟品牌输入海外,借助当地的大型第三方平台销售产品;新兴互联网思维企业则优先考虑品牌价值,根据品牌的定位、文化、目标将产品输入海外市场,多以独立站模式或兼顾第三方平台模式输入海外市场。

在扩张中,跨境电子商务企业主要通过树立品牌形象,灌输品牌文化及理念,在贴上一定有效的品牌标签后扩大市场份额,获取品牌溢价带来的收益。

跨境电子商务企业根据市场需求快速反应,提高产品更新迭代的速度,同时搭配供应链优势,和本土卖家站在同一起跑线上甚至实现超越,从而建立起有效的竞争壁垒。

3. 移动社交时代,跨境电子商务流量变革朝精细化发展

跨境电子商务经历从野蛮流量变现,向精细化运营发展,企业更加注重营销数据在构建整个营销闭环中的实际应用。在移动社交时代,流量成为企业的宝贵财富,如何实现最大化成本效益、最优化购物体验成为跨境卖家关注的重点。结合国内发达的电商营销模式,跨境电商卖家基于社交平台规则,正在逐步将直播带货等中国模式带出海外,推动移动社交的流量变革。

第二节 跨境电子商务物流概述

现在跨境电子商务外贸卖家越来越多,每当开始做业务有订单时,第一个要考虑的问题就是怎么选择快递物流把货发送出去。随着跨境电子商务的不断进步,跨境电子商务物流也逐渐走向繁荣。例如,根据国家邮政局数据统计,2011年国际及港澳台地区快递量为1.1亿件,2022年则达到了20.2亿件。

一、跨境电子商务物流的概念及特点

(一)物流的概念

"物流"是个外来语,20世纪70年代末,这一词语通过中日之间的经济文化交流活动传入中国。不过"物流"亦非日本原创。1956年,日本组织了一支大型的流通技术专业考察团赴美考察,发现美国人讲的"physical distribution"(PD)涉及大量的流通技术,对提高流通领域的劳动生产率很有好处,于是在考察报告中对其进行了介绍。随后,这一概念引起了日本产业界的重视。日本人把"PD"翻译成了日文"物の流",1965年将其更进一步简化为"物流"。

在不同的社会发展阶段,为适应不同时代的社会需要,物流的定义也在不断地进化和完善。随着经营范围的不断扩大、所包含内容的不断深化,物流的目标逐渐由活动本身,转向对物流活动的管理。这一转变导致"物流"及其定义发生了变化。1985年,美国物流管理协会将物流的名称从"PD"改为"logistics",并将其定义为"以满足顾客需要为目的,对货物、服务及相关信息,从起源地到消费地的有效率、有效益的活动和储存进行计划、执行和控制的过程"。这次改名的结果是,20世纪90年代以后,全世界都基本使用"logistics",而不是用"PD"来表述"物流"了。

中华人民共和国国家标准《物流术语》(GB/T 18354—2021)将物流定义为："根据实际需要,将运输、储存、装卸、搬运、包装、流通加工、配送、回收、信息处理等基本功能实施有机结合,使物品从供应地向接受地实体流动的过程。"

(二)跨境电子商务物流的概念

跨境电子商务物流是相对于国内物流而言的,是跨国界(或地区)的、流通范围扩大了的物品的实体流动,是国内物流的延伸和扩展。

跨境电子商务物流有广义和狭义之分。广义的跨境电子商务物流包括贸易性跨境电子商务物流和非贸易性跨境电子商务物流。其中贸易性跨境电子商务物流是指跨境贸易货物(进出口货物)在国际的合理流动,即根据国际贸易的需要发生在不同国家间的物流。非贸易性跨境电子商务物流是各种展览品、行李物品、办公物品、援外物资等非贸易货物在国际的流动。

狭义的跨境电子商务物流是指贸易性的跨境电子商务物流。具体是指当商品的生产和消费分别在两个或两个以上的国家(地区)独立进行时,为了克服生产与消费之间的空间距离和时间间隔,对商品进行时间和空间转移的活动,即卖方交付货物和单证、收取货款,买方支付货款、接收单证、收取货物的过程。跨境电子商务物流是以贸易性的跨境电子商务物流为主体的,所以本书讲的跨境电子商务物流主要是指贸易性的跨境电子商务物流。

跨境电子商务物流基本流程如图 1-6 所示。

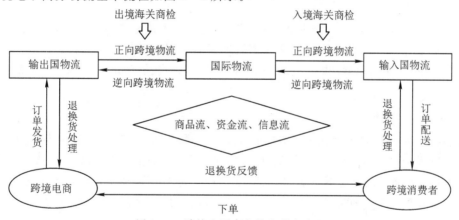

图 1-6 跨境电子商务物流基本流程

(三)跨境电子商务物流的特点

随着跨境电子商务的高速发展,适应跨境电子商务需求的各种类型的跨境电子商务物流服务也衍生出来。区别于传统物流,跨境电子商务物流主要有以下特征。

1. 物流环境的差异性

跨境电子商务物流的一个重要特点是各国物流环境的差异性,即物流软环境的差异。不同国家的物流适用的法律不一致,这使得跨境电子商务物流的复杂性远高于国内物流。各国不同的经济和科技发展水平使跨境电子商务物流处于不同科技条件的支撑下,不同国家的物流标准也造成了国际物流接轨的困难。物流环境的差异性使得跨境电子商务物流过程需要在多个不同语言、法律、人文、风俗、科技、设施环境下运行,大大增加了跨境电子商务物流的难度。

2. 物流系统的复杂性

物流本身的功能要素和系统已十分复杂,而跨境电子商务物流中又增加了不同国家的要素,其地域和空间更为广阔,所涉及的内外因素更多,所需要的时间更长,所带来的直接后果是难度和风险性大大提高。

3. 对国际化信息系统的依赖性

跨境电子商务物流的迅速发展得益于国际化信息系统的发展,国际化信息系统是跨境电子商务物流非常重要的支持手段。跨境电子商务物流是最早发展 EDI 的领域,以 EDI 为基础的跨境电子商务物流对物流的国际化产生了重大影响。

4. 跨境电子商务物流标准化的迫切性

要使跨境电子商务物流畅通起来,标准化是非常重要也是十分迫切的。可以说,如果没有统一的标准,跨境电子商务物流水平的提高是无法实现的。目前,美国、欧洲国家基本实现了物流工具与设施的统一标准,如托盘采用 1000 mm×1200 mm,集装箱使用几种统一规格及条码技术等。这样大大降低了物流费用,也降低了运转的难度。而不向这一标准靠拢的国家,必然在货物运转、换装等多方面需要耗费更多的时间和费用,从而降低其国际竞争力。

二、跨境电子商务物流与传统物流的关系

传统物流是指产品出厂后的包装、运输、装卸、仓储。不论是跨境电子商务物流,还是传统物流,都是基于货物的流动所发起的,但两者之间是有一定区别的。其关系主要体现在物流运作模式、运输效率、顾客类型、储存方式、复核方式、拣货方式、信息元素、包装、库存及订单流等方面。

(一)物流运作模式

传统物流是一种典型的"推式运营",商品一经销售出去,就需要凭借物流来实现货物配送,在这一过程中,物流和商流都仅仅是"推式",实质上物流在整个过程中仅起到了支持作用。而 B2C 电子商务物流则完全不一样,其资金流、物流、商流都是围绕市场来运作的,其产品生产、销售及货物配运等所有环节都是根据顾客订单运转的,在此过程中,物流发挥了绝对主力作用。

(二)运输效率

传统物流需经过多层转运,最后到达门店,终端用户上门自提;跨境电子商务物流能够直达用户、送货上门。

(三)顾客类型

在传统物流模式下,物流服务的对象大体是固定不变的,由此跨境电子商务企业基本能对其产品服务需求和客户类型有准确把握。而在全新的 B2C 电子商务模式下,其面临的特定顾客目标群是一个未知概念,而其服务方式等也远超传统物流。

(四)储存方式

一般情况下,传统物流存储区域和拣配区域共用,仓库一般为平面库,内设立体高位货架;跨境电子商务物流需要应对多品种、小批量的特点,在目前以人工作业为主的前提下,必须以专门的存储区来提高存储利用率,以专门的拣货区来提高拣选效率。

(五)复核方式

传统物流出库的复核程序基本上基于数量清点、零头箱以及品种校验,大多是人工单独完成的;跨境电子商务物流的复核几乎是重新清点,通过电子设备终端——完成校验。

(六)拣货方式

传统物流出库批量大,可以用叉车直接拣货,在衡量拣货效率时多以箱数(原包装箱)为主要单位;跨境电子商务物流拣货多使用射频(RF)拣货设备、拣货小车、周转箱。

(七)信息元素

传统物流货物上的信息元素要求不高,发票可以和货物异步流通;跨境电子商务物流严格要求标签信息的规范性和完整性,发票也必须和货物同步流动。

(八)包装

传统物流无明显的包装线,一般出厂后不需再次调整包装,故没有明显的包装线。跨境电子商务物流有专门的包装线。因商品需要经过重组,"新产品"处于无包装状态,所以跨境电商对仓库包装线有严格要求。

(九)库存、订单流

在传统物流格局下,库存与订单都是单向的,买方与卖方没有任何交流。而在 B2C 电子商务物流下,库存与订单是双向互动的,并且顾客还能实时监控,甚至修改库存与订单。而生产商和零售商也能及时依据顾客的不同要求调整库存与订单,达到物流绩效最优化。

总体来说,跨境电子商务物流与传统物流的区别可以简单理解成:传统物流单数少、货量大,以企业为主,数据系统简单;跨境电子商务物流单数多、货量小,以个人为主,数据系统复杂。

三、跨境电子商务与跨境电子商务物流的关系

跨境电子商务和跨境电子商务物流是不可分割的两个部分,跨境电子商务物流的储存、配送、通关以及运输等环节都需要电商的协同。跨境电子商务与跨境电子商务物流关系如图1-7所示。

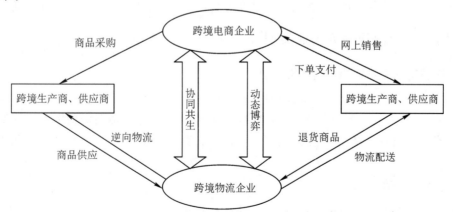

图1-7 跨境电子商务与跨境电子商务物流关系示意图

(一)跨境电子商务必须通过跨境电子商务物流服务来完成

跨境电子商务的运营,会涉及信息、商业、资金的流动,这些工作都可以利用计算机网络系统完成,但是,商品运输是无法在虚拟的网络空间完成的,必须通过跨境电子商务物流企业在线下对商品进行运输、配送、储存、分拨等才能得以实现。

(二)物流的服务水平决定了跨境电子商务的效率和效益

国际贸易的新形式表现为小批量、多频次、快速发货,这就要求跨境电子商务企业必须快速响应客户需求,利用互联网和电子商务平台,通过线下跨境电子商务物流将商品尽快送达客户手中。跨境电子商务物流服务的成本、准确度和响应速度,将成为跨境电子商务服务的竞争因素,直接影响和决定跨境电子商务企业的效率和效益。

(三)物流的价格影响跨境商品的定价、成本及利润

国际物流是跨境电子商务商品交易的重要一环,也是必不可少的一环。大到物流渠道的选择、运费计算,小到商品包装,这些对商品运营都非常重要。跨境电子商务商品的价格主要由进货成本、跨境电子商务物流成本、跨境电子商务平台成本、售后维护成本、其他综合成本以及利润构成。合理设置运费或跨境电子商务物流运费,会受到卖家特别是新手卖家的足够重视。针对单位价值较低的商品,卖家可以免运费,以吸引客户。卖家在上架商品前,应对每个商品进行称重并计算相应的运费,合理设置包装方式,尽量将运费成本降到最低,并让利于买家,这会在价格上获得更多的竞争优势,有利于商品的销售。卖家会提高物流反应速度和消费者满意度,选择高质量的第三方物流或在有足够实力的情况下发展自己的物流体系,注重以商品需求与退货为随机条件的逆向物流定价策略,有利于制定更具时效性且符合商品市场实际情况的价格策略,使成本更低、收益更高。

跨境电子商务企业想要进一步发展,必须着力解决跨境电子商务物流存在的问题。问题具体包括以下几方面:①国内物流向国际发展的过程中,环节越来越多,产业链越来越长,这使得物流成本大幅提高,包裹遗失率和破损率增高;②运输过程中涉及海关和商检环节,清关烦琐,对税务业务、外语沟通能力要求高;③整个操作链条有多个环节外包给物流商,无法做到完全自主可控;④地理距离长,中转环节多,时效慢(跨境电子商务物流时效在13天左右);⑤跨境电子商务正向物流复杂度高,逆向物流难度更高,退换货处理困难,客户体验满意度低。

四、跨境电子商务物流企业类型

(一)跨境电子商务物流企业主要类型

在跨境电子商务物流企业的成长初期,涉猎跨境电子商务物流业务的物流企业不仅扩大了业务范围,提升了潜在市场占有率,而且刺激了跨境电子商务物流市场的发展。尽管跨境电子商务物流发展相对较晚,但其企业类型并不是杂乱无章的,而是根据电商交易的发展进行区分的。

1. 传统零售企业

传统零售企业发展跨境电子商务业务,其自有业务量足以支撑跨境电子商务物流的运作,它们纷纷成立跨境电子商务物流网络,代表企业有沃尔玛(Walmart)、家得宝(The Home Depot)、法国最大的电子商务平台 Cdiscount 等。

第一章 跨境电子商务与跨境电子商务物流概述

2. 传统交通运输业、邮政业的企业

此类企业顺应跨境电子商务市场的需求，纷纷增加跨境电子商务物流业务，代表企业有中国远洋运输(集团)总公司(简称 COSCO 远洋或中远)、中国国际海运集装箱(集团)股份有限公司(简称中集集团)、马士基集团(MAERSK)等。

3. 大型制造企业或传统行业的大型企业

企业凭借原有的物流资源，一般是隶属集团的物流公司或物流职能部门，伴随着自身跨境电子商务市场的扩张，开始涉足跨境电子商务物流业务，代表企业有海尔物流、安得物流等。

4. 传统电商企业

此类企业在国内市场自建了物流体系，尝到自建物流带来的"甜头"。随着跨境电子商务业务的扩张，此类企业自建跨境电子商务物流网络，代表企业有京东物流、阿里巴巴菜鸟网络、兰亭集势兰亭智通、亚马逊物流等。

5. 传统快递企业

此类企业不愿错失跨境电子商务物流市场，纷纷介入跨境电子商务物流业务，代表企业有美国联合包裹运送服务公司(UPS)、联邦快递(FedEx)、顺丰速运、申通快递、驿马快递(Pony Express)等。

6. 新兴的跨境电子商务物流企业

此类企业成立之初就专注于跨境电子商务物流市场，代表企业有俄速通(Ruston)、俄罗斯物流公司 SPSR、巴西物流公司 Intelipost 和 Loggi、递四方(4PX)、出口易等。

(二)我国典型跨境电子商务物流企业

1. 出口易

出口易隶属广州市贝法易信息科技有限公司旗下，以全球仓储为核心，整合全球物流网络资源，为跨境电子商务卖家提供海外仓储、亚马逊物流服务(FBA)头程、国际专线、国际小包、国际快递等跨境电子商务物流服务以及本地化售前售后服务，解决订单管理、金融融资等难题。

自 2003 年成立起，从通过亿贝(eBay)平台开展跨国 B2C 业务，到建立英国仓、美国仓和澳大利亚仓等海外仓扩大跨国 B2C 业务，再到海外仓的升级，出口易逐渐成为亚马逊、购物趣(Wish)、全球速卖通(AliExpress)、京东、虾皮(Shopee)等平台认可并着重推荐的海外仓储和配送服务公司。出口易已在英国、美国、德国、澳大利亚、加拿大五大主流外贸市场设置海外自营仓储物流中心，在香港、广州、深圳、上海等国内城市设有处理中心。从自主开通中英、中美、中德、中澳等多条国际专线服务以来，其业务逐渐覆盖全球。

2. 递四方

递四方是一家致力于为跨境电子商务提供全球物流和全球仓储领先服务的专业物流方案提供商。公司旗下拥有 3 大类、50 余种物流产品和服务，全面覆盖物流、仓储服务，并能提供反向物流解决方案，能够满足不同类型和不同规模的跨境电子商务企业的需求。递四方的核心产品包括全球仓储及订单履约服务(FB4)、全球小包专线服务(联邮通)、全球速递专线服务、全球退货服务(GRS)以及面向海淘消费者的全球集货转运服务等。2016 年，递四方获得阿里巴巴集团旗下菜鸟网络投资,成为阿里巴巴集团实现"买全球、卖全球"战略的核心物流伙伴。

第三节 跨境电子商务物流运作模式及流程

一、跨境电子商务物流运作模式

在市场竞争十分激烈的当下,为了能够给广大消费者提供更为优质的跨境电子商务物流配送服务,有效降低跨境电子商务物流成本,很多跨境电子商务企业选择自建物流企业或者与第三方物流公司进行战略合作,通过创新跨境电子商务物流运作模式来构建较强的核心竞争力。具体来看,我国的跨境电子商务物流运作模式主要有三种:"单一"跨境电子商务物流模式、"两段中转"跨境电子商务物流模式、"两段收件"跨境电子商务物流模式。

(一)"单一"跨境电子商务物流模式

"单一"跨境电子商务物流模式中,海外上游供应商会将跨境电子商务企业需要的产品运送至后者在海外的物流配送中心,配送中心负责商品备货及仓储管理等。当收到电子商务平台发出的订单后,配送中心会进行拣货、包装及出货,将订单所需的商品以单件包裹的形式交付给具备跨境电子商务物流服务能力的国际快递公司。该模式如图1-8所示。

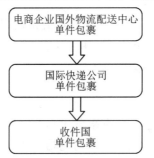

图1-8 "单一"跨境电子商务物流模式

"单一"跨境电子商务物流模式不需要跨境电子商务企业建立专业的转运物流配送中心,而且不用考虑收件国对于跨境包裹的特殊规定,因为物流配送将由专业的第三方国际快递公司全权负责。由于这些国际快递公司在跨境电子商务物流配送领域深耕多年,其在通关及报税等方面往往具备较大优势。此外,由于包裹是单件配送的,不需要积累足够规模的订单后再交给国际快递公司,从而有效降低了配送的时间成本。

这种模式也存在着一个十分明显的短板,即国际快递公司对于单件快递收取的运费十分高昂。以某国际快递企业为例,普通1千克商品从中国北京快递到美国纽约,费用需要268.4元(标准服务配送时长为5~7天)。因此,除了那些利润相对较高的奢侈品、艺术品等,跨境电子商务企业几乎不会采用这种配送方式。

(二)"两段中转"跨境电子商务物流模式

"两段中转"跨境电子商务物流模式中,跨境电子商务企业的海外供应商首先将商品配送至电子商务企业在海外的配送中心,收到订单后,配送中心进行拣货、包装及出货,这些与上一种模式完全相同。但这种模式需要配送中心对订单及包裹进行整合,将货物通过快递公司整批运送到海外的转运中心。海外转运中心收到货物后会将整批货物进行拆分,而后以单件包裹的形式交付给国际快递公司运送至目的地。

由于这种模式包含两段运输路程,且转运点位于转运国,所以业内将其称为"两段中转"跨境电子商务物流模式,如图1-9所示。它不需要跨境电子商务卖家考虑收件地的特殊政策,而且能够整合大量的单件包裹,也能够明显降低物流成本。

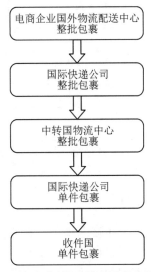

图1-9 "两段中转"跨境电子商务物流模式

当然,这种模式也存在一定的缺陷,如运输方案相对复杂,同时涉及单件运输与批量运输,对国际快递公司的配送能力也提出了极高的要求;消费者查询物流信息时,需要分成两个阶段查询;由于商品需要通过转运国进行转运,从而造成配送时长进一步增加。

(三)"两段收件"跨境电子商务物流模式

"两段收件"跨境电子商务物流模式也是由海外供应商将商品配送至跨境电子商务企业位于该国的配送中心,收到订单后,配送中心对商品进行分拣、包装及出货,而且要根据目的地将其整合为不同的整批货品,然后交给国际快递公司负责运送到目的地的物流配送中心,物流配送中心再对整批货品进行拆分,最后使用当地的运力资源将包裹运送到目的地。

该模式同时包含整批运输及单件运输,且转运点位于收件国,所以业内称之为"两段收件"跨境电子商务物流模式。该模式运作流程如图1-10所示。

同样,该模式整合了大量的单件包裹,可以有效降低物流成本,而且由于使用目的地国家的当地快递体系完成配送,在成本方面会更具优势。不过,该模式需要跨境电子商务企业在收件人所在国家建立物流配送中心。受到世界各国物流产业发展水平的影响,跨境电子商务企业很难给消费者明确的包裹到达时间,物流信息查询同样分为两个环节,一个是国际快递公司运输环节,另一个是收件人本地的快递运输环节。

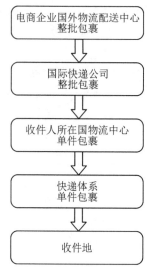

图1-10 "两段收件"跨境电子商务物流模式

二、跨境电子商务物流运作流程

跨境电子商务物流是跨境电子商务生态系统的一个重要环节,也是跨境电子商务交易实现的重要保障,它借助各种运输方式,通过商品的跨境空间位移,实现了商品从卖家流向买家。不同的跨境电子商务模式又产生了不同的跨境电子商务物流运作流程。从整体上看,跨境电子商务物流的运作流程表现为:卖家接到订单后,安排相应的物流企业进行输出地海关商检、国际货运、输入地海关商检,随后进入输入地物流环节,直到商品配送到买家手中。

无论是跨境出口电商业务,还是跨境进口电商业务,从商品流动方向看,都会涉及的输出、国际运输与输入环节。因此,跨境电子商务物流运作流程又细分为输出地物流运作流程、国际段物流运作流程和输入地物流运作流程,各物流环节都有各自的运作流程与核心节点。

(一)输出地物流运作流程

输出地物流运作流程是指根据跨境商品的流动方向,首先涉及的输出地物流环节,主要从供应商到跨境电子商务企业再到海关,如图1-11所示。输出地物流运作流程中关键节点表现为供应商的仓储环节、商品从供应商到跨境电子商务企业的物流运输环节、跨境电子商务企业所属的仓储与分拣环节、商品从跨境电子商务企业到海关的物流运输环节、商品在海关的报关与报检环节以及商品在海关分拣中心的分拣环节等。跨境电子商务物流与国内电商物流最大的区别在于跨境,成交商品需要通过海关进出境,商品进出境的方式决定了跨境电子商务物流的运作方式和复杂程度。

(二)国际段物流运作流程

商品完成输出地物流运作流程后,会通过海路、陆路或机场口岸出境,然后进入国际段物流运作流程。根据跨境商品交易涉及国家的不同,国际段物流运作会涉及不同的运输方式,主要有航海运输、航空运输、公路运输、铁路运输或者国际多式联运等。当商品通过国际运输抵达输入地海关时,跨境电子商务企业还需要进行商品的报关与报检工作,以便商品能够通过输入地海关,具体运作流程如图1-12所示。

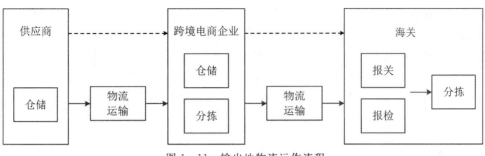

图 1-11　输出地物流运作流程

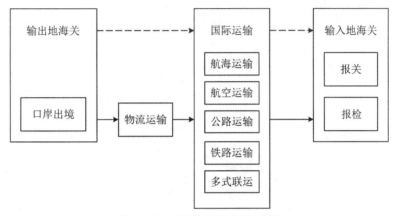

图 1-12　国际段物流运作流程

(三)输入地物流运作流程

输入地物流运作流程是指商品通过输入地海关后,会在海关分拣中心先进行商品分拣,再运输到输入地物流承运企业的仓储中心,然后根据购买商品的消费者具体所在地进行分拣、运输等。与国内电商物流运作流程相似,跨境电子商务物流也有配送环节,将商品运送到消费者手中,从而完成跨境电商物流所有运作流程。这些物流运作均在消费者所在国境内实现并完成,相对于跨境电子商务企业所在国而言,该部分也称为输入地物流,其运作流程如图 1-13 所示。

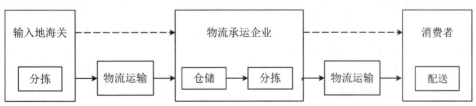

图 1-13　输入地物流运作流程

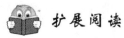扩展阅读

长沙 A 公司跨境电子商务物流 DDP 服务流程

长沙 A 公司在跨境电子商务物流中始终以客户为导向,全方位为客户解决跨境电子商务物流运输服务中的难点和痛点问题,主力打造税后交货(delivered duty paid,DDP)"门到门"

全程连线运输服务。当前,A公司通过输出地物流、国际段物流以及输入地物流三环节服务客户,基本覆盖全球区域。基于服务全球客户,A公司跨境物流涵盖国际快递[敦豪(DHL)、UPS、FedEx、邮政特快专递服务(EMS)]、空运、海运、铁路运输、公路运输、海外仓六大国际段物流运输方式,可以根据客户的商品属性以及要求的价格、时效、电商补仓计划设计合理的运输方案。A公司在输出地、国际段、输入地的九大实际操作流程如图1-14所示。

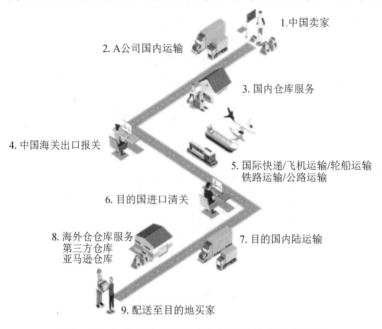

图1-14 A公司跨境电子商务物流运输流程模型图

案例分析

2024年速卖通"双11"前夕,跨境商家备货热情高涨。为了帮助商家进一步提升发货时效,速卖通联合菜鸟全面升级北美、欧洲、日韩三大流向仓,减少调拨流程和合单等待时长,为海外"双11"跨境物流保驾护航。

菜鸟国际快递数据显示,2024年10月份速卖通商家流向仓备货量与9月份相比增长300%以上,为2024年"双11"的跨境电商注入一针"强心剂"。更充足的货盘备货,也意味着更精简的物流履约链路和更快的配送时效。

2024年"双11"速卖通更强调国别化运营,根据不同国家消费者需求组建国别化货盘,联合菜鸟启用三大流向仓提高发货效率。流向仓可覆盖欧、美、亚三大洲的15个速卖通重点市场国家,服务华东、华南等地区的商家和产业带集群。流向仓采用一体化园区设计,把原本分散在不同区域的存储、发货、集运、分拨等功能汇集到同一园区内完成,节约不同区域间的调拨时长。从海外消费者支付下单到出库,每个包裹平均不到24小时,为"双11"包裹"接力赛"提速5个小时以上。

速卖通还联手菜鸟打造高确定性的跨境供应链。通过菜鸟国际快递与速卖通供应链团队的紧密配合,对"双11"爆品单量进行精准预测,帮助商家合理备货。

2024年,菜鸟全球快递网络全面保障"双11"快递在全球的送达。菜鸟速递在国内开通近

300条直发线路,送货上门,实现货物半日达和次日达;菜鸟国际快递全面升级了国内流向仓以及中国香港和比利时等电子集散中心,中国、西班牙和法国等多个国家优化本地配送网络,保障2024年"双11"成为物流体验最佳年。

思考:
1. 跨境电子商务主要包括哪些产业类型?全球速卖通属于哪种产业类型?
2. 什么是跨境物流服务合作?简要分析菜鸟国际快递与全球速卖通的合作方式及效果。

练习题

1. (　　)在整个跨境电子商务中比例最大,(　　)虽然占跨境电子商务总量有限,但增长速度最快。

   A. B2B　B2C　　　B. B2C　B2C　　　C. B2B　C2C　　　D. B2C　C2C

2. 跨境电子商务的参与主体有(　　)。

   A. 传统外贸企业　　B. 电子商务　　C. 物流货代企业　　D. 金融企业

3. 下列哪些是跨境电子商务物流服务商?(　　)

   A. UPS　　　　　B. FedEx　　　C. TNT(托马斯国家运输)　D. DHL

4. 跨境电子商务物流模式主要有(　　)。

   A. 邮政包裹　　　B. 国际商业快递　　C. 国内快递　　D. 专线物流

   E. 海外仓

5. 跨境电子商务物流目前的痛点是(　　)。

   A. 电商物流查验少　　B. 配送周期长　　C. 运输过程包裹易破损

   D. 包裹易延误　　E. 包裹易丢失及投递精准率低

第二章　跨境电子商务物流系统与网络

学习目标

- 掌握跨境电子商务物流系统的构成。
- 掌握跨境电子商务物流的模式。
- 了解跨境电子商务物流相关的港口、口岸等知识。

第一节　跨境电子商务物流系统

一、跨境电子商务物流系统的概念

跨境电子商务物流系统是一种基于互联网技术的跨境供应链系统,它将传统物流运输模式与跨境电子商务技术相结合,解决跨境电子商务订单快递发货、运输、报关、通关、支付等问题。它涉及物流订单管理、物流路线规划、物流费用结算、跨境电子商务税收管理、贸易信息沟通等多个方面。跨境电子商务物流系统的优势在于:可以更好地提高物流管理效率,减少物流费用,极大地提升跨境电子商务企业的运营效率和竞争力;可以更加便捷地完成跨境电子商务订单处理流程;可以实现跨境电子商务订单的实时追踪,保障订单的安全性;可以大大提高跨境电子商务订单的发货速度,提升客户的满意度;可以更有效地管理贸易信息,提高贸易流程的效率。

二、跨境电子商务物流系统的功能

(一)物流订单管理

跨境电子商务物流系统可以实现对跨境电子商务企业订单的管理,包括对订单号、订单状态、订单总金额、收货人相关信息等的管理,还包括对物流及报关信息如运输方式、运费、发货时间、到货时间、报关状态等的管理。

(二)物流路线规划

跨境电子商务物流系统可以根据客户的要求优化跨境物流路线,包括计算运输路线、运输方式、运费、发货时间、到货时间等,以满足不同客户的不同需求。

(三)物流费用结算

跨境电子商务物流系统可以实现物流费用的统一结算,并且在系统中可以设置折扣政策,以便更好地满足客户的需求。

(四)跨境电子商务税收管理

跨境电子商务物流系统可以实现对跨境电子商务企业订单的税收管理,可以帮助跨境电子商务企业准确计算税收,提高税收管理的效率。

(五)贸易信息沟通

跨境电子商务物流系统通过实现贸易信息的实时传递与共享,显著促进了企业间的协作与沟通。这一系统不仅自动化处理订单、报关文件及物流追踪等流程,提高了贸易流程的效率,还增强了贸易的透明度,使得供应商、制造商、分销商及客户能够实时了解货物状态与运输进度,降低了贸易过程中的不确定性和风险性。同时,跨境电子商务物流系统还通过提供准确及时的物流信息,优化了客户体验,增强了客户的满意度与忠诚度,为企业的长期发展奠定了坚实基础。

三、跨境电子商务物流系统的构成

(一)跨境电子商务物流硬件系统

1. 基础设施

基础设施包括公路、铁路、航道、港口、机场等。

2. 运输工具

运输工具包括货运汽车、铁道车辆、货船、客货船、货机、客货机等。

3. 物流节点

物流节点包括仓库、车站、码头、物流中心、配送中心等。

4. 信息技术及网络

信息技术及网络包括通信设备及线路、传真设备、计算机及网络设备等。

(二)跨境电子商务物流作业系统

跨境电子商务物流作业系统是由物流的功能要素构成的,它包括通关、配送、包装、运输、仓储、装卸搬运、流通加工等基本作业。

(三)跨境电子商务物流管理系统

跨境电子商务物流管理系统的内容十分广泛,根据物流管理的特点,可将其分为物流业务管理和物流技术管理两大方面。

物流业务管理是指物流的计划管理、物流经济活动管理、物流人才管理和物流过程管理。物流技术管理是指物流硬技术及其管理、物流软技术及其管理。

(四)跨境电子商务物流信息系统

跨境电子商务物流信息系统主要实现对客户、订单、库存、通关、配送、运输等环节所产生的数据进行全程管理和跟踪,并通过智能算法对各环节工作进行优化。按照业务需求层次不同,可将其分为不同的层次,即业务处理层、管理控制层、决策分析层、战略规划层;按照服务功能不同,可将其分为运输管理、仓储管理、库存控制、订单处理及统计分析。

在整个跨境电子商务物流系统中,物流作业系统在物流管理系统的指挥下,通过物流硬件系统进行物流的具体作业,而物流管理系统指挥功能的有效发挥则完全得益于物流信息系统的信息提供。

第二节 跨境电子商务物流模式

跨境电子商务物流模式分为进口跨境电子商务物流和出口跨境电子商务物流。

一、进口跨境电子商务物流模式

(一)进口跨境电子商务的发展现状

据中国海关统计,2023年,我国跨境电商进出口规模为2.38万亿元,比2022年增长15.6%,占同期我国货物贸易进出口总值的5.7%,比重提升0.8个百分点。其中,进口约5335.2亿元,同比增长1.1%,占同期我国进口总值的3%。跨境电商出口和进口的增速均超过同期货物贸易总体增速,在出口和进口中的占比较2022年继续扩大,为我国外贸发展持续注入新动能。

从进口来源地看,来自美国的货物占我国跨境电商进口总额的15.6%,来自日本的货物占我国跨境电商进口总额的13.5%,来自澳大利亚的货物占我国跨境电商进口总额的11.2%,来自法国的货物占我国跨境电商进口总额的7.9%,韩国、新西兰、德国、意大利、英国、荷兰等也是我国主要进口商品来源地。我国跨境电商进口商品以消费品为主,占比97%,主要为美容化妆及洗护产品、食品生鲜、医药保健品及医疗器具、奶粉、服饰鞋包及珠宝配饰等。我国进口货物的消费地集中在广东、江苏、浙江、上海和北京。

(二)进口跨境电子商务物流模式的类型及比较

1. 进口跨境电子商务物流模式的类型

1)海外直邮

海外直邮是指国内消费者在进口跨境电子商务平台上选购商品并下单后,由国外商家直接利用国际快递服务,将商品从海外所在地邮寄至国内消费者手中的一种物流模式。进口跨境电子商务平台为了培养国内消费者的海外购物习惯,在平台上提供了中文的产品介绍页面以及支付宝等支付方式。在这种模式的推动下,海外购物不需要通过转运站就可以实现海外直邮到货,在这一过程中涉及关税以及物品重量、体积对应的运费等相关问题。以海外购物平台亚马逊为例,消费者在亚马逊上购物可以体验全中文的产品服务,关税由亚马逊按照多退少补的原则进行代扣,最受消费者欢迎的是亚马逊平台上的商品能够以国际物流的方式实现直邮。亚马逊直接发货能够保证配送物流的稳定性,物流配送一般分为美国境内、海关和国内配送等三个阶段,物流包裹一般在两周之内即可到达,从而大大提高了物流配送的服务效率。

2)集货直邮

集货直邮是指国内消费者在进口跨境电子商务平台上选购商品并下单后,国外商家先将这些订单商品暂存于海外的集货仓库,待累积到一定数量后,商家再统一通过国际物流进行运输、报关,将商品批量发送至国内,并在国内进行统一清关处理后再配送给消费者的一种物流模式。集货直邮模式的流程如图2-1所示。

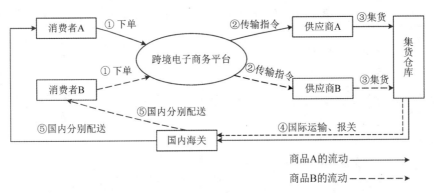

图 2-1 集货直邮模式的流程

3) 保税进口

保税进口俗称"保税备货"或"保税仓发货",是跨境电子商务零售进口模式的一种。在该模式下,电商企业将海外进口商品以批量报关方式存入海关特殊监管区域或保税物流中心,消费者在电商平台下单付款,商品以快递包裹的形式直接从区域(中心)的保税仓库配送到消费者手中。保税仓是指经海关批准设置的、专门用于存储保税货物及尚未完成海关相关手续的其他货物的仓库。相比传统的海淘来说,保税仓发货在一定程度上节省了物流和人力成本,当前聚美优品以及全球购等均采用这种模式,但是对于消费者来说,保税仓发货的模式只能保证消费者购买当下较热门的一些商品,因此在商品种类上存在缺陷。保税进口模式的流程如图 2-2 所示。

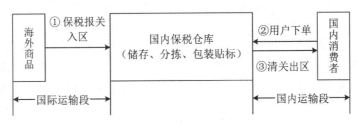

图 2-2 保税进口模式的流程

2. 跨境电子商务进口物流模式比较

海外直邮和集货直邮的物流模式可保证商品来源地的真实性和品类的多样化,满足消费者丰富的消费需求,但是其物流运输时间较长,大大降低了消费者的购物体验。而保税进口模式是从国内保税仓库发货至消费者,极大地降低了消费者的等待时间,提升了消费者的购物体验,此优势是海外直邮和集货直邮模式无法比拟的,但是对于保税进口的商品,消费者经常会对商品的来源地和商品质量产生怀疑。三种模式的比较如表 2-1 所示。

表 2-1　跨境电子商务进口物流模式的比较

模式	发货地点	订单与商品运输的关系	每次运输规模	清关模式	运输成本	物流时间	商品种类
海外直邮	商品的海外供应地	消费者在国内先下订单,商家再从国外商品的所在地发货	碎片化订单,每次运输的商品数量较少	入境即清关	成本最高	30天左右	比较丰富
集货直邮	商品的海外仓库	消费者在国内先下订单,商家从海外仓库发货	多个订单集中在一起运输,每次运输的商品数量相对较多	入境即清关	成本相对较低	30天左右	比较丰富
保税进口	国内保税仓库	商品先在国内保税仓库内备货,消费者再下订单	订单较少,每次运输商品数量较少	入区监管,出区清关	成本最低	最低5天	有限制

当前电子商务企业竞争的焦点主要集中于便捷的购物操作和高效的客户体验,保税进口与海外直邮模式重点强调了客户体验这一理念,把提高顾客满意度作为自身竞争能力的标准,保税进口是当前国内各大跨境电子商务企业普遍采用的一种物流模式,但其在使用过程中暴露出来的缺点也是显而易见的。因此,海外直邮已经逐渐成为当下跨境电子商务的发展趋势。海外直邮打破了时间、地域以及语言方面的限制,能够给消费者带来更加良好的购物体验。在假冒名牌商品充斥的市场环境下,海外直邮从海外直接发货的这一独特优势,能从心理上提高消费者对商品的品牌信任度。另外,其便捷、快速的购买流程和人性化的服务,也进一步提高了客户的忠诚度和回购率。海外直邮的本质就是实现跨境贸易的本地化,通过海外直邮的方式提高消费者的购物体验,提高跨境电子商务企业在出口国消费市场上的竞争力。海外直邮模式通过海运的方式降低了中外产品的运输成本,该模式不仅能大幅扩大商品的种类,还能满足消费者不同的购物需求。总体来说,海外直邮具有丰富的商品种类、廉价的运输成本以及旺盛的消费需求等优势,这些优势使得海外直邮正逐渐成为未来跨境电子商务物流的主要发展模式。

二、出口跨境电子商务物流模式

(一)出口跨境电子商务的发展现状

据中国海关统计,2023年,我国跨境电商进出口总额2.38万亿元,同比增长15.6%。其中,出口1.83万亿元,同比增长19.6%。

从出口目的地看,我国出口美国市场的出口额占比37.4%、出口英国市场的出口额占比8.7%、出口德国市场的出口额占比4.7%、出口俄罗斯市场的出口额占比4.6%、出口法国市场的出口额占比3.7%,出口这些国家的出口额合计占出口总额近6成,出口市场还包括泰国、越南、马来西亚、澳大利亚等国家。跨境电商出口商品中,消费品占比97.3%,主要为服饰鞋包、珠宝配饰、家居家纺、厨房用具、手机等各类数码产品及配件、家用电器及配件等。2023年,跨境电商业态发展继续呈现聚集性特征。我国出口货物的出口地主要为广东、浙江、福建及江苏。

(二)出口跨境电子商务物流的主要模式

1. 邮政包裹物流模式

以万国邮政联盟(Universal Postal Union,UPU)系统为基础的商品进口与出口即为中国邮政包裹物流模式,主要的交付形式是独立的包裹,跨境电子商务物流在很大程度上依赖于邮政快递系统。有关数据显示,国际邮政系统承担了中国跨境电子商务七成左右的进出口包裹量,其中一半左右是由中国邮政承担的。邮政包裹物流模式的基本流程如图2-3所示。

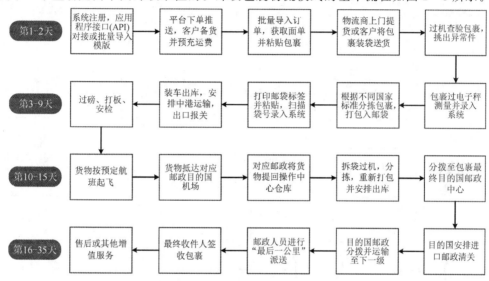

图2-3 邮政包裹物流模式的基本流程

2. 国际商业快递模式

国际商业快递模式是专门针对跨国商业活动而设计的物流服务,提供快速、高效的货物运输和投递服务。主要的国际商业快递经营企业有UPS、DHL、FedEx(包含TNT)等。这些国际快递企业通过自建的全球网络,利用强大的IT系统和遍布世界各地的本地化服务,为网购中国产品的海外用户带来极好的物流体验。例如,通过UPS寄送到美国的包裹,最快可在48小时内到达。然而,优质的服务往往伴随着昂贵的价格,一般只有在客户时效性要求很高的情况下才会使用国际商业快递进行寄送。国际商业快递模式的基本流程如图2-4所示。

3. 海外仓模式

海外仓是由物流企业、跨境电商平台或大型跨境电商卖家在境外建设或租用,并运营的数字化、智能化仓储设施。它是跨境电商的重要节点,属于新型外贸基础设施,是外贸新业态的重要组成部分。跨境电商出口海外仓模式适用于境内企业通过跨境物流将货物出口至海外仓,再通过跨境电商平台实现交易,从海外仓送达购买者的模式。在此过程中,企业需要向海关传输相关电子数据。目前市场上有三种主要的海外仓模式:①第三方海外仓。第三方海外仓是由第三方企业(通常是物流服务商)建立并运营,提供清关、入库质检、订单处理、分拣、配送等服务的仓储配送体系。②平台海外仓。平台海外仓是依托电商平台建立的仓储配送体系,如亚马逊的FBA仓库,提供仓储、拣货、打包、派送、收款、客服与退货处理等一条龙服务。③自营海外仓。自营海外仓是由卖家自己建立和管理,具有灵活性,但需要解决仓储、报关、物流运输等问题的仓储配送体系,通常由大型电商或进出口企业自行设立。海外仓模式的基本流程如图2-5所示。

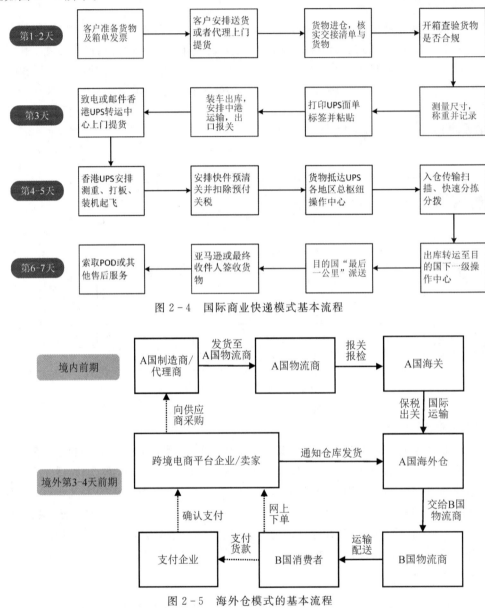

图2-4 国际商业快递模式基本流程

图2-5 海外仓模式的基本流程

海外仓模式大大缩短了客户下单后的等待时间,使客户获得与国内网购一致的物流配送体验。这是跨境电子商务物流配送时效最短的方式之一。同时,由于是前期配货,企业可选择海上运输方式将商品运送至目的地,这样可以使运输成本大幅度减少,有利于跨境电子商务的横向拓展。

4. 国际专线物流模式

国际专线物流模式是指针对某些地区或国家专门制定的跨境专用物流线路,物流的路线、环节、周期、运输方式等都较为固定。目前,国际专线物流包括航空专线、铁路专线、大陆桥专线、海运专线与多式联运专线。国际专线物流的一个关键优势是它有足够的货源,许多商品可以到达特定的国家或地区,并且可以根据较大的数量规模降低物流成本。此外,国际专线物流需要对时间进行严格的把控,与国际邮政相比,国际专线物流的交付速度更快,不过要慢于商业快递。目前,最常用的国际专线物流是美国专线、欧洲专线、澳大利亚专线、俄罗斯专线等,也有物流企业推出了中东专线、南美专线等。国际专线物流模式的基本流程如下图2-6所示。

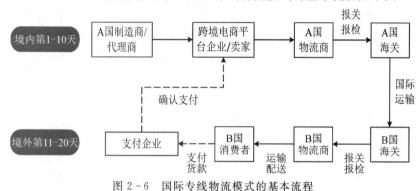

图2-6 国际专线物流模式的基本流程

(三)出口跨境电子商务物流模式的对比与选择

1. 出口跨境电子商务物流模式的对比

跨境电子商务物流的特点是不确定因素较多、成本较高、必需的环节较复杂等,所以跨境电子商务出口卖家对物流的需求更加复杂且多元化,因此需要选择合适的跨境电子商务物流模式。不同出口跨境电子商务物流模式的对比如表2-2所示。

表2-2 不同出口跨境电子商务物流模式的对比

模式	派送范围	运费	时效/天	优点	缺点
邮政包裹物流	217个国家和地区	便宜	16~35	网络广、便宜	对包裹重量有限制
国际商业快递	服务范围基本覆盖全球	昂贵	3~7	时效快,信息化程度高,全程跟踪便捷	价格昂贵,对托运商品限制严格
国际专线物流	主要为美国、欧洲国家、澳大利亚、俄罗斯等	适中	15~20	时效较快,价格适中	线路少
海外仓	北美洲、欧洲国家及澳大利亚等	便宜	3~4	时效快,价格最低,退换货便捷	库存风险高,运营维护成本高

2. 出口跨境电子商务物流模式的选择

1)根据自身产品特性选择物流模式

卖家在选择跨境电子商务物流模式时,常常出于降低交易成本的心理,倾向于优先考虑配送费用较低的模式。然而,这种低价策略有时会导致清关障碍,进而造成物流时效的延长,反而增加了企业的物流成本,形成了事与愿违的结果。因此,为了制定适合自身的物流方案,卖家需要综合考虑自身的经营情况、售卖产品的特性、目的国市场的特点以及买家的需求。简而言之,卖家应根据商品的具体特性来选择最合适的物流模式,以确保物流效率与成本之间的平衡,避免不必要的额外成本。

诸如价格低于5美元、利润低、物流时效要求低的商品优先选择邮政小包;价格大于5美元、利润较低、物流时效要求高的商品可选择邮政小包中的挂号业务;价格大于10美元、利润率较高、物流时效要求高的商品首选四大国际快递渠道;带电的商品诸如蓝牙耳机、电池、特殊屏幕等,做好绝缘处理后可安排走SpeedPAK标准渠道;高附加值、热卖的商品先预存目的国海外仓再进行销售。质量在2千克以下的轻小件商品,均可采用快递小包物流模式。根据自身商品特性选择相应的物流模式,不仅可有效避免清关障碍,同时能缩短商品物流配送时效。

2)建立海外联盟仓库,降低货物损耗率

从事跨境电子商务的企业大多规模较小、人数少、资金有限,但经营灵活、采购频率高。由于资金的限制,企业不能独立建立完整的专线物流服务链。跨境电商企业通过积极与国际物流企业合作,制定专线物流协议,依靠企业联盟汇聚的出货量定制专属物流线路,享受专线物流运费优惠和服务优先政策。

跨境电商企业可以合作建立海外联盟仓库,实现企业内部资源整合,引入专业公司对仓库的资源进行调配和管理,提高理货配送效率,降低货物损耗率。完善行业间企业合作机制,不仅能实现企业集聚带来的优势互补,还能将各种优势资源聚集起来,形成多赢的局面。

3)充分利用跨境电子商务平台自营物流,提供退换货便利通道

一般而言,跨境电子商务平台自营物流体系会全面覆盖从国内揽收到国际配送的各个环节,并提供物流详情追踪服务、专业的物流纠纷处理机制以及便捷的售后赔付流程,形成一站式物流解决方案。

例如,在FBA模式下,退货流程设计得十分明确,对于网上售价低于10美元的商品,直接拒绝消费者的退货要求。消费者退货时,商品将直接退回至亚马逊在目的国的FBA仓库,并由仓库自动调配新商品发送给消费者。速卖通平台退货商品会根据商品的价值和状态,选择将商品销毁或运回国内保税区进行维修、重新包装,然后再出售,且此过程不额外收取费用。若因物流问题导致买家申请退换货,速卖通平台会迅速介入核实,并承担所有相关费用。若卖家选择放弃退货商品,平台将提供免费销毁服务或免费退回至卖家指定的退货地址。通过充分利用跨境电子商务平台自营物流的优势,卖家可以为消费者提供更加顺畅的退换货通道,同时有效降低企业在海外的理货成本。

跨境电商企业可以根据自身产品特性选择出口物流模式,科学、客观地制定物流渠道的运营方式;建立海外联盟仓库,降低货物损耗率,不断实施优化,不断寻求物流环节的价值,突破物流发展的瓶颈。这样有助于打造良好的电商环境,推动跨境电商行业长期、健康发展。

(四)出口跨境电子商务物流面临的主要问题

出口跨境电子商务物流需要经过"本国物流—本国清关—国际物流—目的国清关—目的国物流"等环节,不可控因素大,导致物流时间偏长、物流风险大。目前,出口跨境电子商务物流主要存在以下问题。

1. 物流成本高

物流成本一般为总成本的30%~40%,中国跨境电子商务的物流成本更高。由于涉及跨

境贸易和跨境电子商务物流,包括国内物流、国内海关、国际运输、国外海关、国外物流等多个环节,尤其是海关和商检,操作难度更大,风险更高,无形中增加了中国跨境电子商务的物流成本。

2. 配送周期长

跨境贸易自身的特点使得物流的产业链更长、环节更多,加上清关和商检的周期,导致中国跨境电子商务物流周期要远远长于国内电商物流。在跨境电子商务物流领域,配送的时间问题尤为突出,配送时间短则半个月至一个月,长则可能数个月,再加上清关和商品检验的额外耗时,这使得跨境电子商务物流周期进一步延长,这已成为阻碍中国跨境电子商务快速发展的关键因素。

3. 物流信息系统不健全

物流信息系统不健全表现在:一方面,跨境电子商务物流企业信息化水平不高,物流信息衔接不畅,大大影响了物流效率;另一方面,无法实现包裹全程追踪,商品出境后如石沉大海,大大降低了顾客的体验度。

4. 逆向物流功能缺失

中国跨境电子商务物流环节多、涉及面广,整个物流链条的各节点均有可能产生退换货物流,退换货也是困扰跨境电子商务的一大难题。电子商务因其特有的属性,常面临退换货比例偏高、物流时效较长、商品质量参差不齐、货物遗失、海关及商检不确定、配送地址错误等诸多挑战,这些问题进一步催生了退换货物流的产生。尤其是欧美发达国家"无理由退货"的消费习惯,更使得中国跨境电子商务企业的退换货率呈现持续增长的趋势。由于缺乏顺畅的逆向物流通道,往往使得退换货物流成本比原始物流成本,甚至比商品本身的成本更高,直接导致退换货难以实现,逆向物流效率大打折扣。

5. 清关障碍依然存在

从2014年开始,我国海关及检验检疫进行了一系列重大改革,不断优化通关商检流程。处于迅猛发展的跨境电子商务仍存在诸多壁垒,如复杂的通关手续和税收等问题。诸多中小型跨境电子商务企业无法获得正规的进货发票,无法提供与海关要求相匹配的报关清单,自然也就无法享受到退税优惠政策。此外,在企业商品退换货等问题上,企业也因通关问题受到阻碍。

6. 政治、文化及汇率风险

跨境电子商务涉及跨国交易,因此会受到目的国政治环境、知识产权保护、地域文化习俗、汇率波动及政策调整等多重因素的影响,这些因素对中国跨境电子商务物流产生了显著且深远的影响。

(五)出口跨境电子商务的发展趋势

1. 海外仓模式将快速发展

海外仓的设立为出口商带来了诸多便利,包括缩减物流时长、降低物流成本、简化海关流程、提升顾客服务水平、加快退货处理可以速度。海外仓还能助力企业更有效地管理全球供应链,将商品集中运往海外仓库可以降低单件商品的运输成本,并在全球政治波动时保障供应链的稳定性。海外仓的优势可概括为"快速清关、迅速配送、高效周转、即时服务、低廉成本"。目前,中国跨境电商主体已超12万家,跨境电商产业园区超1000个,建设海外仓超过2500个、面积超过3000万平方米。其中,专注于服务跨境电商的海外仓超过1800个、面积超过2200万平方米。海外仓成为跨境电商企业实施境外本土化运营的关键支柱,对于中小微企业拓展国际市场发挥着至关重要的作用。

随着中国对推动外贸稳定增长工作的重视,海外仓建设得到了显著推进,并将得到快速发展。自2014年《关于支持外贸稳定增长的若干意见》中提倡建立海外仓以来,政策支持力度不断加强。2016年的《政府工作报告》和2020年11月的《关于推进对外贸易创新发展的实施意见》均强调了对海外仓建设的支持。2020年7月,海关总署启动了B2B出口试点项目,并引入了9710(直接出口)和9810(出口海外仓)两种海关监管方式代码,为海外仓出口开辟了专用通道。目前,22个直属海关参与试点,试点企业享有多项便利措施,如一次性登记、优先查验等,这些措施显著提升了中小微企业的通关效率。2021年,商务部发布的《关于加快发展外贸新业态新模式的意见》进一步鼓励企业参与海外仓建设,提升数字化和智能化水平,支持使用"建设-经营-转让"(build-opercite-transfer,BOT)、结构化融资等多样化投资方式。该政策还强调了驻外使领馆和经商机构在提供指导服务和协助解决纠纷方面的作用,目标是到2025年培育约100家在多方面表现突出的海外仓企业。2024年5月24日,国务院常务会议通过了《关于拓展跨境电商出口推进海外仓建设的意见》,会议强调,发展跨境电商和海外仓等新型外贸模式,将有助于优化外贸结构、保持外贸规模稳定、形成国际经济合作的新优势。

在政策的推动下,现代海外仓已经转型为多功能的智能化仓库,提供包括一站式通关、合规咨询、高质量售后服务等在内的综合服务,并建立了高效的"门对门"物流体系。

根据跨境眼发布的《2023海外仓蓝皮书》统计数据,截至2022年底,全球海外仓数量前十的国家和地区的海外仓数量合计2356个,面积合计约2600万平方米。2022年,全球新增546个海外仓,数量较上年末增长30.17%,面积较上年末增长58%。较于成熟市场,东南亚等新兴市场的海外仓扩张势头更为凶猛。数据显示,新兴市场(东南亚、中东、拉美、非洲国家及印度)的海外仓数量合计为268个,2022年新增97个海外仓,较上年增长56.72%。除印度外,其他新兴市场国家海外仓的增速均超过30%,东南亚海外仓的增速更是高达91.55%。在面积方面,东南亚、拉美、非洲的海外仓总面积都较上年增长超过100%,其中东南亚海外仓总面积已超过100万平方米,单仓面积约7000平方米。

2. 电商出口物流平台化未来的趋势

建设平台化的物流运营模式、采用第三方物流服务的方案,可以搭建四通八达的跨境电子商务物流网络,提升物流效率,整合物流资源,降低物流成本,拓宽物流业务覆盖范围。因其轻资产的发展模式,不必承担自建物流巨大的成本,具有较好的发展前景。2013年,阿里巴巴在中国开始搭建物流平台整合方——菜鸟网络,其跨境网购的物流解决方案就是依托菜鸟网络。在国际物流方面,2014年阿里巴巴先后入股新加坡邮政、巴西邮政、澳大利亚邮政以及中国邮政,加紧全球物流网络布局,打通全球分布最广的快递网络资源万国邮政。同时菜鸟聚合了国内的申通、中通、圆通等全球化物流合作伙伴资源,保障全球网络覆盖,提供地区专线物流服务,大大提高了物流时效。菜鸟并没有自建物流,而是通过自建物流平台,对接跨境出口中小型制造企业、零售商和海外消费者,以轻资产的方式打通上下游产业链,整合物流资源,形成覆盖全球的物流网络。

中国跨境出口电商的发展目前仍处于初级阶段,随着电商行业的快速发展,其对物流服务的要求将会越来越高,物流企业应该正视存在的问题,有针对性地采取积极措施,重视技术升级改造,通过流程优化与资源整合,不断提高运作效率,切实降低费用成本,全方位提升物流服务水平,带给客户更好的购物体验,促进跨境出口电商行业的健康发展。

第三节 跨境电子商务物流节点

物流节点通常是指承担物资中转、集散及储存功能的关键环节,涵盖港口、公路交通枢纽、大型公共仓库等设施。相比之下,跨境物流的节点体系更为复杂,其流程大致可概括为四个主要阶段:揽件→发件国国内运输→抵达目的国→最终妥投。若进一步细化,则可分为七个具体节点:上网→封发→交航→落地→清关→到达派送点→妥投至收件人,如图2-7所示。

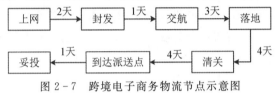

图2-7 跨境电子商务物流节点示意图

一、物流节点

(一)上网

在跨境电子商务物流中,上网环节是物流流程启动的关键一步。它不仅仅意味着商品信息的上传或订单的确认,更是整个物流链条的触发器。当买家在电商平台上完成下单操作后,卖家会迅速响应,将订单信息详细、准确地录入电商平台或专用的物流管理系统中。这一步骤不仅确保了订单信息的可追溯性,还为后续的物流操作提供了坚实的基础。上网环节的成功完成,标志着物流流程正式拉开序幕,为后续的商品打包、出库、运输等环节奠定了良好的开端。

(二)封发

封发是指将需要邮寄的货物或文件,按照目的地、物品种类、尺寸等标准分拣(分门别类)后,同一类别的若干件货物重新包装在一个大邮袋中并封口,再进行运输、发送等工作。在同一个大邮袋中的货物在运输的途中是不分离的。类似于计算机应用中,可使用文件压缩软件,将若干个文件压缩在一个文件(压缩包)中,再进行数据传输。封装的过程可类比于文件压缩打包的过程。

(三)交航

交航是指邮件已通过安检,将邮件交付押运公司运载到飞机上。飞机到达后,会在当地航站卸货,当地海关检验后放行。显示交航就是表示邮件已经上了目的地国家的航班,正在等待前往目的地国家。

(四)落地

在跨境电子商务的物流过程中,"落地"是一个关键的物流节点。它通常是指货物在航空运输中的目的地——机场完成卸载和接收的过程。这个过程包括货物从飞机或货机上卸下,经过必要的检查和记录,然后被转运到目的地的仓库或分拨中心,等待进一步的处理和派送。

在跨境电子商务中,由于涉及不同国家和地区的法律、规定和程序,因此"落地"节点可能会面临一些挑战,如清关手续、税费缴纳、货物检查等。为了确保物流的顺畅和高效,跨境电商平台或物流企业通常会与当地的合作伙伴或代理机构合作,以处理这些复杂的问题。

需要注意的是,不同的物流公司和跨境电子商务平台可能会有不同的操作流程和定义,因此"落地"节点的具体内容可能会有所不同。在实际操作中,建议参考相关企业的规定和流程,以确保货物能够顺利到达目的地。

(五)清关

清关即结关,是指进出口或转运货物出入一国关境时,依照各项法律法规和规定应当履行的手续。只有在履行各项义务,办理海关申报、查验、征税、放行等手续后,货物才能放行,货主或申报人才能提货。同样,载运进出口货物的各种运输工具进出境或转运,也均需向海关申报,办理海关手续,得到海关的许可。货物在结关期间,不论是进口、出口或转运,都处在海关监管之下,不准自由流通。

(六)到达派送点

到达派送点环节是指商品被运送到目的国当地的配送中心或快递网点。在这一环节,商品会进行分拣、打包等处理,准备进行最后的配送。到达派送点环节的成功完成,为后续的妥投环节提供了有力的支持。

(七)妥投

妥投是指邮政局投递部门根据寄件人指定的地址和收件人或合法代收人按照规定手续将邮件投交无误。对已妥投的邮件,若发生丢失、短少或损毁等情况,邮局则不再承担责任。

二、物流节点的功能

(一)衔接功能

物流节点将各个物流线路连接成一个系统,使各个线路通过节点变得更为贯通而不是互不相干,这种作用称为衔接作用。物流节点的衔接作用可以通过多种方法实现,主要包括:通过转换运输方式,衔接不同运输手段;通过加工,衔接干线物流及配送物流;通过储存,衔接不同时间的供应物流和需求物流;通过集装箱、托盘等集装处理,衔接整个"门到门"运输,使之成为一体。

(二)信息功能

物流节点是整个物流系统或与节点相接物流的信息传递、收集、处理、发送的集中地,这种信息作用在现代物流系统中起着非常重要的作用,也是复杂物流仓储单元能连接成有机整体的重要保证。

在现代物流系统中,每一个节点都是物流信息的一个点,若干个这种类型的信息点和物流系统的信息中心结合起来,便成了指挥、管理、调度整个物流系统的信息网络,这是一个物流系统建立的前提条件。

(三)管理功能

物流系统的管理设施和指挥机构往往集中设置于物流节点之中,实际上,物流节点大都是集管理、指挥、调度、信息处理、衔接及货物处理于一体的物流综合设施。整个物流系统运转的有序化和正常化，整个物流系统的效率和水平都取决于物流节点管理职能的实现情况。

三、跨境电子商务物流节点存在的意义

（一）时效分析

清楚包裹到达每一个跨境电子商务物流节点的时间，就可以计算出包裹在每个运输环节的具体时间。如果物流时效不理想，也可以分析出来是哪一段运输占用的时间过多。这种较为具体的时效分析，可以方便卖家去比对不同的物流渠道的优缺点，例如甲渠道的上网时间快，乙渠道的清关速度快。把这些跨境电子商务物流节点时效数据与目的国家相关联，比较不同国家的清关时间、"最后一公里"派送时间等，在包裹发出之前就可以给出较为准确的预计投递时间，这一点对于一些大型的跨境电子商务企业来说非常重要。

（二）订单物流数据监控

通过跨境电子商务物流节点数据的分析，可以制作一个详细的物流监控报表，计算出每一天所发出的包裹，有多少已经上网，多少已经封发、交航，进而算出每天订单的妥投率、封发率、交航率、落地率，从而知道寄出的所有包裹目前具体处于什么阶段。如果某一天的上网率或交航率异常，也很容易发现问题，并及时解决。

（三）定制物流轨迹信息

虽然中国有多家跨境电子商务物流企业，如飞特物流、云途物流、安骏物流等，但实际上很多企业只做货运代理而已，并没有自己的飞机，其包裹的实际运输商可能还是中国邮政或者DHL等企业。当货代企业做大后，会开始建立自己的品牌，会生成自己的一套物流单号，并自己生成物流信息。有的企业的解决办法是，在实际运输商的物流轨迹前，拼接一段自己的物流轨迹数据。但是如果自己已经掌握了具体的节点数据，就可以自定义物流轨迹的信息，制作专属的物流轨迹。

第四节　跨境电子商务物流连线

一、跨境电子商务物流连线的概念

跨境电子商务物流连线是指连接国内外众多收发货物节点间的运输线。物流连线即收发货物节点之间的运输线，如各种海运航线、铁路线、飞机航线及海、陆、空联合运输航线。这些网络连线是货物的移动（运输）轨迹的物化形式；每一对节点间都有许多连线以表示不同的运输线路、不同产品的各种运输服务；各节点表示存货流动暂时停滞，其目的是更有效地移动（收货或者发货）。

二、跨境电子商务物流连线的分类

跨境电子商务物流连线实质上也是国际物流流动的路径。按运输方式其可分为国际海洋运输线、国际航空运输线、国际大陆桥运输线等。

(一)国际海洋运输线

国际海洋运输线又称国际海运航线,是指船舶在两个或多个港口之间,从事海上旅客和货物运输的线路(本书主要指货物运输)。国际海洋运输线是连接各要素的纽带,是船舶在系统中运行或行进所遵循的轨迹,连接着世界各地的贸易伙伴,是实现国际贸易的重要通道。航线类型多样,受自然条件、安全、货运和港口因素影响。制定航线需综合考虑主客观因素,以实现最大经济效益。国际海洋运输线分类方式多种多样,常用的分类方式主要包括以下几种。

1. 按航行距离和地理范围分类

1)远洋航线

远洋航线是指航程距离较远、船舶航行跨越大洋的运输航线,是国与国(地区)之间经过一个或数个大洋的国际海上运输线路。如中国至美国、欧洲国家的海上运输航线,远东至欧洲、美洲的航线等。我国习惯上以亚丁港为界,把去往亚丁港以西,包括红海两岸、欧洲以及南北美洲广大地区的航线划为远洋航线。

2)近洋航线

近洋航线是指本国各港口至邻近国家港口之间的海上运输航线的统称。如中国至日本、韩国各港口的海上运输航线。我国习惯上把航线在亚丁港以东地区的亚洲和大洋洲的航线称为近洋航线。

3)沿海航线

沿海航线是指一国沿海区域各港口间的运输线。如我国上海港至大连港的海上运输线、青岛港至广州南沙港的海上运输线等。

2. 按航线和港口的功能分类

1)主干航线

主干航线也称干线,是连接枢纽港口或中心港口的海上航线。这类航线连接世界各集装箱枢纽港口,航行大型集装箱船舶。如全球集装箱班轮的主干航线有远东至北美、远东至欧洲、欧洲至北美等航线。

2)支线航线

支线航线是连接分流港口(亦称交流港口)的海上航线,这是为主干航线提供服务的海上运输线。支线上运行的船舶多为小型船舶,连接的港口多为地方枢纽港或分流港口。

3. 按航行季节和气候条件分类

1)季节性航线

季节性航线是指会随季节的改变而改变的航线。船舶航行会受自然条件特别是大洋洋流、季风等因素的影响,而大洋洋流、季风又会因气候的变化而改变方向或流量,因此船舶通常在不同的季节走不同的航线。例如,为避免北太平洋冬季的海雾与夏季的风暴,远东至北美西海岸各港航线夏季偏北,冬季南移。

2)非季节性航线

非季节性航线又称常年航线,是指不随季节的改变而改变的航线。

4. 按发船时间和运输需求分类

1)定期航线

定期航线也称班轮航线,是指在水运范围内,船舶定线、定点、定期的航线。这类航线现在多为集装箱班轮航线,通常是指定时间、定航线、定船舶、定货种、定港口的"五定"航线。

2) 不定期航线

不定期航线是指没有预订的船期表的航线。不定期航线并不固定,也无固定的停靠港口,须依据船舶所有人和承租人双方签订的租船合同安排船舶就航的航线。不定期船主要从事大宗货物的运输,如谷物、石油、矿石、煤炭、木材等。

这些分类有助于更好地理解和规划国际海洋运输线,提高运输效率和服务质量。同时,需要注意不同分类之间的交叉和重叠,随着国际贸易和航运业的发展,新的分类和航线类型可能会不断出现。

国际海洋运输线最主要的是北大西洋航线、苏伊士运河航线、太平洋航线、西北欧航线和印度洋航线等,这些主要航线共同构成了国际海洋运输线的核心网络,在全球贸易和经济发展中发挥着至关重要的作用。北大西洋航线连接了北美和欧洲两大经济发达区域,是世界上最为繁忙的航线之一。这条航线由美国、加拿大东海岸横跨北大西洋至英国,然后分为南北两线,南线沟通西欧或入地中海到达南欧、北非各国,北线入波罗的海,连接中欧和北欧各国。苏伊士运河航线连通了地中海与红海,提供了从欧洲至印度洋和西太平洋附近地区的最近航线。这条航线是亚洲、非洲、欧洲三个地区的货运主要通道。太平洋航线包括远东至北美西海岸航线、远东至加勒比和北美东海岸航线、远东至南美西海岸航线以及远东至东南亚航线等。西北欧航线包括西北欧至北美东海岸、加勒比、地中海、苏伊士运河至亚太航线等。印度洋航线以石油运输线为主,连接了波斯湾、东南亚、西欧、北美等多个重要地区。

(二)国际航空运输线

国际航空运输线是指使用飞机、直升机及其他航空器在国际运送人员、货物、邮件的飞行路线。这些航线连接着不同国家的城市或地区,为国际交流和贸易提供了便捷的交通方式。国际航空运输线通常在国际航线上进行,这些航线是通过政府间的双边航空运输协定建立的,以确保国际航行的安全性。

国际航空运输线可根据不同标准进行分类,主要包括按飞行区域划分的国际航线、按飞行性质划分的定期航线和不定期航线、按航线距离划分的远程航线和短途航线、按航线类型划分的客运航线和货运航线。这些分类方式共同构成了国际航空运输线的多元化体系。

国际航空运输线最主要的是北大西洋航线、北太平洋航线以及西欧远东航线。北大西洋航线连接西欧、北美两大经济中心区,是当今世界最繁忙的航空线,主要往返于西欧的巴黎、伦敦、法兰克福和北美的纽约、芝加哥、蒙特利尔等机场。北太平洋航线连接远东和北美两大经济中心区,是世界又一重要航空线,它由中国香港、北京和日本东京等重要国际机场,经过北太平洋上空到达北美西海岸的温哥华、西雅图、旧金山、洛杉矶等重要国际机场,再接至北美大陆其他的航空中心。西欧远东航线连接西欧各主要航空港和远东的中国香港、北京和日本东京、韩国首尔等重要机场,为西欧与远东两大经济中心区之间的往来航线。

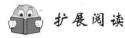

著名的国际航空站

世界各大洲主要国家的首都和重要城市都设有航空站。著名的国际航空站有美国芝加哥黑尔机场、英国伦敦希思罗机场、法国巴黎戴高乐机场、德国法兰克福机场、荷兰阿姆斯特丹斯希普霍尔机场、日本东京成田机场、中国香港国际机场、新加坡樟宜机场等。它们都是当今现代化程度较高的大型国际空中枢纽。

(三)国际大陆桥运输线

国际大陆桥运输线是指连接两个大洋之间的陆地通道,主要依赖铁路(或公路)系统构建,旨在提供一种无须绕行海洋的高效运输路径。大陆桥运输是一种高效的运输方式,它利用横贯大陆的铁路和公路运输系统作为中间桥梁,将大陆两端的海洋连接起来,形成海陆联运的连贯运输。这种运输方式主要采用集装箱技术,实现了现代化、便捷化的多式联运。目前,世界上主要的大陆桥包括西伯利亚大陆桥、北美大陆桥和新亚欧大陆桥等。

1. 西伯利亚大陆桥

西伯利亚大陆桥,也被称为第一亚欧大陆桥,是一条利用国际标准集装箱进行国际多式联运的运输线路。它起始于远东地区的港口,将货物海运至俄罗斯东部港口,然后经西伯利亚铁路运至波罗的海沿岸的港口,如爱沙尼亚的塔林或拉脱维亚的里加等,最后再通过铁路、公路或海运将货物运至欧洲各地。这条运输线路大大缩短了从日本、远东、东南亚及大洋洲到欧洲的运输距离,从而节省了时间和成本。从荷兰鹿特丹到苏联海参崴港或相邻的纳霍特卡港,全长约为13000公里,比经苏伊士运河的运程缩短了7300公里。

2. 北美大陆桥

北美大陆桥是指利用北美铁路系统实现从远东到欧洲的"海陆海"联运。这是世界上历史最悠久、影响最大、服务范围最广的陆桥运输线。北美大陆桥包括美国大陆桥运输和加拿大大陆桥运输。

美国大陆桥拥有两条主要线路:一条是从美国西部太平洋的洛杉矶、西雅图、旧金山等港口出发,通过铁路横贯美国至东部大西洋的纽约、巴尔的摩等港口转海运;另一条是从西部太平洋港口出发,通过铁路至南部墨西哥湾的休斯敦、新奥尔良等港口转海运。

加拿大大陆桥是从日本海运至温哥华或西雅图港口后,利用加拿大铁路横跨北美大陆至蒙特利尔,再换装海运至欧洲各港。

3. 新亚欧大陆桥

新亚欧大陆桥,也被称为第二亚欧大陆桥,是一条连接东亚、中亚、欧洲的国际大通道。它东起我国的连云港、日照港等港口,经多条铁路线路进入陇海线,途经我国的阿拉山口国境站进入哈萨克斯坦,最终与中东地区的黑海、波罗的海、地中海以及大西洋沿岸的各港口相连接。这条运输线路为亚欧国际多式联运提供了一条便捷的国际通道。与经苏伊士运河的全程海运航线相比,新亚欧大陆桥缩短了8000公里;与通过巴拿马运河的航线相比,缩短了11000公里。此外,与西伯利亚大陆桥相比,新亚欧大陆桥在陆上距离上缩短了3345公里,并将主要货源地扩大到了东亚、东南亚和中亚、西亚各国和地区。

第五节 跨境电子商务物流网络

一、跨境电子商务物流网络的概念

跨境电子商务物流网络是一个综合性的网络系统,涵盖物流运输、仓储管理以及信息处理等多个关键环节,它将运输功能与节点服务(包括物流处理、中转及仓储等)无缝集成。此系统由线路网络(负责物流运输)和节点体系(负责物流处理、中转及仓储作业)共同构成。

线路负责将商品从供应商或生产地运送到消费者或目的地,包括了从供应商到仓库的集货运输、仓库之间的干线运输以及从仓库到消费者手中的配送运输;而节点则不仅负责商品的暂时存储与保管,还承担着包装、装卸、分货、配货以及流通加工等物流功能要素的实现。通过运用先进的物流技术和信息化手段,跨境电子商务物流网络能够实现商品在全球范围内的快速、准确、安全流动,为跨境电商的发展提供有力的物流支撑和保障。

扩展阅读

物流网络三种运输方式和三大子网络

一、三种运输方式

1. 集货运输

集货运输是指将分散的货物集聚起来集中运输的一种方式。货物集中后才能利用干线进行大批量、远距离的运输,所以集货运输是干线运输的一种补充性运输,多是短距离、小批量的运输。

2. 干线运输

干线运输是指运输网中起骨干作用的线路运输。按分布的区域范围划分,一般跨越省、区(市)的运输线(包括铁路线、内河航线、沿海航线、航空线以及公路线等)所完成的客货运输为干线运输;省、区(市)范围内的运输线上的客货运输为支线运输。

3. 配送运输

配送运输是指将节点中已按用户需求配好的货物分别送给各个用户的运输,这一般是短距离、小批量的运输。从运输的角度讲,配送运输是对干线运输的一种补充和完善,它具有时效性、安全性、沟通性、方便性、经济性。

物流网络的研究,从物流运作形态的角度将物流网络的内涵确立为:建立在物流基础设施网络之上的、以信息网络为支撑、按网络组织模式运作的三大子网有机结合的综合服务网络体系。

二、三大子网络

三大子网络是物流网络的重要组成部分,分别是物流组织网络、物流基础设施网络和物流信息网络。

1. 物流组织网络

物流组织网络是物流网络运行的组织保障。它涉及物流活动的组织、协调和管理,确保物流过程能够高效、有序地进行。物流组织网络通常包括各级物流管理机构、物流企业、物流联盟等,它们共同协作,形成一个覆盖广泛、层次分明的组织体系。通过有效的组织网络,可以实现物流资源的合理配置和高效利用,提高物流服务的水平和质量。

2. 物流基础设施网络

物流基础设施网络是物流网络高效运作的基本前提和条件。它涵盖了物流活动中所需的各种基础设施和设备,如仓库、码头、货运站、铁路、公路、水路和航空等运输线路,以及装卸搬运设备、包装加工设备等。物流基础设施网络的建设和完善,能够提升物流系统的整体效能,增强物流服务的可靠性和灵活性。

3.物流信息网络

物流信息网络是物流网络运行的重要技术支撑。它利用现代信息技术,如物联网、大数据、云计算等,对物流过程进行实时监控、跟踪和管理。物流信息网络能够实现物流信息的快速传递和共享,提高物流决策的准确性和时效性。同时,它还可以促进物流资源的优化配置和整合,提升物流系统的智能化水平。

这三大子网络相互依存、相互促进,共同构成了一个完整、高效的物流网络体系。在实际应用中,需要根据具体的物流需求和场景,对这三大子网络进行合理的规划、设计和优化,以实现物流活动的顺畅、高效和低成本。

二、跨境电子商务物流网络的构成

跨境电子商务物流网络基本结构主要由节点和连线两部分构成。跨境电子商务物流网络涵盖全球物流网络、区域物流网络和城市物流网络等,具体网络如图2-8所示。节点是指进、出口国内外的各层仓库,如制造厂仓库、中间商仓库、口岸仓库、国内外中转点仓库以及流通加工配送中心和保税区仓库等。跨境电子商务的商品就是通过这些仓库的收入和发出,并在中间存放保管,实现跨境电子商务物流网络的时间效益,克服生产时间和消费时间上的分离,促进跨境电子商务物流网络的顺利运行。连线是指连接上述节点间的运输,如各种海运航线、铁路线、飞机航线以及海、陆、空联合运航线。这些网络连线是库存货物的移动(运输)轨迹的物化形式;每一对节点有许多连线以表示不同的运输路线、不同产品的各种运输服务;各节点表示存货流动暂时停滞,其目的是更有效地移动。

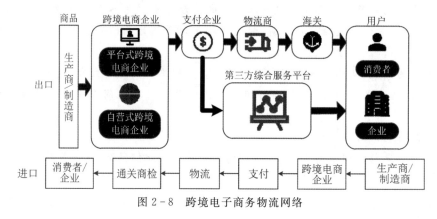

图2-8 跨境电子商务物流网络

三、面向协作交易的跨境电子商务物流网络

跨境电子商务物流网络实施运作是一个复杂的系统工程,系统内任何部分微小的不良指标都会引起跨境电子商务协作交易的失败。

(一)跨境电子商务物流的主要模式与物流网络协作

跨境电子商务物流的主要模式是国际快递及邮政小包(平邮和挂号)。任何物流企业想要在全球范围内覆盖自己的运输网络都需要投入大量的人力、物力和财力,目前已有跨境电子商务企业与物流企业合作,拟成立跨境电子商务物流联盟,将世界各地的运输网络连成一个覆盖全球的物流网络。

协作交易作为跨境电子商务物流企业联盟间一种新型的组织运作模式,整合了各物流网络成员的内外部资源,实现了优势互补,同时有助于提高跨境电子商务企业的整体竞争力和跨境电子商务物流行业的整体运作效率。

我国国内的电子商务,作业流程复杂,对货物递送的可视化和时效性要求高,由于不同地区间多种物流服务能力不一致和信息不对称导致的"不平衡"和"不透明",制约了跨境电子商务的发展,因此物流网络的建设需要物流企业对原有的物流服务能力进行评估,提高新的跨境电子商务物流服务能力,尤其对国际协作交易要有相当的管控能力。跨境电子商务物流网络本身是比境内物流网络更复杂、更动态的系统,对涉及更多跨地区节点组织集合的网络型物流企业协作交易的研究也具有复杂性和系统性,而且比对境内物流企业的组织研究更加复杂,更加难以把握,可通过各种协作来共同面对环境的挑战。从单个组织扩展到跨越组织边界的多组织联合评价,借助集成管理的手段与方法,才能有效控制跨境电子商务物流协作交易风险,促进从事跨境电子商务物流的网络型物流企业组织间运作的集成化与一体化。

(二)跨境电子商务物流企业服务评价体系

1. 跨境电子商务物流网络评价结构

从设计和实施物流绩效评价的最根本问题入手,先确定评价观念,在正确的观念指导下,选择评价模式,在特定评价模式下构建评价框架和评价系统。构建的物流绩效评价框架虽以评价流程的形式体现,但却不仅仅是流程,更多的是战略绩效评价思想的具体化,即从企业物流战略出发,通过关键成功因素与绩效评价指标之间的密切关联,确保评价活动及其结果不偏离企业的战略目标。而所构建的评价系统则包括了实施物流绩效评价所必需的核心要素。因此,在理论上,企业可以以此为指导,设计和实施物流绩效评价。

2. 不同物流模式下的跨境电子商务物流企业服务评价系统

在零售物流模式的基础上,深入分析物流模式与物流绩效评价之间的关系以及具体物流模式下的物流绩效评价问题。比较详细地分析物流模式对物流绩效评价产生的具体影响,即:物流战略目标的确定会影响物流绩效目标体系的构成;物流主体的选择会影响零售企业物流绩效评价的具体目标;物流环节的设计和物流功能的规划影响着物流绩效评价指标体系的具体构成;物流技术的应用可能影响物流绩效评价系统的运作效率。同时,基于所提出的跨境电子商务企业物流绩效评价系统基本构成要素,归纳供应商主导、零售商主导、物流商主导和共同主导四种物流模式下的物流绩效评价系统。这种以物流模式为切入点的视角,为进一步细化对零售企业物流绩效评价的研究提供了线索,也为深入研究其他类型企业的物流绩效评价提供了一定的参考。

案例分析

解读亚马逊物流

在亚马逊平台运营过程中,物流占据很大一部分,是相当重要的一个环节。对于亚马逊中国卖家而言,选择一种性价比比较高的物流方式是关键。卖家在亚马逊做物流时,不仅要考虑清关、通关、运输方式、运输时间等,还要考虑单件商品的运费、送货速度、破损率、丢包率等问题。如果没有选择好适合的物流方式,不仅无法节约物流成本,还可能遭到买家的差评,导致页面曝光以及排名、转化率等急速下降。

当前,亚马逊物流配送常采用的方式有三种,分别是FBA、第三方海外仓和自发货。

1. FBA

很多卖家会优先选择FBA发货,不仅因为FBA发货速度快,客户较为信任,更主要的是FBA能提升页面排名。当然FBA的缺点是整体费用偏高,操作烦琐,需要卖家清关。这样会导致买家退货率上升,增加卖家的压货成本。如果卖家选择美国FBA,退货地址就只支持美国。

2. 第三方海外仓

与FBA相比,第三方海外仓费用较低,能够有效地缩短物流时长,对开拓当地市场非常有效。但是,第三方海外仓的库存压力较大,有商品积压风险,同时当前的第三方海外仓的运作水平参差不齐。

3. 自发货

自发货具有操作灵活性较高、仓储费用较低等优点,还可以减少压货成本,但是页面的曝光率和排名没有FBA高。卖家比较容易因为物流原因遭受差评。自发货没有Prime标志,也就难以引起Prime会员的关注。

所有卖家都非常重视亚马逊的销售旺季,旺季的销售额在全年总额中的占比相当高。当订单接踵而至时,物流会出现高峰,此时最容易出现问题。亚马逊卖家几乎都遭遇过以下问题:①清关迟滞。部分国家对货物的审查较为严格,查验率也比较高。②包裹配送延误。旺季包裹数量较大,物流渠道也很容易爆仓,运送延误现象较常见。③出现丢包、掉包、送错货的情况。

思考:

1. 亚马逊使用的跨境电子商务物流涉及哪些方式?
2. 如何解决物流高峰时出现的问题?

 练习题

1. 未来进口跨境电子商务物流模式的主要趋势是( )。
   A. 国际物流专线　　B. 海外仓直邮　　C. 保税区进口　　D. 国际快递
2. 下列选项中不是跨境电子商务物流节点功能的是( )。
   A. 衔接　　　　　　B. 信息　　　　　C. 管理　　　　　D. 仓储
3. 在跨境电子商务物流网络中,进、出口国内外的各层仓库统称为( )。
   A. 连线　　　　　　B. 节点　　　　　C. 站点　　　　　D. 配送中心
4. 跨境电子商务物流的特点有( )。
   A. 物流环节多　　　B. 参与主体杂　　C. 物流周期长　　D. 物流风险高
5. 跨境电子商务物流系统构成包括( )。
   A. 硬件系统　　B. 软件系统　　C. 作业系统　　D. 管理系统　　E. 信息系统
6. 无论是出口跨境电子商务业务还是进口跨境电子商务业务,从商品流动方向看,都会涉及的环节有( )。
   A. 输出环节　　B. 输入环节　　C. 国际物流运输　　D. 清关　　E. 检疫

7.传统跨境电子商务物流主要运作模式是(　　)。
A.海外仓　　　　B.国际快递　　C.国际邮政包裹　　D.国际物流专线　　E.边境仓
8.保税区在跨境电子商务物流中发挥的主要功能包括(　　)。
A.仓储与展示　　　B.转口贸易　　C.保税加工　　　　D.加速中转　　　　E.免征关税

第三章　跨境电子商务物流政策与标准化

学习目标

- 熟悉跨境电子商务物流行业发展历程。
- 熟悉跨境电子商务物流行业现状与未来发展趋势。
- 掌握跨境电子商务新政内涵。
- 熟悉跨境电子商务新政内容及影响。
- 熟悉跨境电子商务物流标准化含义。
- 掌握跨境电子商务物流标准化相关术语。

第一节　跨境电子商务物流发展的环境

一、跨境电子商务物流行业基本情况

(一)跨境电子商务物流行业的发展历程

作为跨境电子商务产业链中的重要一环,跨境电子商务物流行业随着跨境电子商务行业的不断发展而逐渐兴起,并在跨境电子商务交易中发挥了关键的支撑保障作用。狭义的跨境电子商务物流即由跨境电子商务或跨境B2C/C2C交易所产生的物流,是整个跨境零售交易链的实物交付过程,但因涉及跨境运输,相比境内物流而言,存在通关、法规、地理等固有屏障。广义的跨境电子商务物流是指国际贸易框架下的物流分支,包括所有跨境电子商务的配套物流,并与传统国际贸易物流共享资源、运营等环节。

伴随着跨境电子商务市场的不断扩大,我国跨境电子商务物流行业在过去十几年中经历了高速发展。2008年,伴随eBay等海外第三方电商平台的兴起,跨境电子商务物流行业随之起步发展;2010年,随着AliExpress的迅速发展,从国内直接发货到海外终端买家手中的小包裹物流需求不断攀升,在中国邮政和中国香港邮政面临短期内运能不足的情况下,大量外国邮政通过代理模式涌入中国,瓜分跨境电子商务物流市场份额,同一时期内先后有新加坡邮政、荷兰邮政、瑞典邮政、比利时邮政等数十家外国邮政进入我国跨境电子商务物流市场。由于万国邮政联盟体系内的国际邮政小包平邮和挂号类产品时效不能完全满足跨境电子商务卖家对物流时效和体验的更高要求,2011年,中国邮政推出了基于两国邮政之间双边协议的e邮宝类专线产品,2014年,大量的跨境电子商务物流企业开始推出集商业快递和邮政资源整合而成的专线小包类产品,跨境电子商务直发类物流渠道的产品形态日益完善。

随着跨境电子商务物流、跨境支付等周边服务产业的不断丰富,为更好地助力跨境电子商

务卖家的品类逐步往高货值、大件品类的方向发展,2012年开始,海外仓的交付模式逐步出现。2013年后,随着亚马逊在我国市场的招商力度和品牌效应不断增强,工贸一体化的卖家比例不断增大,部分跨境电子商务企业开始向品牌化方向发展,并在聚焦亚马逊的同时使用亚马逊FBA物流模式,从而推动了亚马逊FBA物流规模的增长。

2015年开始,随着中欧班列、海运快船等新的运输方式兴起,跨境电子商务物流行业为客户提供的选择进一步丰富。随着国家"一带一路"倡议的提出,2015年开始,我国越来越多的城市陆续开行了"一带一路"沿线国家的中欧班列。截至2022年底,中欧班列累计开行突破6.5万列,运输货物超过600万标箱,货值3000亿美元,开通运行了82条线路,联通欧洲24个国家200多个城市,基本形成了对亚欧地区全覆盖的交通物流网络,有效地打通了跨国贸易的堵点,激活了地区经济发展的潜力,已经成为欧亚大陆凝聚共识、汇聚活力的"钢铁驼队"。2023年上半年,中欧班列累计开行8641列,发送货物93.6万标箱。2023年7月29日10时18分,随着中欧班列(义乌—马德里)从义乌西站开出,2023年以来中欧班列累计开行达10000列,较去年提前22天破万列,发送货物108.3万标准箱,同比增长27%。

随着郑州、义乌等地中欧班列运邮项目的运行开通,越来越多的跨境电子商务邮政类包裹也搭上了中欧班列发往"一带一路"沿线国家。而随着跨境电子商务卖家不断追求时效、成本以及客户体验的最优配置,时效介于空运和普通海运之间的海运快船也日益兴起,典型的以美森航运(Matson)为代表的经厦门、宁波、上海等地发往美国西岸长滩港的海运快船线路成为众多FBA商品追求时效和成本最优配置的良好选择。图3-1为2008—2018年中国跨境电子商务物流产品体系分析。

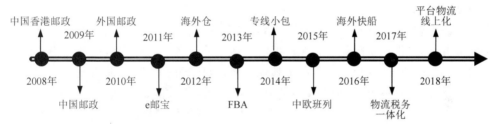

图3-1 2008—2018年中国跨境电子商务物流产品体系分析

(二)跨境电子商务物流的主要模式

由于跨境电子商务物流链条较长、环节繁多、成本占比高、时效存在不确定性,因此跨境电子商务卖家对跨境电子商务物流产生了多样化的需求,同时也派生了直邮和海外仓两大类别下的多种跨境电子商务物流模式。

1. 直邮模式

跨境电子商务物流的直邮模式是指订单产生后,卖家将商品和包裹直接从国内仓库发货至境外消费者手中的物流模式,包括国际邮政、商业快递、国际专线等三种主要渠道。

1)国际邮政

国际邮政渠道下的跨境电子商务物流可细分为邮政小包(含平邮小包、挂号小包)、e邮宝和EMS等类别,其中以邮政小包和e邮宝为主。

邮政小包又称为航空小包,是万国邮联成员依托邮政现有网络开展的一项业务(区别于商业快递),此前主要用于寄递私人物品,近几年跨境电子商务兴起后,依托价格优势迅速成为跨境电子商务卖家的首选物流配送模式。根据是否可以追踪包裹配送轨迹信息,邮政小包可分为平邮小包、挂号小包。

在运输要求方面,邮政小包通常将寄递商品的重量限制在2千克以内,对商品的体积也有一定要求(如外包装长、宽、高之和小于等于90厘米,且最长边小于等于60厘米等)。相比其他运输方式,邮政小包的性价比相对较高,适用于低价值的跨境电子商务商品配送,可通过邮件互换局的特殊渠道实现快速通关,并可充分利用各国邮政网络覆盖范围广的优势,尽可能实现对目的国市场的全方位派送覆盖。由于邮政小包运输价格相对偏低,出于成本考虑,邮政小包的较多跨境干线运输并非直飞,而可能会中途转运再飞往目的国,因此相比其他运输方式而言,其时效相对偏慢。

在邮政小包之外,目前万国邮联成员也提供EMS物流方式,以弥补邮政小包在时效方面的局限。相比邮政小包而言,EMS保持了邮政网络覆盖范围广、通关较快的优势,运输时效较快,交付效率较高,但派送价格也相对偏高。

目前,市场上常见的邮政承运方包括中国邮政、中国香港邮政、新加坡邮政、瑞典邮政、马来西亚邮政、德国邮政等。

2)商业快递

商业快递一般指DHL、UPS、FedEx三家国际知名快递公司提供的商业快递服务。三家商业快递公司利用自身建设的全球网络、信息系统等为客户提供时效快、包裹妥投率高、包裹完整性好的物流服务。由于商业快递模式下的收费相对较高,因此该模式一般适用于对时效要求苛刻或货值较高、重量相对较重的商品配送。

3)国际专线

国际专线是将航空干线资源与商业清关或邮政清关、目的国尾程物流整合起来的跨境电子商务物流方式,可根据实际需要为客户提供个性化的服务。国际专线是介于商业快递和国际邮政之间的细分市场,其价格通常高于邮政小包,但低于商业快递,时效要明显快于邮政小包但稍慢于商业快递。由于国际专线通常通过航空干线方式点对点运输后再进行终端派送,因此通常在发往某国或某地区的货量足够多时才能实现较好的经济效益。

目前,行业内较为常见的国际专线主要包括美国专线、欧洲专线、澳洲专线、俄罗斯专线等,也有不少公司推出了中东专线、南美专线、南非专线等。国际专线主要的专线服务供应商如云途物流、燕文物流、递四方等。

2. 海外仓模式

海外仓模式是指跨境电子商务卖家将商品提前通过跨境电子商务物流送达位于海外的仓库,待订单下达后再将商品从海外仓运出并送达消费者的物流模式。

跨境电子商务卖家选择采用直邮还是海外仓的物流模式,通常与卖家的经营策略、商品特点相关,也与不同的平台定位、运作模式、客户群体相关,是多种因素共同作用的结果。不同的电商卖家需根据自身的实际情况来选择采用直邮模式还是海外仓模式。从卖家经营策略的角度来看,海外仓从境外仓库发货在物流配送速度方面具备一定优势,有助于提升客户服务体验,为跨境电子商务卖家带来更多商品流量,且相比直邮模式下的干线航空运输,海外仓头程物流通常采用海运运输方式,单位商品成本相对较低,但由于需要提前备货,海外仓一旦形成,滞销库存将会为跨境电子商务卖家带来阶梯递增的仓储成本和存货减值风险。从商品特点和类型的角度来看,体积较大、重量较重、价值较高的商品以及需要提升消费者购买体验以提升品牌溢价的品牌商品更适合海外仓模式,例如具有消耗快、溢价高等特点的3C电子和服装商品等;而单价较低的轻小件、长尾产品则更适合直邮模式,例如各类型的小百货商品。

目前,亚马逊FBA是较为典型的海外仓交付模式,包括头程运输、仓储管理和本地配送三个部分。FBA头程是指将商品从商家运送到亚马逊指定仓库的物流环节,主要包括空派(空运到机场,目的港货运代理协助清关和派送)、海派(除了干线运输是海运外,其他与空派模式相同)、商业快递(由UPS,DHL等商业快递公司提供航空运输和到港入仓服务)以及第三方仓调拨(由电商卖家提前备货至非亚马逊的第三方海外仓,然后通过第三方仓的商品调拨进入亚马逊仓完成头程入仓)等方式。FBA本地配送一般由亚马逊自身的快递团队或者UPS、FedEx等公司完成。

(三)不同模式的特点和适用场景

上述不同跨境电子商务物流模式在运费、时效、运输网络、通关情况等方面的特点如表3-1所示。

表3-1 不同跨境电子商务物流模式的特点

项目	直邮					海外仓
	国际邮政			商业快递	国际专线	
	邮政小包	e邮宝	EMS			
运费	最低	相对较低	较高	最高	相对较低	一般
时效	最慢	较快	较快	最快	较快	较快
运输网络	运输网络覆盖广,依靠国家邮政网络			较广,商业快递提供运输网络	仅限特定区域	海外仓仅限特定国家,尾程派送由商业快递或当地物流商提供
通关情况	通关能力强,有邮件互换局特殊快速通关渠道			无特殊通关渠道	9610模式	9810模式
适用对象	价值小、时效无要求的轻小商品	时效有一定要求商品	时效有一定要求的贵重商品	时效要求高的贵重商品	对时效要求一般、重量体积较小的商品	商家针对市场需求大量备货的商品,超大超限商品
丢包率	一般	较低	较低	最低	较低	较低

(四)跨境电子商务物流的主要环节

跨境电子商务物流主要包括揽件、仓储分拣、国内清关、跨境运输、海外报关、仓储中转、海外派送等环节,不同模式下的跨境电子商务物流在具体环节上存在些许差异。类似于国内快递公司联合加盟商、干线车队、劳务公司等第三方主体完成快递交付一样,大部分跨境电子商务物流公司都需要协同第三方物流商等多方资源来分别承担上述物流环节职能并完成商品的跨境交付。因此,资源整合能力、对货源和关键环节的把控能力决定了跨境电子商务物流企业在跨境电子商务物流价值链上的地位和未来发展空间。

二、跨境电子商务物流行业的发展现状

(一)市场规模持续增长

随着我国跨境电子商务行业的快速发展,跨境电子商务物流的市场规模也持续增长。依托强大的制造业基础形成的规模效应,"中国制造"商品相比其他国家的商品而言性价比优势显著,且"中国制造"商品在生产制造供应链方面的稳定性要优于其他国家,因此我国出口跨境电子商务行业的发展要领先于其他国家,同时推动我国出口跨境电子商务物流需求在全球占据主导地位。国家邮政局公布了2024年一季度邮政行业运行情况,寄递业务量累计完成417.3亿件。其中,同城快递业务量累计完成35.1亿件;异地快递业务量累计完成327.8亿件;国际/港澳台快递业务量累计完成8.2亿件,作为跨境电子商务物流模式中的一种,国际/港澳台快递业务量同比增长28.5%。分专业快递业务量比较如图3-2所示。

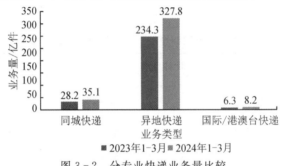

图3-2 分专业快递业务量比较

海关总署数据显示,我国进出口货物贸易实现稳定增长,连续7年保持世界第一贸易国地位。2023年我国货物贸易进出口总值达41.76万亿元,2017—2023年复合平均增长率(compound annual growth rate,CAGR)为7.02%。

目前,我国跨境电子商务出口物流以直邮模式为主。根据运联传媒数据统计,2023年我国跨境电子商务出口物流中,直邮模式包裹数量占比约50%,海外仓模式包裹数量占比约50%。在直邮模式中,国际邮政占比约65%,国际专线和商业快递占比约35%。由于邮政渠道具有价格低、覆盖率高等特点,可适用于大部分跨境电子商务出口商品种类,因此成为主流跨境电子商务出口物流渠道之一。

(二)B2C跨境电子商务物流进入快速发展期

经过多年发展,跨境电子商务已从最初的商品网页信息展示逐渐发展出B2B大宗交易、B2B小额交易以及B2C交易。根据网经社数据,2013—2023年,我国出口跨境电商市场规模从2013年的2.7万亿元增长至2023年的13.24万亿元,CAGR达17.23%;我国进口跨境电商市场规模从2013年的0.5万亿元增长至2023年的3.61万亿元,CAGR达21.86%。跨境电商B2C市场规模从2013年的0.2万亿元增长至2023年的5.02万亿元,CAGR达38.03%。受跨境电子商务行业B2C模式占比持续提升的影响,B2C跨境电子商务物流市场也进入快速发展期。

与传统外贸物流以及B2B跨境电子商务物流不同,B2C跨境电子商务物流呈现明显的订单碎片化、小批量、高频次等特点。传统外贸物流主要以定期大额B2B海运为主,频次通常为每月一次,每次运输数量不等的海运集装箱,物流操作流程简单,而B2B跨境电子商务物流虽

然采购频次有所增加、单次采购额有所减少，物流链条覆盖范围有所延长，但总体上与传统外贸大同小异，大都采取传统的海运模式。相比而言，B2C跨境电子商务物流的过程通常覆盖国内（揽收）、国际（干线运输）、进出口（关务代理）、海外（尾程配送）等环节，流程相对更多，且其物流配送需求直接连接消费者，在碎片化、小批量、高频次的物流运输下服务难度大大提升。此外，由于传统外贸物流的客户一般主要以大中型客户为主，数量少且分布集中，而B2C跨境电子商务物流客户数量众多且较为分散，服务需求多样化且对服务响应速度的要求高，因此行业门槛明显提升，并对B2C跨境电子商务物流企业的销售网络团队及前端揽货响应能力也提出了较高要求。

随着B2C跨境电子商务物流市场的快速发展，传统贸易物流的操作模式无法适应订单碎片化、服务链条长、时效要求提升、服务定制化的B2C跨境电子商务物流，因此外贸物流行业格局有望迎来洗牌，B2C跨境电子商务物流市场的发展有助于加快行业份额趋于集中，在短时间内更容易诞生龙头企业。

（三）国外大型物流企业资源仍占据竞争力优势

除各国的邮政联盟外，在商业物流服务行业中，国际物流巨头均具有成熟的全球化网络布局，在全球范围拥有较强的服务能力。DHL、FedEx覆盖全球220个国家和地区，且在欧洲、北美、亚太三大核心经济区域拥有极强的服务保障能力。

发达国家产业升级和企业全球化进程开始于20世纪50年代，在前期的全球产业转移中，发达国家物流企业伴随着本国制造业一同出海。如欧洲的DHL、德迅、得夫得斯国际货运公司（DSV）等国际物流企业的发展离不开西门子、飞利浦、宝马等企业出口业务的发展，日本的三菱、松下、东芝、富士也惠及了日通集团、近铁集团（KWE）等物流企业并使其成为国际物流巨头。2021年全球国际物流企业综合情况如表3-2所示。

表3-2 2021年全球国际物流企业综合情况

企业名称	国家	营业收入/百万美元	国际海运业务量/万标准箱	海运业务量/万吨	空运业务量/万吨
DHL	德国	28453	283.2	286.2	166.7
德迅	瑞士	25787	455.0	452.9	143.3
DB Schenker	德国	20761	204.2	205.2	109.4
DSV	丹麦	18269	220.5	220.5	127.2
中国外运	中国	12174	377.0	375.0	53.2
康捷空	美国	10116	101.3	109.1	92.7
日通	日本	19347	66.0	66.0	72.0
基华物流	瑞士	7416	105.0	108.1	36.3
罗宾逊物流	美国	15490	120.0	120.0	22.5
UPS	美国	11048	62.0	62.0	98.9
嘉里物流	中国	6867	102.0	102.0	49.4
乔达国际	法国	9135	87.0	86.7	29.1

目前我国已发展为制造业大国，但快速赶超的时间相对发达国家的发展历史而言时间较短，在此历史背景下，我国本土的跨境电子商务物流企业在全球化的运营规模、服务能力和稳

定性上跟国际巨头相比仍有差距。全球大型跨境电子商务物流企业服务区域覆盖情况如表3-3所示。

表3-3 全球大型跨境电子商务物流企业服务区域覆盖情况

企业名称	服务区域覆盖情况
FedEx	220个国家及地区
DHL	220个国家及地区
DSV	90个国家及地区,1300个办事处
德迅	100个国家及地区,833个办事处
KWE	46个国家及地区,697个办事处
华贸物流	160个国家及地区,90个经营网点
中国外运	39个国家及地区,77个经营网点

目前我国品牌出海趋势正盛,中国货主支付物流费用占比不断提升,本土物流企业迎来跨境电子商务物流需求爆发期。中国物流企业在未来几年将借国产品牌出海的东风,不断提升、健全海外物流核心节点资源,建设更加自主可控的国际物流供应链,迎来业务量及利润率的双重提升。

(四)跨境电子商务物流企业区域优势明显

由于全球不同国家地域情况复杂,跨境电子商务物流的标准化程度远低于快递行业,且区域优势明显,企业的物流业务往往集中在本土或者周边地区和国家。2020年,全球国际物流行业CR5(业务规模前五名)空运市场占有率仅为18%左右,CR20(业务规模前二十名)市场占有率约为34%。

与之相似,中国的跨境电子商务物流区域性明显,且集中度较低,业务较为分散。其中以国企物流公司背景为代表的有中国外运、华贸物流,以民企物流公司背景为代表的有"四通一达"和顺丰。还有深度绑定跨境电子商务卖家的跨境电子商务物流企业,如纵腾、燕文等。

2022年,我国海运集装箱吞吐量为2.6亿集装箱,国内跨境电子商务物流CR3海运吞吐量市场占有率不足2.5%,同年我国机场货邮吞吐量为2054.5万吨,CR3市场占有率约为8.4%。而相较于国内快递,CR4有近50%的市场占有率,我国跨境电子商务物流集中度非常低。

(五)疫情后跨境电子商务物流迎变动格局

2020年全球疫情暴发后,众多行业深受波及,但各国的电商渗透率反而进一步增长,同时全球跨境电子商务的规模也被带动。图3-3为2018—2023年中国跨境电商交易规模及增速。

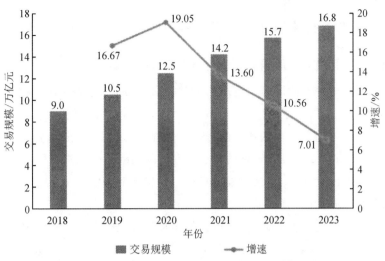

图 3-3　2018—2023 年中国跨境电商交易规模及增速

中国电商市场已成为全球最大的电商市场,极大地构建和推动了中国跨境电子商务物流行业的发展。中国海关统计数据显示,2022 年我国跨境电子商务进出口规模 2.11 万亿元,同比增长 9.8%;2023 年,我国跨境电子商务进出口规模 2.38 万亿元,同比增长 12.8%。预计 2024 年中国跨境电商市场规模将达 17.9 万亿元。

虽然来自 B2B 的销售额占主要部分,但 B2C 的增速要明显高于前者,2022 年中国跨境电商市场规模达 15.7 万亿元,其中 B2C 交易额占比 24.4%。我国目前也是全球最大的 B2C 跨境电子商务交易市场,承接全球约 32.7% 的交易量。

B2C 的物流业务相比较而言更加零散且追求时效性,小件包裹在漫长的跨境电子商务物流中面对的是与大批量、大宗商品截然不同的物流模式。如何在跨境 B2C 电商的增量中开辟合适的物流模式,是未来跨境电子商务物流企业所面临的新课题。

(六)国际市场格局调整加速

2020 年 12 月 30 日,中欧投资协定的签署进一步加深了中国与欧洲地区的贸易发展,助推了中欧班列、国际海运等国际运输方式实现阶段性发展,尤其是高端领域及高技术领域的产业合作能够进一步增强我国与欧洲各国之间的贸易伙伴关系。

2020 年 10 月 15 日,我国与东盟签署 RCEP 协议,在双方经济社会发展稳定等因素的利好影响下,东盟地区已成为我国跨境贸易的第一大合作伙伴。未来我国将重点强化与 15 个东盟国家的快递网络建设,实现与 15 个东盟国家的快递网络全覆盖。

长期来看,与东盟地区的跨境电子商务业务将成为我国对外发展的重点贸易业务,双边跨境电子商务物流市场份额将进一步增长。此外,受国际客运航班减少的影响,国际航空运力受到制约,全货机运输迎来阶段性发展。随着我国"一带一路"倡议对跨国轨道基础建设的不断加快,我国海、陆、空全方位跨境寄递运输格局正在加速形成。放眼未来,全球跨境电子商务物流格局无疑将进一步受区域贸易战的影响,同时随着碳中和、智能化建设对全球物流行业的技术迭代,我国跨境电子商务物流行业的变革仍将持续。

三、跨境电子商务物流行业的未来发展趋势

(一)不同模式的跨境电子商务物流企业形成差异化竞争

直邮和海外仓系两种不同的跨境电子商务物流交付方式,它们与跨境电子商务卖家的经营策略、商品特点以及不同的平台定位、运作模式、客户群体等因素相关。在我国充分发挥制造业优势并持续向境外消费者输送各类消费品的过程中,直邮和海外仓两种跨境电子商务物流交付方式将同时存在,并形成差异化的竞争。受英国和欧盟地区进口国增值税政策变动、万国邮联终端费改革等因素的影响,预计未来直邮模式相比海外仓模式的性价比优势将有所减弱,海外仓模式的市场份额将有所提升。

对于跨境电子商务物流企业而言,侧重直邮还是海外仓的物流交付方式将为企业带来不同的发展重点。在侧重直邮模式的情况下,由于不涉及海外仓的租赁或建设,跨境电子商务物流企业将更适合轻资产的模式,主要涉及国内首公里后的打包和分拣、国内清关和干线(包机或订舱)、国外报关等环节,并更注重自身参与或提升对优质第三方资源的整合能力,以实现稳定的运力输出,为客户提供多元化的跨境电子商务物流服务。在侧重海外仓模式的情况下,跨境电子商务物流企业将具备重资产的优势,更注重布局国内外仓库,吸引产业集群创造规模效应,通过国内仓库扮演第一收货人的角色,实现包裹的集中和分拣,通过海外仓负责商品的分拣、库存管理和发货、退货管理,缩短消费者从下单到收到商品的时间,助力跨境电子商务物流企业进一步提升客户服务体验感。

(二)提供综合性解决方案将成为行业未来发展方向

由于跨境电子商务物流行业涉及揽件、仓储分拣、国内清关、跨境运输、海外报关、仓储中转、海外派送等多个环节,跨境电子商务商品又具备小件化、碎片化、海量 SKU 等特点,对跨境电子商务物流企业的复杂操作(包括装卸、分拣等)、信息集成(包括商流、物流、资金流、信息流)、准时交付(多环节全链路衔接)等要求较高,因此,为客户提供综合性解决方案将成为跨境电子商务物流行业的未来发展方向,只有抢先布局核心资源、聚焦产能升级并具备协同和整合第三方资源能力的跨境电子商务物流企业才能在行业竞争中脱颖而出。市场对跨境电子商务物流企业在以下方面的要求也会越来越高。

1. 平台对接能力

由于跨境电子商务物流企业主要服务于跨境电子商务企业,因此和主流跨境电子商务平台对接的能力以及跨境电子商务直接客户占比将有助于跨境电子商务物流企业获得更多的客户流量,助力企业经营规模和附加值的提升。

2. 仓拣地服和通关能力

仓拣、通关能力决定了跨境电子商务物流企业的成本规模效应和货源聚集能力,仓拣效率越高、地服覆盖越广的跨境电子商务物流企业越容易吸引货源,形成规模效应的正向循环,而通关能力决定了跨境电子商务物流企业整合商流、物流、资金流的潜力,有助于提升通关效率并发挥网络效应。

3. 运力合作及头程资源整合能力

跨境电子商务物流的干线运输主要由专业的航空公司、船运公司完成,只有和相关承运方或代理方保持紧密的合作才能保证干线运输的稳定性,而从揽货到海外仓栈等头程环节的资源整合能力也决定了跨境电子商务物流企业的运转效率。

(三)行业进一步向信息化、自动化、智能化方向发展

自 2015 年 7 月国务院发布的《国务院关于积极推进"互联网＋"行动的指导意见》中提出"互联网＋高效物流"等 11 项重点行动以来,物流的信息化、自动化、智能化已成为行业最重要的发展趋势之一。目前,条码、电子标签、电子单证等物流信息技术在我国物流行业已得到基本应用,而商品跟踪定位、射频识别(RFID)、电子数据交换等先进信息技术在我国物流行业的应用成效也十分显著,我国物流行业信息化、自动化、智能化升级趋势明显。对于跨境电子商务物流企业而言,支持跨境电子商务物流相关各方信息交互的系统至关重要。随着互联网、物联网等技术在跨境电子商务物流行业的进一步应用与普及,智能化的信息技术解决方案正逐步融入跨境电子商务物流信息系统中,未来跨境电子商务物流行业的信息化系统集成度将进一步完善,行业运作效率将得到提高。

四、跨境电子商务物流发展的全球化环境

全球贸易化的快速发展,给跨境电子商务物流发展提供了平台,现在的全球贸易并不只是要求货物按时送达即可,更多的是满足客户的个性化需求,这也就促进了跨境电子商务物流的快速发展,并且不断整合升级跨境电子商务物流服务,满足客户日益增长的需求。跨境电子商务物流发展的全球化,促进了世界各国物流基础设施设备的不断更新,智能化、自动化的机械应用能力也会不断地提高。

(一)需求环境

跨境电子商务物流是随着跨境电子商务的发展而发展起来的,跨境电子商务的需求发展是跨境电子商务物流发展的基石。消费者在跨境电子商务平台上购买商品的需求不断增长,推动了跨境电子商务的高速发展,从而给跨境电子商务物流的发展提供了动力。近几年,跨境电子商务平台越来越规范、成熟,无论是发达国家还是发展中国家,跨境电子商务的交易规模都呈现日益增长的趋势。

在我国,很多传统贸易企业都已经向跨境电子商务转型,国际贸易不再以大企业为主,更多以中小型企业为主,中小型企业在国际贸易中所占的比例越来越高。同时,"中国制造"的产品也越来越受到国外消费者的喜爱,国外消费者对"中国制造"的产品需求只增不减,物美价廉的中国产品在国外有着巨大的潜力市场,这有利于中国跨境电子商务企业塑造企业形象。我国政府大力支持跨境电子商务产业,出台了一系列政策措施,建立了便于跨境电子商务贸易开展的体制,推动了我国跨境电子商务的发展。

(二)经济环境

我国经济的快速稳定发展,为跨境电子商务行业奠定了经济基础。经济的平稳持续发展

为跨境电子商务者提供了一个良好的经济环境,最大限度地实现了经济效益。据海关总署2023年1月13日发布的2022年我国外贸"成绩单"显示,我国货物贸易进出口总值42.07万亿元,比上年增长7.7%。其中,出口23.97万亿元,比上年增长10.5%;进口18.1万亿元,比上年增长4.3%;面对复杂严峻的国内外形势,我国外贸顶住多重超预期因素冲击,进出口总值首次突破40万亿元,在2021年高基数基础上继续保持稳定增长,规模再创历史新高,连续6年保持货物贸易第一大国地位,已经成为全球经济重要的"稳定器"和强劲的"动力源"。跨境电子商务的发展得益于经济的发展,中国经济的稳定持续发展,不仅为我国跨境电子商务行业发展提供了动力,更为全球经济发展提供了强有力的保障,向全世界展现了一个跨境电子商务大国形象。

(三)税收环境

亚马逊在欧洲有五个站点,即英国站、德国站、法国站、西班牙站、意大利站,其增值税(VAT)税点分别是20%、19%、20%、21%、22%。虽然很多卖家很不情愿,但如果收到亚马逊的邮件,要求其上传缺少的增值税号时,卖家就一定要重视并且在截止日期之前上传增值税号。卖家为了能继续在欧洲站点销售商品,就要遵守亚马逊的规章制度,不同站点需要不同的增值税税号,一个增值税税号只能解决一个站点问题。卖家千万不要逃税,在欧洲,逃税是个非常严重的问题,一旦被税务局发现,就会被列入黑名单。

(四)文化环境

全球不同的国家因国情不同存在不同的文化差异,跨境电子商务企业在全球销售商品时,一定要注意不同国家的文化差异,只有了解各个国家和地区的宗教信仰、文化习俗、生活习性,才能更好地融入当地市场,开拓更广阔的市场。比如:在中国我们喜欢用666来表示赞赏、厉害,但是在西方国家666指的是魔鬼、撒旦和灵数,是不吉利的象征;数字13,对于西方国家的人来说,是一个禁忌数字,重要的节假日、活动都要避开13日这一天;信奉伊斯兰教的人喜欢7这个数字,白俄罗斯人不仅喜欢7,更喜欢7的倍数;东亚国家的人忌讳4这个数字,比如中国、日本、韩国等,6和8对于中国人来说是吉祥并且喜欢的数字,但对于信奉印度教的人来说却是忌讳的;在日本不受待见的数字9却在泰国非常吉利。

此外,还要留意不同国家消费者的消费偏好。比如:西方人比较喜欢蓝色,他们认为蓝色是冷静的代表;在荷兰,超80%的消费者收件地址喜欢用家庭地址,而在俄罗斯这一比例却是30%左右。

(五)产权环境

跨境电子商务涉及的产品种类繁多,物流运输流程复杂,而且如果出货多,卖家需要查询知识产权的概率也会增加,这给确定知识产权的工作增加了难度。国外对知识产权的保护是非常严格的,卖家的店铺只要出现侵权的情况,轻则警告下架商品,重则关闭店铺。我国跨境电子商务卖家主要以中小型企业为主,且呈现数量不断增长的趋势,我国中小型企业卖家规避知识产权侵权的意识不是很强烈,对知识产权的保护意识不是很到位。

随着我国跨境电子商务的迅速发展,跨境电子商务监管环境也会越来越严格,侵权的风险也会越来越大,这就需要跨境电子商务卖家注意规避侵权风险,增强知识产权保护意识,对于自己店铺上架的商品,一定要主动查询是否侵权,主动规避侵权风险。

(六)海关环境

旺季期间,全球各国进口货物数量增多,海关对货物的检查力度会大大增加,对货物的检查也会更加严格,这个时候卖家一定要保证货物信息的正确性,如品名、数量、单证文件、是否侵权、归类、漏报瞒报等。旺季期间,货物也更容易产生关税,尤其是一些比较难清关的国家,比如:印度尼西亚货物会遇到非常严格的海关检验;菲律宾清关具有不确定性,而且马尼拉港有着"东南亚第一堵"的称号,货物清关会延迟很长时间;货物被印度海关查验的概率非常大,而且印度出台了海关舱单新规,出口至印度各港口的货物,舱单中必须提供海关编码(HS code)、货值等信息,这项新规自2019年11月1日起施行。

第二节 跨境电子商务新政

一、跨境电子商务新政的内涵

(一)跨境电子商务新政的概念

跨境电子商务新政是指政府为了扶持、规范跨境电子商务行业的发展,维持行业良好业态而出台的一系列有关监督跨境电子商务行业的建设政策、发展政策。跨境电子商务政策和规范是跨境电子商务发展的重要基础。我国跨境电子商务政策发展经历了三大阶段,即政策起步期、政策发展期和政策爆发期。跨境电子商务政策发展历程如图3-4所示。

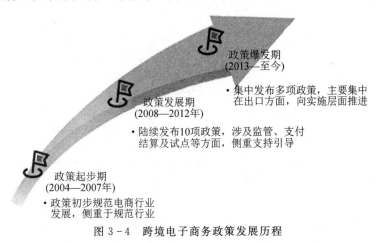

图3-4 跨境电子商务政策发展历程

跨境电子商务已成为中国政府及相关部门"十四五"规划重点关注的领域,为了加快推进跨境电子商务的发展,我国制定了系列政策。近几年我国跨境电子商务领域相关政策具体如表3-4所示。

表 3-4　近几年我国跨境电子商务领域相关政策

发布时间	发布单位	文件名称	主要内容
2021 年 3 月	国务院	中华人民共和国国民经济和社会发展第十四个五年规划和 2035 年远景目标纲要	加快发展跨境电商,鼓励建设海外仓,保障外贸产业链供应链顺畅运转
2022 年 3 月	国务院	国务院关于落实《政府工作报告》重点工作分工的意见	发展跨境电商等新业态、新模式,支持企业开拓多元化市场;发展边境贸易,创新发展服务贸易;优化调整进口税收政策,增加优质产品和服务进口
2021 年 7 月	国务院办公厅	国务院办公厅关于加快发展外贸新业态新模式的意见	在全国适用跨境电商 B2B 直接出口、跨境电商出口海外仓监管模式,便利跨境电商进出口退换货管理,优化跨境电商零售模式进口商品清单;扩大跨境电子商务综合试验区试点范围,到 2025 年,力争培育 100 家左右的优秀海外仓企业,并依托海外仓建立覆盖全球、协同发展的新型外贸物流网络
2021 年 9 月	商务部	国企电子商务创新发展行动计划	推动跨境电商协同发展
2021 年 10 月	商务部、中央网信办、国家发展改革委	"十四五"电子商务发展规划	推动外贸创新发展,开展跨境电商"十百千万"专项行动、规则和标准建设专项行动、海外仓高质量发展专项行动等。到 2025 年,跨境电商等新业态的外贸占比提高至 10%
2022 年 1 月	国家发展改革委	"十四五"现代流通体系建设规划	提出发展外贸新业态,促进跨境贸易多元化发展,鼓励跨境电商平台完善功能,引导企业优化海外仓布局,提高商品跨境流通效率

(二)国内跨境电商物流相关政策

近年来,我国对跨境电子商务发展重视程度日益提高,国家政策支持力度不断加大。2019—2023 年,国务院政府工作报告分别提出要改革完善跨境电子商务等新业态扶持政策,加快跨境电子商务等新业态发展。表 3-5 是近几年我国跨境电商物流相关政策的汇总情况。

表 3-5　我国内跨境电商物流相关政策汇总(2018—2023 年)

发布时间	发布单位	文件名称
2018 年 12 月	国家发展改革委、交通运输部	国家发展改革委 交通运输部关于印发《国家物流枢纽布局和建设规划》的通知
2019 年 2 月	国家发展改革委、中央网信办等二十四部门	关于推动物流高质量发展促进形成强大国内市场的意见

续表

发布时间	发布单位	文件名称
2019年3月	国家邮政局、商务部、海关总署	关于促进跨境电子商务寄递服务高质量发展的若干意见(暂行)
2019年6月	国家邮政局	国家邮政局关于支持民营快递企业发展的指导意见
2020年8月	国务院办公厅	国务院办公厅关于进一步做好稳外贸稳外资工作的意见
2020年8月	国家发展改革委、工业和信息化部等十四部门	关于印发《推动物流业制造业深度融合创新发展实施方案》的通知
2021年1月	交通运输部	交通运输部关于服务构建新发展格局的指导意见
2021年2月	中共中央、国务院	国家综合立体交通网规划纲要
2021年7月	国务院办公厅	国务院办公厅关于加快发展外贸新业态新模式的意见
2021年12月	国务院办公厅	国务院办公厅关于促进内外贸一体化发展的意见
2022年1月	国务院	"十四五"市场监管现代化规划
2022年2月	商务部、中国出口信用保险公司	商务部 中国出口信用保险公司关于加大出口信用保险支持 做好跨周期调节进一步稳外贸的工作通知
2022年2月	国家发展改革委、工业和信息化部等十二部门	关于印发促进工业经济平稳增长的若干政策的通知
2022年4月	交通运输部、铁路局、民航局、邮政局、国铁集团	关于加快推进冷链物流运输高质量发展的实施意见
2022年6月	财政部、交通运输部	关于支持国家综合货运枢纽补链强链的通知
2022年9月	国务院办公厅	国务院办公厅关于进一步优化营商环境降低市场主体制度性交易成本的意见
2022年11月	工业和信息化部、国家发展改革委、国务院国资委	工业和信息化部 国家发展改革委 国务院国资委关于巩固回升向好趋势加力振作工业经济的通知
2022年12月	国务院办公厅	"十四五"现代物流发展规划
2023年4月	国务院办公厅	国务院办公厅关于推动外贸稳规模优结构的意见

(三)实施新政的主要原因

1. 行业不规范

任何一个行业在发展初期都会表现出不规范的特点,跨境电子商务自发展以来也存在着许多灰色地带。起初,跨境电子商务主要依靠代购商品的形式,即海外的留学生和工作人员,开始只是给他们的亲戚、朋友代购商品,后来给其国内部分人员代购其需要的商品。这个过程,无人监督,无法确定代购人员从海外买回来的商品是不是国内人员预期的;如果商品有质量问题,则会引发一系列纠纷。

2. 税收漏洞使得国家财政税收减少

新政实施之前,我国对跨境电子商务零售进口商品按行邮税要求征税,而跨境电子商务企业的商品交易实质已经不具备个人自用物品属性,具有强烈的以获得经济利润为目的的特点;过去对低于1000元的跨境电子商务零售商品征收行邮税,多数商品行邮税税率为10%,税率偏低,且应纳税额低于50元即可享受免税,综合起来较一般货物进口贸易具有较大的优势,长期以来这将不利于传统进口贸易的发展;往往有些电子商务卖家利用50元免征额的特殊优惠条件,这样就会出现少缴税的现象,导致国家税收流失,不利于进口贸易的发展。在海淘时代,淘回来的商品除了按商品本身的价格支付货款外,只需要再另外支付相关邮寄费用即可。特别是对于数量大的商品,可以将其分割成小包,低于征税标准,这样就能享受免税或低税政策。这对于通过正常贸易途径进口的商品来说,是很不公平的,这些正常进口的商品是需要支付关税、增值税和消费税的,而这些税收自然要加到消费者身上,对于同一个商品,消费者自然不会购买正常贸易进口的商品了。

3. 挤压国内同类商品

消费者的消费心理普遍是购买物美价廉、性价比高的商品。部分国内的商品在质量和功能上和外商的商品相比还是有一定差距的,对两者相比较后消费者更倾向于海淘商品。这也造成了同类国产商品竞争力下降,长此以往甚至对整个商品所属行业都会造成挤压,所以国家为了扶持国内企业,为跨境电子商务立法,让国内国外商品在相对公平的环境中竞争。

二、新政内容简述

(一)扩大跨境电子商务试点政策

自2015年杭州获批设立中国首个跨境电子商务综合试验区以来,我国跨境电子商务依托综合试验区建设,在制度创新、管理创新和服务创新等方面积累了大量经验,形成了众多可供国内外借鉴的成熟做法,为跨境电子商务的高速、高质量发展做出了突出贡献。2020年1月17日,商务部等六部委联合印发《商务部 发展改革委 财政部 海关总署 税务总局 市场监管总局关于扩大跨境电子商务零售进口试点的通知》,进一步扩大跨境电子商务零售进口试点范围,本次扩大试点后,跨境电子商务零售进口试点范围将从37个城市扩大至海南全岛和其他86个城市(地区),覆盖31个省、自治区、直辖市。截至2022年11月,国务院批复共设立了七批次试点城市,目前跨境电子商务综合试验区城市数量已达165个,具体见表3-6。

表3-6 中国跨境电子商务综合试验区城市汇总

批次	城市名单
第一批综合试验区城市	2015年3月,国务院批复设立中国(杭州)跨境电子商务综合试验区,杭州成为我国首个跨境电子商务综合试验区城市
第二批综合试验区城市	2016年1月,国务院批复同意在天津市、上海市、重庆市、合肥市、郑州市、广州市、成都市、大连市、宁波市、青岛市、深圳市、苏州市等12个城市设立跨境电子商务综合试验区

续表

批次	城市名单
第三批综合试验区城市	2018年7月,国务院批复同意在北京市、呼和浩特市、沈阳市、长春市、哈尔滨市、南京市、南昌市、武汉市、长沙市、南宁市、海口市、贵阳市、昆明市、西安市、兰州市、厦门市、唐山市、无锡市、威海市、珠海市、东莞市、义乌市等22个城市设立跨境电子商务综合试验区
第四批综合试验区城市	2019年12月,国务院批复同意在石家庄市、太原市、赤峰市、抚顺市、珲春市、绥芬河市、徐州市、南通市、温州市、绍兴市、芜湖市、福州市、泉州市、赣州市、济南市、烟台市、洛阳市、黄石市、岳阳市、汕头市、佛山市、泸州市、海东市、银川市等24个城市设立跨境电子商务综合试验区
第五批综合试验区城市	2020年4月,国务院批复同意在雄安新区、大同市、满洲里市、营口市、盘锦市、吉林市、黑河市、常州市、连云港市、淮安市、盐城市、宿迁市、湖州市、嘉兴市、衢州市、台州市、丽水市、安庆市、漳州市、莆田市、龙岩市、九江市、东营市、潍坊市、临沂市、南阳市、宜昌市、湘潭市、郴州市、梅州市、惠州市、中山市、江门市、湛江市、茂名市、肇庆市、崇左市、三亚市、德阳市、绵阳市、遵义市、德宏傣族景颇族自治州、延安市、天水市、西宁市、乌鲁木齐市等46个城市和地区设立跨境电子商务综合试验区
第六批综合试验区城市	2022年2月,国务院批复同意在鄂尔多斯市、扬州市、镇江市、泰州市、金华市、舟山市、马鞍山市、宣城市、景德镇市、上饶市、淄博市、日照市、襄阳市、韶关市、汕尾市、河源市、阳江市、清远市、潮州市、揭阳市、云浮市、南充市、眉山市、红河哈尼族彝族自治州、宝鸡市、喀什地区、阿拉山口市等27个城市和地区设立跨境电子商务综合试验区
第七批综合试验区城市	2022年11月,国务院批复同意在廊坊市、沧州市、运城市、包头市、鞍山市、延吉市、同江市、蚌埠市、南平市、宁德市、萍乡市、新余市、宜春市、吉安市、枣庄市、济宁市、泰安市、德州市、聊城市、滨州市、菏泽市、焦作市、许昌市、衡阳市、株洲市、柳州市、贺州市、宜宾市、达州市、铜仁市、大理白族自治州、拉萨市、伊犁哈萨克自治州等33个城市和地区设立跨境电子商务综合试验区

(二)跨境电子商务减税政策

为推动跨境电子商务贸易的便利化,国家政策不断扩大跨境电子商务进口商品范围,对跨境电子商务综合试验区电子商务零售出口落实"无票免税"政策,推进出口企业所得税核定征收。

2018年11月,财政部、海关总署和税务总局发布《关于完善跨境电子商务零售进口税收政策的通知》,通知对税收进行三个方面的调整:一是将年度交易限值由每人每年2万元调整至2.6万元,将单次交易限值由每人每次2000元调整至5000元。二是完税价格超过5000元单次交易限值但低于26000元年度交易限值且订单下仅一件商品时,可以通过跨境电子商务零售渠道进口。按照货物税率全额征收关税和进口环节增值税、消费税,交易额计入年度交易总额。三是明确已经购买的电商进口商品不得进入国内市场再次销售。

2019年7月3日,国务院常务会议指出将再增加一批试点城市,要求落实对跨境电子商务零售出口的"无票免税"政策,出台更加便利于企业的所得税核定征收办法。根据财政部、税务总局、商务部、海关总署2018年9月发布的《关于跨境电子商务综合试验区零售出口货物税收政策的通知》(财税〔2018〕103号),对跨境电子商务综合试验区出口企业出口未取得有效进货凭证的货物,同时符合一定条件的,试行增值税、消费税免税政策,即"无票免税"政策。如图3-5所示,"无票免税"政策简单来说就是从事跨境电子商务的企业在未取得增值税专用发票的情况下,只要同时满足《关于跨境电子商务综合试验区零售出口货物税收政策的通知》规定的条件,即可享受税务上的免税政策。

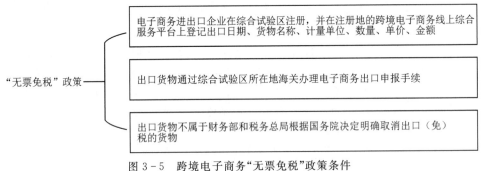

图3-5 跨境电子商务"无票免税"政策条件

三、新政实施的影响

(一)新政发生的变化

1. 采用正面清单方式规定跨境电子商务零售进口商品种类

2016年4月7日,即跨境电子商务新税制实行前夕,财政部、国家发展与改革委员会等十一部门共同公布了《跨境电子商务零售进口商品清单》。发布的第一批清单共包括1142个8位税号商品,涵盖了部分食品饮料、服装鞋帽、家用电器、化妆品、纸尿裤、儿童玩具、保温杯等商品。4月15日,在4月7日公布清单的基础上,根据国家有关法律法规,从支持跨境电子商务新业态发展、有利于电商企业平稳过渡的角度考虑,财政部、国家发展和改革委员会、商务部等十三部门共同发布了《跨境电子商务零售进口商品清单(第二批)》,第二批清单共包括151个8位税号商品。此外,根据国家市场监督管理总局等意见,对于清单的商品备注进行了相应补充。总的来看,两批清单涵盖了跨境贸易电子商务服务进口试点期间实际进口的绝大部分商品,可满足国内大部分消费者的需求,有利于跨境电子商务在前期试点基础上继续发展。

2. 征税方式及行邮税调整

如表3-7所示,过去我国将进出境商品区分为货物和物品,执行不同的税制。其中,对进境货物征收进口关税和进口环节增值税、消费税;针对非贸易属性的进境行李、邮递物品等,将关税和进口环节增值税、消费税三税合一,合并征收进境物品进口税,俗称行邮税。

表 3-7 新政前后税率对比

税改前			税改后		
税目	适用商品种类	税率	税目	适用商品种类	税率
1	书报、刊物、教育专用电影片、幻灯片、原版录音带、录像带、金、银及其制品、计算机、视频摄录一体机、数字照相机等信息技术产品、照相机、食品、饮料，税目 2.3.4 中未包含的其他商品	10%	1	书报、刊物、教育用影视资料、计算机、视频摄录一体机、数字照相机等信息技术产品，食品、金银、家具、玩具、游戏品、节日或其他娱乐用品	15%
2	纺织品及其制成品、电视摄像机及其他电器用具、自行车、手表、钟表(含配件、附件)	20%	2	运动用品(不含高尔夫球及球具)、钓鱼用品，纺织品及其制成品，电视摄像机及其他电器用品，自行车，税目 1、3 中未包含的商品	30%
3	高尔夫球及球具、高档手表等	30%	3		
4	烟、酒、化妆品	50%	4	烟、酒、贵重首饰及珠宝玉石，高尔夫球及球具、高档手表、化妆品	60%

此前，我国对个人自用、数量合理的跨境电子商务零售进口商品按行邮税征税，大部分商品税率为 10%，总体上低于国内销售的同类一般贸易进口货物和国产货物的税负。如今，《关于跨境电子商务综合试验区零售出口货物税收政策的通知》对于跨境电子商务商品税收进行调整，将现行的 50 元免税额度行邮税制改为按一般贸易中的增值税和消费税率的 70% 予以征收。

同时，对个人行邮税率进行调整，由之前的 10%、20%、30%、50% 四档调整为 15%、30%、60% 三档。从表 3-7 中可以发现，各税目下的相关商品种类有所细化，最明显的变动就是高尔夫球具和高档手表的税率从 30% 提到 60%，原来属于税目 4 的商品税率，从 50% 提高到 60%。原来税目 1 和税目 2 的商品税率，分别从 10% 和 20% 提高到 15% 和 30%。

3. 个人交易限额设定

《关于跨境电子商务综合试验区零售出口货物税收政策的通知》中还对跨境电子商务零售进口商品个人交易限额也进行规定，个人单次交易限额 2000 元，年度现值为 20000 元，超过限值则按照一般贸易方式全额征税。除此之外，财政部对本次新政解读时强调：对于进境居民旅客携带在境外获取的个人自用、合理数量的进境物品免税限额，进境居民购买的物品价值超过 5000 元人民币，则对超出部分按行邮税征税。

(二)新政对跨境电子商务的影响

1. 政策变化对消费者的影响

目前，国内跨境电子商务进口主要有保税进口和海外直邮两种模式。保税进口是指商品先批量进入国内保税区，再配送给国内消费者。海外直邮是指商品直接从国外寄给国内消费者。目前大部分跨境电子商务进口多采用保税进口模式。此前,国家给予跨境电子商务试点城市的税收优惠政策是,免去一般进口贸易的"关税＋增值税＋消费税",只缴纳行邮税,该税种是海关对入境旅客行李物品和个人邮递物品所征收的进口税。税改新政后,跨境电子商务零售进口的两种模式不再按过去统一的行邮税计税,新税制下是根据限额征收综合税,包括关税、增值税和消费税。

2. 税制变化对不同品类商品的影响

我们选取行邮税为10%、20%、50%三档的代表商品为例进行说明。如表3-8所示,税改后商品价格有升有降。价格有较大上升的商品包括母婴用品、食品、低价位化妆品,从过去的免征到现在付购物总价11.9%的跨境税。这些商品过去由于税率合适,复购率高,能拉动流量,各大电商平台都通过这些商品来吸引流量,跨境电子商务近两年的发展几乎成了这些进口商品的代名词。价格有下降的商品包括价格稍高的电器类、化妆品类,分别降低了8.1%和17.1%。而对于含有消费税的彩妆品类等来说,税率基本无调整。

表3-8 新政前后税率对比

商品价格	税改前税率(行邮税)	税改后税率(增值税、消费税)	变化
母婴用品、食品价格<500元	10%,50元免征税	增值税17%×70%=11.9%	多缴税11.9%
母婴用品、食品价格≥500元	10%	增值税17%×70%=11.9%	多缴税1.9%
服饰、电器价格<250元	20%,50元免征税	增值税17%×70%=11.9%	多缴税11.9%
服饰、电器价格≥250元	20%	增值税17%×70%=11.9%	少缴税8.1%
化妆品价格<100元	50%,50元以下免征税	增值税17%×70%=11.9% 消费税30%×70%=21%	多缴税32.9%
化妆品价格≥100元	50%	增值税17%×70%=11.9% 消费税30%×70%=21%	少缴税17.1%

3. 政策变化对跨境电子商务平台的影响

1)保税进口与海外直邮模式选择

新政对单纯以保税模式为主的跨境电子商务平台影响更大,这些平台将面临更多的调整。相对而言,新政对直邮体系的电子商务平台影响比较小。通过对时效性、成本和灵活性的均衡,直邮电商将降低其物流成本,但直邮的碎片化组织模式难度很大,不管税制如何调整,直邮物流和供应链组织上的全链条整合能力短期内很难打造。

总的来看,新政虽然取消了原来依照行邮税征收50元的免税额度,但是这让行业目前主流通过保税区清关的模式在税收上的优势不再具备。保税进口模式的红利虽然受到挑战,但并不意味着保税模式会走向终结。一些正面清单内的常规品类还是可以通过保税进口的模式提高发货时效的,海关统一版新系统中新增的退货功能也会解决跨境电子商务退货难的问题。对各大电商平台而言,今后如何在供应链的组织上平衡各种备货模式将是一大考验,这可能将促使行业新的模式和格局的诞生。

2)促销模式需要重新调整

由于新政出台时间较短,电商企业需要根据新政要求改变自身原有销售策略,结合自身状况制定吸引消费者的新优惠政策,如"包邮""包税"等促销模式。

3）物流退货复杂

跨境电子商务一旦出现商品质量问题，消费者将很难像国内网购一样联系电子商务平台进行退换货。一是因为跨境电子商务物流成本太高；二是因为跨境电子商务物流涉及程序太多，流程过于复杂。因此，如何保障消费者方便地退换货也是物流企业面临的挑战之一。

4）商品选择问题重新考虑

尽管征税的变化仅对一部分商品的价格有一定的影响，但仍然会影响消费者的购买心理，因此，电子商务平台在选择商品时也需要斟酌。

5）利润空间会进一步压缩

观察各大电子商务平台的相关营销措施可以发现，在新政实施之前，很多跨境电子商务平台都借此大打"税收牌"进行促销，吸引消费者提前囤货，优惠政策也会从过去的"包邮"开始向"包税"模式扩展，力图在新一轮税收政策调整面前吸引顾客、抢得先机。然而，这也将进一步压缩电商企业的利润空间。

4. 政策变化对海关部门的影响

海关需要对行邮商品进行监管，新政的出台将规范跨境电子商务平台的管理，促进跨境业务的发展，但随着业务量的急剧增加，海关监管压力较大。同时，在当前的海淘模式下，进境商品几乎都是凭借邮递和包裹进境的，因此海关在实施查验等环节时，主要不是和购买者或者销售方进行接触和交流，而是直接和物流企业打交道，但是目前并没有出台相关规定要求物流企业在运送商品进入关境时承担报关代理完税的义务。此外，海关在依照法律规范执行监管任务时，出现的偷漏税等违法犯罪行为仍然层出不穷，应及时查处，以规范和整顿相关行业。

三、如何应对跨境电子商务新政变化

（一）跨境电子商务企业

1. 拓展产品类型

受到政策导向和消费者需求的影响，国内电子商务与跨境电子商务在商品销售分类上有着较大区别。国内大部分电子商务以3C（计算机、通信、消费类电子产品）、家电、服装、美妆和日用品等商品为主，而跨境电子商务多以化妆品、母婴用品、轻奢品和保健品等商品为主。同时，跨境电子商务主要包括两类：第一类是综合商品类型平台，以天猫国际为代表；另一类是专注于某一类商品的跨境销售平台，包括以销售化妆品为主的聚美优品、销售母婴产品为主的优时通等。与消费者生活息息相关的科技类商品也十分受欢迎，未来可能成为新的销售增长点。还有一些生活类商品，它们都可以作为企业选择商品的突破点，都预示着巨大的市场商机。企业应该聚焦商品品类创新，将更多、更好的商品带给国内消费者。因此，建立一支经验丰富的专业选品团队尤为重要。同时在传统有形商品交易的基础上，电商平台也可拓展无形商品交易，让交易过程虚拟化，使得交易通过网络而不涉及纸质单证就能完成交易。数字化商品的电商交易涉及视频、音频、网课、计算机软件等，交易过程无须通过实体渠道便可实现，同时也保证了交易中特有的隐蔽性与匿名性。一旦这类商品能在一定程度上获得消费者的认可，将有助于跨境电子商务更好地解决物流问题，提高企业利润空间。

2. 提高服务水平

新政推出会倒逼一些自营电商和供应商做出调整，甚至会使他们面临危机。随着国人消费水平的不断提高,消费者对价格的敏感度逐渐降低。平台能否在新环境中脱颖而出,主要在于用户的体验感与平台的服务水平。因此,跨境电子商务企业应注重信誉和质量,同时通过整合供应商、物流和结算等资源以提升用户体验,获得更多的市场份额。

(二)监管部门

1. 规定执行细则,明确申报责任

我国海关的政策法规必须适应中国经济社会的快速发展,在保证一定的财政收入的同时践行服务型政府理念,提升海关的服务质量和服务效率。海关需要分析目前征税环境中的各个主体和相关因素,在总结现行法律政策文件的基础上,结合实际征管中遇到的难题,完善相关管理办法,制定出一套全面系统并且操作性强的邮运监管判定标准,实现全国海关工作的统一规范。因此,物流企业相关进境申报制度的建立十分必要,需要规定物流企业在办理此类业务进境时负有代理报关的责任,税费可以采取预先估计后先行收取,事后再进行调整,规范国际物流行业的发展,防止政策漏洞的出现。同时,海关可以采取进境物品的二次申报制度,通过双向申报来确保申报责任,获取更为精准的商品关税完税价格,确保税款的完整与合理。

2. 打造信息化监管系统,进行全流程监管

在稽查前,我国海关部门需要制定好完善的监管政策。在稽查过程中,结合我国跨境电子商务货物逐步增加的现状,海关部门需要更新管理设备,积极寻求技术突破来保障监管的合理性与有效性;需要改变人工实地查验的传统方式,从有经验的国外海关引进相关技术和设备,同时实施激励政策来调动海关管理人员自主研发智能监测设备的积极性,打造信息化的监管系统,实现从行邮物品到达口岸、卸货、查验等各环节的实时跟踪记录,减轻工作人员的工作负担,提高邮件通关效率。同时,我国海关部门还需要加强事后监督,引进后续稽查管理,将风险防控贯穿于全程并且延伸至事后,对已经进境的物品展开后续的跟踪调查,确保其自用的真实性,这不仅对我国海关稽查工作人员的专业能力提出了更高的要求,而且倒逼我国海关部门进行改革,设计出商品流通全过程监管的系统。在稽查过程中,海关部门还应不定期地与有关跨境电子商务网站和统计部门开展联合调查,实行差异化管理,提高监管效率。

第三节 跨境电子商务物流标准化

一、跨境电子商务物流标准化概述

(一)跨境电子商务物流标准化的含义

标准化是指对产品、工作、工程或服务等普遍活动规定统一的标准,并且对这个标准进行贯彻实施的整个过程。标准化的内容,实际上就是经过优选之后的共同规则,为了推行这种共同规则,世界上的大多数国家都有标准化组织,如英国的标准化协会(BSI)、中国的国家市场监督管理总局等。在国际上,日内瓦的国际标准化组织(ISO)负责协调世界范围的标准化问题。

跨境电子商务物流标准化是指以跨境电子商务物流为一个大系统,制定系统内部设施、机械装置、专用工具等各个分系统的技术标准;制定系统内各分领域(如包装、装卸、运输等方面)的工作标准;以系统为出发点,研究各分系统与分领域中技术指标与工作标准的配合性,进一步谋求跨境电子商务物流大系统的统一标准。近年来,我国对外贸易和交流有了大幅度上升,国际交往、对外贸易对我国经济发展的作用越来越重要,而所有的国际贸易又最终靠国际物流来完成。各个国家都很重视本国物流和国际物流的衔接,在本国物流管理发展初期就力求使本国物流标准化与国际物流标准化体系一致,若不如此,不但会加大国际交往的技术难度,更重要的是在本来就很高的关税及运费基础上又会造成因标准化系统不统一所带来的效益损失,使物流成本增加。因此,物流标准化的国际性也是其不同于一般产品标准的重要特点。

(二)物流标准化的特点

1. 物流标准化属于二次系统

物流标准化属于二次系统,也称为后标准化系统,这是由于物流及物流管理思想诞生较晚造成的,组成物流大系统的各个分系统,过去在没有归入物流系统之前,早已分别实现了本系统的标准化,并且经多年应用,不断发展和巩固,已很难改变。在推行物流标准化时,必须以此为依据,个别情况虽然可将有关旧标准化体系推翻,按物流系统所提出的要求重建新的标准化系统,但这必然要从适应及协调角度建立新的物流标准化系统,而不可能全部依赖创新。

2. 物流标准化要求体现科学性、民主性和经济性

科学性、民主性、经济性是标准的"三性",由于物流标准化的特殊性,必须非常突出地体现这"三性",这样才能实现物流的标准化。科学性要求体现现代科技成果,以科学实验为基础,在物流中,还要求与物流的现代化(包括现代技术及管理)相适应,要求能将现代科技成果联结成物流大系统。否则,尽管各种具体技术标准化程度颇高、十分先进,但如果不能与系统协调,单项技术再高也是无效的,甚至还会起反作用。民主性要求采用协商一致的办法,广泛考虑各种现实条件,广泛听取意见,使指标更具权威性、更易于贯彻执行。经济性是标准化的主要目的之一,物流过程不像深加工那样会引起产品的大幅度增值,即使通过流通加工等方式,其增值也是有限的。所以,物流费用多开支一分,就要多产生一分效益,如果不注重物流标准的经济性,就会引起物流成本的增加。

3. 物流标准化具有较强的国际性

改革开放以来的事实证明,对外贸易和交流对我国经济发展的作用是巨大的,而所有的对外贸易又最终靠国际物流来完成。因此,我国的物流标准化在运输工具、包装、装卸搬运工具、流通加工等方面都要与国际物流标准相一致,积极采用国际标准,完善国内标准体系,提高运输效率,缩短交货期限,保证物流质量。

4. 物流标准化涉及面更为广泛

与一般标准化系统不同,物流系统标准化的涉及面更为广泛,涵盖了机电、建筑、工具、工作方法等许多种类。这些种类虽然处于一个大系统中,但缺乏共性,从而造成物流标准种类繁多、标准内容复杂,给物流标准的统一性及配合性带来了很大困难。

(三)跨境电子商务物流标准化的原则

1. 简化原则

简化是指在一定范围内缩减物流标准化对象的类型数目,使之在一定时间内满足一般需要。如果对产品生产的多样化趋势不加限制,任其发展,就会出现多余、无用和低功能产品品种,造成社会资源和生产力的极大浪费。

2. 统一化原则

统一化是指把同类事物的若干表现形式归并为一种或限定在一个范围内。统一化的目的是消除混乱。物流标准化要求对各种编码、符号、代号、标志、名称、单位、包装、运输中的品种规格系列和使用特性等实现统一。

3. 系列化原则

系列化是指按照用途和结构把同类型产品归并在一起,使产品品种典型化;又把同类型产品的主要参数、尺寸,按优先数理论合理分级,以协调同类产品和配套产品及包装之间的关系。系列化是使某一类产品的系统结构、功能标准化形成最佳形式,是改善物流、促进物流技术发展最为明智而有效的方法。比如按ISO标准制造的集装箱系列,可广泛适用于各类货物,大大提高了运输能力,还为计算船舶载运量、港口码头吞吐量和公路与桥梁的载荷能力等提供了依据。

4. 通用化原则

通用化是指在相互独立的系统中,选择与确定具有功能互换性或尺寸互换性的子系统或功能单元的标准化形式,互换性是通用化的前提。通用程度越高,对市场的适应性就越强。

5. 组合化原则

组合化是按照标准化原则,设计制造若干组通用化较强的单元,再根据需要进行合并的标准化形式。对于物品编码系统和相应的计算机程序同样可通过组合化使之更加合理。

(四)跨境电子商务物流标准化的地位

只有实现了国际物流标准化,企业才能在国际经济一体化的条件下有效地实施物流系统的科学管理,加快物流系统建设,促进物流系统与国际系统和其他系统的衔接,有效降低物流费用,提高物流系统的经济效益和社会效益。

1. 物流标准化是实现物流管理现代化的重要手段和必要条件

物料从原料供应、产品生产经市场流通到消费环节,再到回收再生,是一个综合的大系统。由于社会分工日益细化,物流系统的高度社会化显得更加重要。为了实现整个物流系统的高度协调统一,提高物流系统管理水平,必须在物流系统的各个环节制定标准,并严格贯彻执行。在我国,以往同一物品在生产领域和流通领域的名称和计算方法互不统一,严重影响了我国的物资流通。国家标准《全国工农业产品(商品、物资)分类和代码》的发布,使全国物品名称及其标识代码有了统一的依据和标准,有利于建立全国性的经济体系,也为物流系统的信息交换提供了便利条件。

2. 物流标准化是物流产品的质量保证

物流活动的根本任务是将工厂生产的合格产品保质保量并及时地送到用户手中。物流标准化对运输、保管、配送、包装、装卸等各个子系统都制定了相应的标准,形成了物流质量保证体系,只要严格执行这些标准,就能将合格的产品送到用户手中。

3. 物流标准化是我国物流企业进军跨境电子商务物流市场的通行证

物流标准化是全球物流企业提高国际竞争力的有力武器。我国物流企业在物流标准化方面比较落后,面临全球物流企业竞争带来的国际化挑战,实现物流标准国际化已成为我国物流企业开展国际竞争的必备资格和条件。

4. 物流标准化是消除贸易壁垒、促进国际贸易发展的重要保障

在国际经济交往中,各国或地区标准不一是重要的技术贸易壁垒,严重影响了国际进出口贸易的发展。要使国际贸易更快发展,各国或地区必须在运输、保管、配送、包装、装卸、信息,甚至资金结算等方面采用国际标准,实现跨境电子商务物流标准统一化。

(五)跨境电子商务物流标准化的现实意义

在运输、包装、装卸、仓储、信息,甚至资金结算等方面采用国际标准,实现国际物流标准统一化,能够打破各国或地区标准不统一的技术贸易壁垒,从而加速国际贸易的物流进程。国际物流标准化是降低物流成本、提高物流效益的有效措施。物流标准化可以为多式联运以及物流在生产、仓储、销售、消费等环节间的流动提供最有效的衔接方式和手段,能使企业获得直接或间接的物流效益,比如运输及装卸搬运时间的节约,中间环节的压缩及其所带来的货差货损的减少,仓储货物周转加快、库存降低、仓储时间缩短所带来的资金占用的减少等。

由于经济的不同步发展以及其他因素的影响,世界各国物流发展的水平并不一致。美国、日本以及欧洲等一些国家和地区较早开始进行物流理论和实践的探索,其物流发展水平相对较高。但从世界范围来看,对于物流体系的标准化来说,各个国家都还处于初始阶段。此时推行国际物流标准化,不仅有利于世界各国贸易的发展,还有利于新的物流技术、物流理念、物流管理方法等在世界各国、各行业的同步推广,同时能够快速推进世界各国整体物流管理现代化水平的提高。

(六)跨境电子商务物流标准化的发展现状

(1)随着贸易的国际化,标准也日趋国际化。以国际标准为基础制定本国标准,已经成为WTO对各成员国的要求。物流标准化的重点在于通过制定标准规格尺寸来实现全物流系统的贯通,提高物流效率。与物流密切相关的两大标准化体系是ISO和EAN·UCC(全球统一标识系统)。

ISO/IEC(国际电工委员会)下设了多个物流标准化的技术委员会,负责全球物流相关标准的制定、修订工作,已经制定了200多项与物流设施、运作模式与管理、基础模数、物流标识、数据信息交换相关的标准。在ISO现有的标准体系中,与物流相关的标准有近2000条,其中运输181条、包装42条、流通2条、仓储93条、配送53条、信息1605条。

EAN(欧洲商品编码)是对除北美以外的货物、运输、服务和位置进行唯一有效编码并推动其应用的国际组织,是国际上从事物流信息标准化的重要国际组织,而UCC(美国统一代码委员会)是北美地区与EAN对应的组织。近两年来,两个组织加强合作,达成了EAN·UCC联盟,共同管理和推广EAN·UCC系统,意在全球范围内推广物流信息标准化。

(2)随着信息技术和电子商务、电子数据、供应链的快速发展,国际物流业已经进入快速发展阶段。物流系统的标准化和规范化,已经成为先进国家提高物流运作效率和效益、提高竞争力的必备手段。美国作为北大西洋公约组织成员之一,参加了北大西洋公约组织的物流标准制定工作,制定出了物流结构、基本词汇、定义、物流技术规范、海上多国部队物流、物流信息识别系统等标准。美国国家标准协会(ANSI)积极推进物流的运输、供应链、配送、仓储、EDI和进出口等方面的标准化工作。美国与物流相关的标准有近1200条,其中运输91条、包装314条、装卸8条、流通33条、仓储487条、配送121条、信息123条。在参加国际标准化活动方面,美国积极加入ISO/TC 104,在国内设立了相应的第一分委会(负责普通多用途集装箱)、第二分委会(负责特殊用途集装箱)和第四分委会(识别和通信)。美国还加入了 ISO/TC 122，ISO/TC 154 管理、商业及工业中的文件和数据元素等委员会。

日本是对物流标准化比较重视的国家之一,其物流标准化的发展也很快。日本在标准体系研究中注重与美国和欧洲国家进行合作,将重点放在标准的国际通用性上。日本提出了关于物流的若干草案,包括物流模数体系、集装的基本尺寸、物流用语、物流设施的设备基准、输送用包装的系列尺寸(包装模数)、包装用语、大型集装箱、塑料制通用箱、平托盘、卡车车厢内壁尺寸等。在日本现有的标准体系中,与物流相关的标准有 400 余条,其中运输 24 条、包装 29 条、流通 4 条、仓储 38 条、配送 20 条、信息 302 条。

(七)跨境电子商务物流标准化的构成

(1)物流设施标准化,如托盘标准化、集装箱标准化等。

(2)物流作业标准化,如包装标准化、装卸/搬运标准化、运输作业标准化、存储标准化等。

(3)物流信息标准化,如电子报文标准化、物流单元编码标准化、物流结点编码标准化、物流单证编码标准化、物流设施与装备编码标准化、物流作业编码标准化等。

二、跨境电子商务物流标准化相关术语

ISO 对国际化物流系统标准做出了统一规定,相关术语如下。

1. 物流模数

物流模数是指为了物流的合理化和标准化,而以数值表示的物流系统各种因素的标准尺度。它是由物流系统中的各种因素构成的,这些因素包括货物的成组,成组货物的装卸机械、搬运机械和设备,货车、卡车、集装箱以及运输设施,用于货物保管的机械和设备等。

2. 物流托盘化

物流托盘化是指把托载商品和货物的托盘准备好,把托盘的尺寸标准化,形成同样的大小。由于物流中的各种货物的尺寸不同,为了方便货物的运输、搬运等环节的顺利进行,需要先把不同尺寸的货物放在托盘中,进而将托盘标准化。不同国家的习惯不同,各自使用的托盘标准也不同,世界上流行的托盘有美国托盘、欧洲标准托盘和日本标准托盘,ISO 规定的托盘标准是欧洲标准托盘。

3. EDI 标准

EDI 是指电子数据交换系统,即能够做到合理化、标准化地使用计算机处理的商务文件,企业与企业之间通过计算机网络直观地进行信息交流,企业之间可通过这种方法进行低成本的信息沟通。要实现这个目的,就需要电子信息交换的标准规则,这就是 EDI 标准,国际通行的 EDI 标准有联合国管理的 UN/EDIFACT。国际贸易中的许多信息都依靠 EDI 进行数据传递。

三、跨境电子商务物流标准介绍

国际物流标准化工作正在研究及制定中,但与物流有关的许多设施、设备的标准化大多早已发布,并由专门的专业委员会负责制定新的国际标准。其中 ISO 对于物流标准化的重要模数尺寸已大体取得了一致意见,并拟订了初步方案,几个基础模数尺寸如下。

1. 物流基础模数尺寸

物流基础模数尺寸为:600 mm×400 mm。

2. 物流模数尺寸

物流模数尺寸(集装基础模数尺寸)为:以 1200 mm×1000 mm 为主,也允许尺寸为 1200 mm×800 mm 及 1100 mm×1100 mm。

3. 物流基础模数尺寸与集装基础模数尺寸的配合关系

我国目前尚未从物流系统角度全面开展各环节标准化工作,也没有研究物流系统的配合性等问题,但我国的相关部门与 ISO 已建立了密切联系,并对照 ISO 的相关组织明确了我国物流标准的归口单位,如表 3-9 所示。

表 3-9 国际物流标准化技术委员会参加者名单

编号	名称	秘书国	我国归口技术单位
ISO/TC 7	造船	荷兰	交通运输部科学研究院
ISO/TC 22	公路车辆	法国	工业和信息化部装备工业一司
ISO/TC 51	托盘	英国	交通运输部科学研究院
ISO/TC 63	玻璃包装容器	捷克斯洛伐克	中国轻工业联合会
ISO/TC 96	起重机	澳大利亚	工业和信息化部装备工业二司
ISO/TC 100	链条与链轮	英国	工业和信息化部科技司
ISO/TC 101	连续装卸设备	法国	工业和信息化部装备工业二司
ISO/TC 104	集装箱	美国	交通运输部科学研究院
ISO/TC 110	产业车辆	法国	工业和信息化部装备工业二司
ISO/TC 122	包装	加拿大	中国出口商品包装研究所
ISO/TC 883	货物作业标志	中国	中国船舶集团有限公司综合技术经济研究院
ISO/TC 4	物流(协调有关标准)	中国	国家发展和改革委员会综合运输研究所

同时,我国已经制定了一些分系统的标准,其中汽车、叉车、吊车等已全部实现了标准化,包装模数及包装尺寸、联运平托盘也制定了国家标准,参照国际标准,还制定了运输包装部位的标示方法国家标准。其中,联运平托盘外部尺寸系列规定优先选用两种尺寸,分别为:TP 2—800 mm×1200 mm,TP 3—1000 mm×1200 mm。还可选用的一种尺寸为:TP 1—800 mm×1000 mm。托盘高度基本尺寸为 100 mm 和 70 mm 两种。

四、标准化实例:标记识别标准

(一)传统的标记与识别标准

传统的标记与识别标准将包装标记分为三类,即识别标记、储运指示标记和危险货物标记,这是在物流系统中最早实现标准化的系统之一。在长期的物流实践中,人们自然形成了将识别标记主要用于货物的运输包装上,而在物流系统中,识别系统是其中的一个必要组成部分。

1. 识别标记

识别标记包括主要标记、批数与件数号码标记、目的地标记、体积重量标记、输出地标记、附加标记和运输号码标记。

2. 储运指示标记

储运指示标记包括向上标记、防湿防水标记、小心轻放标记、由此起吊标记、由此开启标记、重心点标记、防热标记、防冻标记及其他诸如"切勿用钩""勿近锅炉""请勿斜放倒置"等标记。

3. 危险货物标记

危险货物标记包括爆炸品标记、氧化剂标记、无毒不燃压缩气体标记、易燃压缩气体标记、有毒压缩气体标记、易燃物品标记、自燃物品标记、遇水燃烧物品标记、有毒品标记、剧毒品标记、腐蚀性物品标记、放射性物品标记等。

针对以上三种标记标准,我国有相应的国家标准对此做出相应规定,分别是《危险货物包装标志》《包装储运指示标志》,而针对进出口贸易中的国际海运,国际标准化组织发布的《国际海运危险品标记》对此做出了相应的规定。

传统的标记与识别标准的优点是:方法简单、直观,能快速引起人们的注意,标记醒目、明了、简要,方便阅视,对人们处理货物起着简明扼要的提示作用。其缺点是:许多应标记的项目也因标记简单不能被详细标记出来,使人难以理解;由人来识别标记又容易造成识别误差或理解歧义,人的识别速度也有局限。

(二)现代的标记与识别标准

现代的标记与识别标准是指自动识别与条码标志,与传统的识别标准相比,它提高了识别速度,速度提高了几十倍甚至上百倍;提高了识别的准确度,可以达到万无一失,大大提高了处理货物的速度,从而提高了货物流通的效益。

自动识别与条码标志的优点是:极大地提高了识别效率,条码的标准化使自动识别的电子数据成为共享的数据;和传统的图记标志不同的是,条码有很大的数据存储量,它可以将与物流相关的所有信息都包括在内。但条码也存在不足:缺乏直观性,只能由自动识别系统进行识别,无法进行人工辨认,不具有传统标识明了、醒目、简要的提示作用。

五、我国跨境电子商务物流标准化面临的主要问题及解决策略

(一)我国跨境电子商务物流标准化面临的主要问题

1. 物流基础设施达不到国际物流标准

交通运输部发布的《2023年交通运输行业发展统计公报》显示,2023年末,全国公路里程543.68万公里,四级及以上等级公路里程527.01万公里,占公路里程的比例为96.9%,二级及以上等级公路里程76.22万公里,占公路里程的比例为14.0%;高速公路里程18.36万公里。目前,中国公路绝大多数还是二、三级及以下公路。

截至2023年底,中国铁路营业里程达到了15.9万公里,其中高铁营业里程为4.5万公里。从世界各国铁路网密度来看,排名第一的是韩国,每平方公里的铁路里程达到了0.022公里,这一数据显著高于其他国家。日本紧随其后,每平方公里的铁路里程为0.013公里;德国和法国分别位列第三和第四,每平方公里的铁路里程分别为0.008公里和0.007公里。从这些数据可以看出,韩国、日本和德国的铁路发达程度较高,而中国的铁路发达程度相对较低,这

也在一定程度上反映了各国发展水平的差异。

2. 中国物流还处于初级发展水平

国际上通常把社会物流费用占 GDP 的比率作为衡量一个国家物流运作水平的重要指标。发达国家经过经济结构调整,推行现代物流运作模式,这项指标普遍降为 10% 左右。近年来,中国的这项指标有所降低,2023 年为 14.4%。尽管中国经济发展阶段和经济结构与这些国家差异较大,但也反映出物流运作效率方面的差距。

物流服务社会化程度低,物流企业"小、散、差"问题还比较突出。在运输市场上,大量规模小、实力弱的小企业和个体运输户从事道路运输,导致空驶和超载现象并存。在仓储方面,一些冷藏、冷冻、恒温、恒湿以及危险化学品储存能力不足,特别是从农田到餐桌的"冷链"没有形成。有专家估算,中国鲜活、冷冻农副产品在采摘、运输、储存等流通环节上的损失率高达 25%～30%。

当前,中国在物流人才的教育和培养上比较缓慢,市场上符合要求的物流人才较少,而且层次较低,物流专业人才缺乏。由于物流教育和培训缺乏,能够切实为企业提供有效方案的中高级物流人才较少,制约了物流业的发展。在中国设立的物流服务业外企大都实施"人员本地化"开发与应用战略,其雇员一般以中国人才为主,在外资企业优厚待遇的吸引下,一些优秀人才流失现象已初见端倪。

3. 物流企业信息化程度较低

目前,我国大部分物流企业经营较为粗放,信息化程度较低,运力、规划能力普遍较差,导致效率不高、费用率居高不下。为提高竞争力,物流企业必须着眼于降低成本,加大在信息化技术应用及管理水平方面的投入。根据前瞻产业研究院数据,我国物流信息化渗透率不高,除了条码技术的渗透率接近 80.9%,其余信息化技术的普及率都相对较低。

4. 手段落后且费用昂贵

目前,我国物流行业所使用的 EDI 已经是一项比较过时的技术。它的缺点是显而易见的,如当 EDI 用户的贸易伙伴不再是几个而是几十个甚至几百个时,这种方式很费时间,需要重复发送很多次。另外,这种通信方式是同步的,不适于跨国家、跨行业之间的应用,并且 EDI 系统的运行维护费用相当惊人。

(二)我国如何实现跨境电子商务物流标准化

世界各国物流标准化步伐不一或者物流标准不统一,都将严重影响全球物流业的发展。尤其是在经济全球化的今天,全球生产、全球采购、全球营销等都成为企业战略发展的必要目标。为了建立高效率的物流体系,实现各国物流与国际物流的顺利接轨,增强本国物流业的国际竞争力,必须把物流标准化工作提到前所未有的高度上来,从战略的高度看待国际物流标准化工作,从根本上在国际范围内解决物流标准化问题,推动世界物流业快速、健康发展。从国家层面看,实现国际物流标准化的建议如下。

1. 政府部门高度重视物流标准化的研究、制定和推广工作

一方面,要在物流基础设施、物流技术、企业信息化水平等方面做好基础工作;另一方面,要加强对标准化工作的协调和组织,及时研究和制定物流相关标准,尽快形成一套能够引导和规范国内物流发展并与国际接轨的物流标准化体系,积极推广与应用国家颁布的各种与物流活动相关的国家和行业标准,如商品条码、储运单元条码、物流单元条码等,增强企业执行、贯彻物流标准的自觉性。

2. 深化流通体制改革

我国物流管理存在着严重的条块分割现象,这切断了物流系统的横向联系,不利于高效率的多式联运体系的运作和物流管理的协同工作,不利于物流标准化建设,所以必须加大流通体制改革。

(1)成立大交通综合协调机构。目前,我国陆路、水路、航空、邮政分别归属不同部门管理,这严重阻碍了我国物流标准化建设,应当成立大交通综合协调机构,打破运输部门的横向割据和部门利益,按照统一标准统筹,调整基础设施,整合运输资源。

(2)加快推进陆路、水路、航空、邮政等垄断行业改革,放宽市场准入条件,形成多种经济形式并存的竞争格局,增强其市场竞争意识。

(3)推进仓储管理体制改革,弱化仓储部门管理,打破条块分割,使其成为自主经营、自负盈亏的经济实体。

3. 建立完善的物流信息服务系统

物流标准化的核心任务是为不同企业信息系统建立统一的信息平台,也就是借助计算机网络和通信等技术,将原本分离的采购、运输、仓储、代理、配送等物流环节,以及资金流、信息流、实物流等进行统一的协调控制,实现完整的供应链管理,将原属于不同行业部门、不同产业领域,运作体系相对独立的节点物流信息系统进行有效整合,提高整个物流供应链的运作效率。加强国际互联网的有效利用,加快信息基础设施建设,推进信息采集技术、信息传输技术及管理软件在物流领域的广泛应用,实现包括商品信息在内的物流信息交换协议标准化、条码化和信息采集自动化。引导企业利用先进的信息技术和物流技术,全面提高企业的信息管理水平,减少资源浪费,提高物流效率。

4. 制定物流基础设施标准规范

要形成整个物流体系的标准化,必须在物流系统的各主要环节包括包装、运输、装卸搬运、储存中寻找一个基点,由于集装形式是未来物流的主导形式,所以集装系统是使物流过程连贯、建立标准化体系的基点。基于物流基础模数的物流设施的标准化是提高物流效率的基础,物流设施标准化的基础是物流基础模数尺寸,基础模数尺寸一旦确定,设备的制造、设施的建设、物流系统中各个环节的衔接、物流系统与其他系统的配合就有了依据。

5. 物流标准化体系建设应与国际接轨

国际标准化组织和一些欧美国家为了促进国际物流的发展,制定和实施了一系列国际上公认和通用的物流标准。我国在促进和推动物流标准化体系建设过程中,应尽可能采用国际标准,这既能加快我国物流标准化的建设步伐,也不失为与国际物流标准保持协调一致的有效手段。

案例分析

二战时期,针对物资供应中不断出现的包装问题,在当时的陆军部运输局局长的倡议下,美军成立了专门的包装机构来处理物资供应中出现的包装问题。1943年2月15日,供应勤务采购与分发处成立了包装科。该机构主要通过制定包装规范来处理包装问题。后勤部队有另外的部门从仓库组织的角度来处理包装问题。该机构的成立也代表着美军军用包装的正式诞生。美国陆军和海军都充分利用这一大好机会来发展军用包装。

随着对包装标志重要性认识的逐渐提高,美国陆军部于1942年夏天成立了编码标志政策委员会。该委员会的成立对结束当时混乱的包装标志状态、提高运输效率起到了重要作用。二战结束时,美国陆军和海军都成立了自己的包装管理机构来处理包装中的问题,并且成立了陆海军联合包装局来处理两个部门之间带有共性的包装问题。二战后,美军成立了包装联合协调小组。经过半个世纪的发展,美军已经形成了自己一套独特的、日趋完善的包装管理体制。现在,美军已经形成了四级包装管理体制。第一级即最高一级,是负责军事设施和后勤的副助理国防部长指定专人负责包装工作,决定有关包装的政策和指令。第二级是陆军器材司令部,负责执行副助理国防部长的指示,具体承办包装组织计划工作。第三级是该司令部所属的包装、储存与集装箱化中心,它是美军物资包装的中心机构。作为具体实施包装管理的单位,它的主要职能是:①在包装、储存、运输、装卸和集装箱化等方面制定政策、程序与标准,并向陆军器材部领导机关提出合理化的建议。②在物资包装与储存方面,拟订国防部指示与条例、三军通用条例、后勤司令部条例,并提出相关建议。③确保所提出的包装要求适合用户需要,适用于陆军物资采购业务。④进行陆军实用的新包装、新材料与新包装工艺的评定试验。⑤进行材料、储存方法和物资搬运方法与装备的评定试验。⑥完成价值工程研究,确保陆军器材部所属各二级部所提出的包装方法达到节约成本的最佳效益。第四级是分布在各地的有关机构,即以军事仓库为主的负责包装工作的管理部。

美军是发展军用包装标准较早的军队之一,从美军军用包装诞生的那一天起,美军军用包装标准也就同时诞生了。1945年,陆海军联合包装局成立,该局成立后制定了一系列通用包装规范,其中包括著名的 JAN—P—108。二战结束时,该局已经制定了 36 个包装通用规范。从 20 世纪 40 年代末到 50 年代初,美军在各个领域制定了一系列包装规范和标准。1952 年,海军航空器材供应处制定了军用标准 MIL—P—116,该标准将储存方法分为三大类共 21 个子类。此时各军兵种积极发展武器系统,这就要求制定相应的包装规范。由于美军对包装标准或规范的制定没有统一的计划,各军兵种都独立发展自己的包装规范,从而导致了大量规范和标准的重复制定,使标准体系比较混乱。针对这种情况,美军运用一整套标准体系来组织指挥产品的生产和研制,有效地控制了招标与投标的竞争过程。整个标准体系贯穿了军用装备包装的研制、审查、订购、装卸、储存使用和管理等各个环节,使整个包装工作做到了有法可依,增强了包装的可操作性和通用性,方便了军方、订购方和承制方。

由于军用装备的包装不同于一般的商业包装,军用装备的运输和储存环境通常是恶劣的和不可确定的,军用包装的设计和检测同普通商用包装的设计和检测有很大的差异。因此,建立军用包装科研和检测机构是军用包装工作的重要组成部分。

思考:

1. 应当如何建立我国的民用包装管理体制?国内包装管理中主要存在哪些问题?
2. 如何解决包装标准化中的与国际接轨和有中国特色?
3. 你认为应当如何解决民用包装中普遍存在的超豪华包装以及包装不足这两种极端现象。

练习题

1. 跨境电子商务物流的直邮模式包括的三种主要渠道是(　　)。
   A. 国际邮政　　　　B. 商业快递　　　　C. 海外仓　　　　D. 国际专线
2. 以下哪个是综合商品类型平台？(　　)
   A. 聚美优品　　　　B. 天猫国际　　　　C. 唯品会　　　　D. 京东
3. 物流标准化的要求有(　　)。
   A. 科学性　　　　　B. 民主性　　　　　C. 经济性　　　　D. 实用性
4. 制定国际物流化要遵循的原则有(　　)。
   A. 简化　　　　　　B. 统一化　　　　　C. 系列化　　　　D. 通用化　　E. 组合化
5. 国际物流标准化包括(　　)。
   A. 物流设施标准化　B. 物流技术标准化　C. 物流信息标准化　D. 物流作业标准化

第四章　海关对跨境电子商务物流的监控与货物通关

学习目标

- 了解海关的相关权力及报关制度。
- 学习跨境电子商务通关作业流程。
- 掌握报关单及其填制规范。
- 掌握常见海关清关问题的解决办法。

第一节　海关对跨境电子商务的监管

一、海关及其主要行政权力

《中华人民共和国海关法》第八条规定："进出境运输工具、货物、物品，必须通过设立海关的地点进境或者出境。在特殊情况下，需要经过未设立海关的地点临时进境或者出境的，必须经国务院或者国务院授权的机关批准，并依照本法规定办理海关手续。"所以，企业进行进出口活动时，必然面临进出口货物通关的问题，也就意味着一定要与海关打交道。

(一)海关的概念

海关是对进出口货物通关实施全面监督管理的国家机关，是进出关境的监督管理机构。根据我国现行口岸管理的职责，凡是进出境的人由边防管理，而进出境的物由海关管理。海关进出境管理的任务主要有：监督监管进出境的运输工具、货物、行李物品、邮寄物品和其他物品；征收关税和其他税费；查缉走私；海关统计和办理其他业务。

(二)海关的主要行政权力

1. 查验、检查权

海关有权查验进出境货物、物品，有权检查进出境运输工具。在海关监管区和海关附近沿海沿边规定地区，海关可以检查有走私嫌疑的运输工具和有藏匿走私货物、物品嫌疑的场所，检查走私嫌疑人的身体；在海关监管区和海关附近沿海沿边规定地区以外，海关在检查走私案件时，对有走私嫌疑的运输工具和除公民住处以外的有藏匿走私货物、物品嫌疑的场所，经直属海关关长或者其授权的隶属海关关长批准，可以进行检查，有关当事人应当到场，当事人未到场的，在有见证人在场的情况下，可以进行检查。

2. 查阅、复制权

海关有权查阅进出境人员的证件；查阅、复制与进出境的运输工具、货物、物品有关的合同、发票、账册、单据、记录、文件、业务函电、录音录像制品和其他资料。

3. 查问权

海关有权查问违反《中华人民共和国海关法》或其他有关法律、行政法规的嫌疑人,调查其违法行为。

4. 查询权

海关在调查走私案件时,经直属海关关长或其授权的隶属海关关长批准,有权查询涉案单位和个人在金融机构、邮政企业的存款、汇款。

5. 扣留权

对违反《中华人民共和国海关法》或其他有关法律、行政法规的进出境的运输工具、货物、物品合同、发票、账册等资料,海关有权扣留。在海关监管区和海关附近沿海沿边规定地区,对有走私嫌疑的运输工具、货物、物品和走私犯罪嫌疑人,经直属海关关长或者其授权的隶属海关关长批准,可以扣留。对走私犯罪嫌疑人,扣留时间不超过 24 小时,在特殊情况下,可以延长至 48 小时。在海关监管区和海关附近沿海沿边规定地区以外,海关在调查走私案件时,对有证据证明有走私嫌疑的运输工具、货物、物品,可以扣留。

6. 关税征收保全和强制扣缴权

进出口货物的纳税义务人在规定纳税期限内有明显转移或藏匿货物、财产的迹象,海关可以责令纳税义务人提供担保,经海关要求不能或拒绝提供担保时,海关有权书面通知纳税义务人开户银行或者其他金融机构暂停支付纳税义务人相当于应纳税款的存款。纳税义务人、担保人超过税款缴纳期限 3 个月仍未缴纳税款的,海关可以采取下列强制措施:书面通知其开户银行或者其他金融机构从其存款中扣缴税款;将应税货物依法变卖,以变卖所得抵缴税款;扣留并依法变卖其价值相当于应纳税款的货物或者其他财产,以变卖所得抵缴税款。

7. 稽查权

进出口货物自行放行或核销之日起三年内,海关有权对与货物直接有关的企业、单位的会计账簿、单证、报关资料等进行稽查,监督其进出口货物的真实性和合法性。

8. 连续追缉权

进出境运输工具或个人违抗海关监管逃逸的,海关可以连续追至海关监管区和海关附近沿海沿边规定地区以外,将其带回处理。

9. 佩戴和使用武器权

海关为履行职责,可以配备武器。海关人员佩戴和使用武器的规则,由海关总署会同国务院公安部门制定,报国务院批准。

10. 法律、行政法规规定由海关行使的行政处罚权等其他权力

中国海关的行政处罚权涵盖了多种情形,主要包括对走私行为和违反海关监管规定的行为的处罚。根据《中华人民共和国海关行政处罚实施条例》,走私行为包括未经批准运输、携带国家禁止或限制进出境的货物、物品,以及使用伪造、变造的文件逃避海关监管等行为。对于这些行为,海关可以实施没收走私货物、物品及违法所得,可以并处罚款。

此外,违反海关监管规定的行为,例如未经许可进出口禁止或限制的货物,或者申报不实等,也会受到海关的行政处罚。这些处罚可能包括罚款、责令退运等。

二、报关制度

国际货物的通关往往是通过运输工具、货物、物品和人员的进出境来实现的。《中华人民共和国海关法》第八条规定:"进出境运输工具、货物、物品,必须通过设立海关的地点进境或者出境。"

(一)报关的含义

报关是与运输工具、货物、物品的进出境密切相关的一个概念。《中华人民共和国海关法》将相关人员办理进出境等海关事务表述为"办理报关纳税手续""办理报关手续""从事报关业务""从事报关活动"或者直接称为"报关"。一般而言,报关是指进出口货物收发货人、进出境运输工具负责人、进出境物品的所有人或者他们的代理人向海关办理货物、物品或运输工具进出境手续及相关海关事务的过程。

在货物进出境过程中,有时需要办理报检、报验手续。报检、报验是指按照国家有关法律、行政法规的规定,向进出口检验、检疫部门办理进出口商品检验、卫生检疫、动植物检疫和其他检验、检疫手续。在海关业务实践中,报检、报验手续的办理要先于报关手续。

(二)报关的主体

报关的主体是报关行为的施动者,报关的对象是报关行为的受动者,也是报关主体报关的范围。按照法律规定,所有进出境运输工具、货物、物品都需要办理报关手续。报关的具体范围如下。

1. 进出境运输工具

进出境运输工具主要包括用于载运人员、货物、物品进出境,并在国际运营的各种境内或境外船舶、车辆、航空器和驮畜等。

2. 进出境货物

进出境货物主要包括一般进出口货物、保税货物、暂准进出境货物、特定减免税货物、转运和通运货物及其他进出境货物。另外,一些特殊形态的货物,如以货品为载体的软件等也属报关的范围。

3. 进出境物品

进出境物品主要包括进出境的行李物品、邮寄物品和其他物品。以进出境人员携带、托运等方式进出境的物品为行李物品;以邮递方式进出境的物品为邮递物品;其他物品主要包括享有外交特权和豁免的外国机构或者人员的公务用品或自用物品等。

因此,报关的主体也是进出境运输工具的负责人、进出口货物的收发货人、进出境物品的所有人或者其代理人。

(三)报关的基本内容

1. 进出境运输工具报关的基本内容

国际贸易的交货、国际人员往来及其所携带物品的进出境,除经其他特殊运输方式外,都要通过各种运输工具的国际运输来实现。《中华人民共和国海关法》第十四条规定,进出境运输工具到达或者驶离设立海关的地点时,运输工具负责人应当向海关如实申报,交验单证,并接受海关监管和检查。进出境申报是运输工具报关的主要内容。根据海关监管的要求,进出境运输工具负责人或其代理人在运输工具进入或驶离我国关境时,均应如实向海关申报运输工具所载旅客人数、进出口货物数量、装卸时间等基本情况。

根据海关监管的不同要求,不同种类的运输工具报关时所需递交的单证及所要声明的具体内容也不尽相同。总的来说,运输工具进出境报关时需向海关申明的主要内容有:运输工具进出境的时间、航次;运输工具进出境时所载货物情况,包括过境货物、转运货物、通运货物、溢短卸(装)货物的基本情况;运输工具服务人员名单及其自用物品、货币等情况;运输工具所载旅客情况;运输工具所载邮递物品、行李物品情况;其他需要向海关申报清楚的情况,如由于不可抗力因素,运输工具被迫在未设关地点停泊、降落或者抛掷、装卸货物、物品等情况。除此之外,运输工具报关时还需提交运输工具从事国际合法性运输必备的相关证明文件,如船舶国籍证书、吨税证书、海关监管簿、签证簿等,必要时还需出具保证书或缴纳保证金。

进出境运输工具负责人或其代理人就以上情况向海关申报,有时还需应海关的要求配合海关检查,经海关审核确认、符合海关监管要求后,才可以在上下游装卸货物。

2. 进出境货物报关的基本内容

进出境货物的报关比较复杂。根据海关规定,进出境货物的报关业务应由依法取得报关从业资格并在海关注册的报关员办理。进出境货物的报关业务包括:按照规定如实申报进出口货物的商品编码、实际成交价格、原产地及相应优惠贸易协定代码等,并办理填制报关单、提交报关单证等与申报有关的事宜;申请办理缴纳税费和退税、补税事宜;申请办理加工贸易合同备案、变更、核销及保税监管等事宜;申请办理进出口货物减税、免税等事宜;办理进出口货物的查验、结关等事宜;办理应当由报关单位办理的其他事宜。

3. 进出境物品报关的基本内容

根据《中华人民共和国海关法》第四十六条规定,个人携带进出境的行李物品、邮寄进出境的物品,应当以自用、合理数量为限,并接受海关监督以自用合理数量为限。所谓自用合理数量,对于行李物品而言,"自用"是指进出境旅客本人自用、赠亲友,而非出售或出租,"合理数量"是指海关根据进出境旅客旅行目的和居留时间所规定的正常数量;对于邮递物品,则是指海关对进出境邮递物品规定的征税、免税限制。自用合理数量原则是海关对进出境物品监管的基本原则,也是对进出境物品报关的基本要求。

4. 进出境行李物品的报关

我国海关规定,进出境旅客在向海关申报时,可以在分别以红色和绿色作为标识的两种通道中进行选择。带有绿色标识的通道适用于携运物品在数量和价值上均不超过免税限额,且无国家限制或禁止进出境物品的旅客;带有红色标识的通道则适用于携运绿色通道适用物品以外的其他物品的旅客。对于选择红色通道的旅客,必须填写"中华人民共和国海关进(出)境旅客行李物品申报单"(以下简称申报单)或海关规定的其他申报单证,在进出境地向海关做出书面申报。

从航空口岸进出境的旅客,除按照规定享有免验和海关免于监管的人员以及随同成人旅行的 16 周岁以下的旅客以外,均应填写申报单,向海关如实申报。在申报单申报事项中选择"否"的进出境旅客,可以选择绿色通道通关;在申报单申报事项中选择"是"的进出境旅客,应在申报单相关项目中详细填写所携带物品/货币的品名/币别、数量/金额、型号等内容,并选择红色通关通道,海关按规定验放。

5. 进出境邮递物品的报关

进出境邮递物品的申报方式由其特殊的邮递运输方式决定。我国是《万国邮政公约》的签约国,根据《万国邮政公约》的规定,进出口邮包必须由邮寄人填写报税单(小包邮件填写绿色标签),列出所寄物品的名称、价值、数量,向邮包寄达国家的海关申报。进出境邮递物品的报税单和绿色标签,随同物品通过邮政企业或快递企业呈递给海关。

第二节 海关对货运的监管制度

海关的主要业务制度分为监管制度、关税制度、保税制度、稽查制度和统计制度。由于海关监管的对象分为贸易性的货物、运输工具和非贸易性的物品三部分,因而海关监管制度可分为货运监管制度、非贸易性物品监管制度和运输工具监管制度三大体系。本节主要介绍海关对货运的监管制度。海关接受申报、查验、征税和放行制度是货物监管的基本制度。

一、申报管理

申报是指进口货物的收货人、出口货物的发货人或其代理人在进出口货物时,在海关规定的期限内,以书面或者 EDI 方式向海关报告其进出口货物的情况,并随附有关货运和商业单据,申请海关审查放行,并对所报告内容的真实准确性承担法律责任的行为,即通常所说的"报关"。申报是进出口货物通关的第一个环节,也是关键的环节。

《中华人民共和国海关法》第二十四条规定,进口货物的收货人应当自运输工具申报进境之日起 14 日内,出口货物的发货人除海关特准的以外,应当在货物运抵海关监管区后、装货的 24 小时以前,向海关申报。进口货物的收货人或其代理人超过 14 天期限未向海关申报的,由海关征收滞报金。滞报金的日征收金额为进口货物完税价格的 0.5%,以人民币"元"为计征单位,不足人民币 1 元的部分免予计征,滞报金的起征点为人民币 50 元。进口货物滞报金期限的起算日期为运输工具申报进境之日起第 15 日;邮运滞报金起收日期为收件人接到邮局通知之日起第 15 日;转关运输滞报金起收日期有两个:一是运输工具申报进境之日起第 15 日,二是货物运抵指运地之日起第 15 日,两个条件只要满足一个,即征收滞报金。如果两个条件均满足则要征收两次滞报金。《中华人民共和国海关法》第三十条规定,进口货物的收货人自运输工具申报进境之日起超过 3 个月未向海关申报的,其进口货物由海关提取依法变卖处理,所得价款在扣除运输、装卸、储存等费用和税款后,尚有余款的,自货物依法变卖之日起 1 年内,经收货人申请,予以发还;其中属于国家对进口有限制性规定,应当提交许可证件而不能提供的,不予发还。逾期无人申请或者不予发还的,上缴国库。海关申报流程如图 4-1 所示。

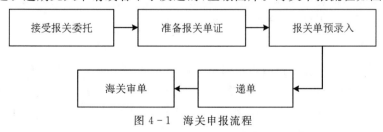

图 4-1 海关申报流程

(一)接受报关委托

如果进出口货主需物流企业代理报关时,物流企业应要求其出具报关委托书。委托书应载明委托人和被委托人双方的企业名称、海关注册登记编码、地址、法定代理人姓名及代理事项、权限、期限、双方责任等内容,并加盖双方单位的公章。

(二)准备报关单证

在向海关办理报关手续前,应准备好报关必备的单证。报关单证可分为基本单证、特殊单证、预备单证三种。

1. 基本单证

基本单证是指与进出口货物直接相关的商业和货运单证,主要包括发票、装箱单、提(装)货凭证或运单、包裹单、出口收汇核销单、海关签发的进出口货物减税及免税证明。

2. 特殊单证

特殊单证是指国家有关法律规定实行特殊管制的单证,主要包括配额许可证管理单证(如配额证明、进出口货物许可证等)和其他各类特殊管理单证(如机电产品进口证明、商品检验证明、动植物检疫证明、药品检验证明等)。

3. 预备单证

预备单证是指在办理进出口货物手续时,海关认为必要时查阅或收取的单证,包括贸易合同、货物原产地证明、委托单位的营业执照、委托单位的账册资料及其他有关单证。

(三)报关单预录入

报关单预录入是指报关单位或报关人将报关单上申报的数据、内容录入计算机,并将数据、内容传送到海关报关自动化系统的行为。

目前,根据电子数据的三种申报方式,电子预录入方式也相应有终端录入、EDI 录入、中国电子口岸报关单预录入/申报系统(简称 H2000)录入三种方式。报关员对预录入人员录入的报关单电子数据与自己手写填制的报关单各栏目内容进行核对,审核无误后才能向审单中心发送。

报关单预录入工作一般要满足两个条件:①报关单位和报关数据录入服务单位须经海关批准,方可负责计算机数据录入工作。②数据录入单位对录入计算机的报关单据的完整性和准确性承担责任。

(四)递单

报关单位在完成报关单的预录入后,应将准备好的报关随附单证及按规定填制好的进出口货物报关单正式向进出口口岸海关递交申报。

(五)海关审单

海关审单是指海关工作人员通过审核报关员递交的报关单及随附的有关单证,检查判断进出口货物是否符合《中华人民共和国海关法》和国家的有关政策、法令的行为。审核单证是海关监管的第一个环节,它不仅为海关监管的查验和放行环节打下了基础,也为海关的征税、统计、查私工作提供了可靠的单证和资料。海关审单的主要任务如下。

(1)确认报关企业及报关员是否具备报关资格,有关证件是否合法有效。

(2)报关时限是否符合海关规定,确定是否需征收滞报金。
(3)货物的进出口是否合法,即是否符合国家有关对外贸易法律法规的规定。
(4)报关单证的填制是否完整、准确,单证是否相符、齐全、有效。
(5)对于通过电子计算机登记备案的加工贸易合同,要对有关加工贸易合同的每次进出口数据进行核对,并在登记手册上登记。
(6)根据《中华人民共和国进出口关税条例》和国家其他有关的税收政策确定进出口货物的征免性质。

二、查验

海关查验是指海关根据《中华人民共和国海关法》确定进出境货物的性质、价格、数量、原产地、货物状况等是否与报关单上已申报的内容相符,对货物进行实际检查的行政执法行为。

海关通过查验,核实有无伪报、瞒报、申报不实等走私、违规行为。同时也为海关的征税、统计、后续管理提供可靠的资料。

进出口货物,除海关批准免验的以外,都应接受海关的查验。查验进出口货物,应当在海关规定的时间和场所进行。如果要求海关在海关监管场所以外的地方查验,应当事先报请海关同意,海关按规定收取规费。

根据《中华人民共和国海关法》第二十八条规定,进出口货物应当接受海关查验。海关查验货物时,进口货物的收货人、出口货物的发货人应当到场,并负责搬移货物,开拆和重封货物的包装。海关认为必要时,可以径行开验、复验或者提取货样。

查验完毕后,海关实施查验的关员应当填写海关进出境货物查验记录一式两份。配合海关查验的报关员应当注意阅读查验记录是否如实反映查验情况。特别注意以下情况的记录是否符合实际:①开箱的具体情况;②货物残损情况及造成残损的原因;③提取货样的情况;④查验结论。

配合查验的报关员审核查验记录准确清楚的,应立即签字确认。至此,配合海关查验结束。

海关在查验中如需要提取货样做进一步检验或鉴定的,应当向进出口货物收货人、发货人或其代理人出具取样清单,并履行相应手续。

在查验过程中,或者证实海关在进行查验过程中,因为海关关员的责任造成被查验货物损坏的,进口货物的收货人、出口货物的发货人或其代理人可以要求海关赔偿。海关赔偿的范围仅限于在实施查验过程中,由于海关关员的责任造成被查验货物损坏的直接经济损失。直接经济损失的金额根据被损坏货物及其部件的受损程度或者修理费确定。以下情况海关不予赔偿:①进出口货物的收货人、发货人或其代理人搬移、开拆、重封包装或保管不善造成的损失。②易腐、易失效货物在海关正常工作程序所需时间内(含扣留或代管期间)所发生的变质或失效。③海关正常查验时产生的不可避免的磨损。④在海关查验之前已发生的损坏和海关查验之后发生的损坏。⑤由于不可抗拒的因素造成货物的损坏、损失。⑥进出口货物的收货人、发货人或其代理人在海关查验时对货物是否受损坏未提出异议,事后发现货物有损坏的,海关不负赔偿的责任。

三、征缴税费

海关对于应税的进出口货物应按《中华人民共和国进出口关税条例》和《中华人民共和国海关进出口税则》的规定征收关税和其他税费（注：2024年4月26日，第十四届全国人大常委会第九次会议表决通过《中华人民共和国关税法》，自2024年12月1日起施行。《中华人民共和国进出口关税条例》同时废止）。

货物经查验通过后，对于应纳税的进出口货物，海关根据进出口货物的税则号列、完税价格、适用的税率和汇率等计算进出口关税和其他税费，并填发税款缴款书，纳税义务人缴纳税款。纳税义务人向银行缴纳税款后，应当及时将盖有证明银行已收讫税款的业务印章的税款缴款书递交填发海关验核，海关据此办理核注手续。

关于进出口关税的计征、关税税率以及其他海关代征税费的内容，可以参考相关法律规定，在此不做赘述。

四、货物放行

进口货物的收货人及其代理人在依法办理了进口货物的申报、陪同查验和缴纳税费（或办理担保）等手续后，就可以向海关领取签盖海关"放行章"的进口货物提货单或运单或特制的放行条。进口货物的收货人及其代理人凭上述海关签章的单证之一，到货物进境地的港区、机场、车站或其他地点的海关监管仓库或监管区提取进口货物。一般进口货物海关手续至此办结，不再受海关监管；需要后续管理的货物，包括保税货物、特定减免税货物和暂准（时）进口货物，应继续接受海关监管，直到办结海关手续为止。

进口货物的收货人及其代理人在取得海关放行、办结海关手续并提取货物以后，为了证明进口货物的合法性和有关手续的完备性，可以要求海关核发进口货物证明书。

对属于付汇的进口货物，进口货物的收货人及其代理人在取得海关放行后，可以要求海关出具一份盖有海关"验讫章"的报关单（电脑打印），专门用于办理进口付汇核销手续。

对于一般贸易进出口货物来说，放行是海关监管的终结，在这种情况下，放行即结关。货物允许进入自由流通状态，进口货物可由其收货人提取、发运，出口货物可由其发货人装船、起运。

对于保税货物、暂时进出境货物、特定减免税进口货物等，放行并不意味着海关监管的终结，只是海关现场监管的结束，通关的过程尚未完成，即可放行转为后续管理。后续管理主要有核查和核销两个环节。核查是海关对适用特定通关程序的进口货物在放行后和结关前进行核对和查验的行为。由于这些货物通关期限很长，少则6个月，多则1年甚至几年，为使这些货物能按照《中华人民共和国海关法》规定的要求或条件运作或使用，海关在监管期限内不定期地实施核查，如发现未按《中华人民共和国海关法》规定运作或使用，擅自出售、转让或移作他用，则可依法予以处理。核销是保税货物、暂时进出境货物、特定减免税进口货物等在海关放行后按法定要求运作或使用后，由海关核定销案，准许货物出口或永久留在关境内的海关行政行为。核销意味着这些货物办结了海关手续，海关监管终结。

第三节 通关作业

通关是指进出境运输工具的负责人、货物的收发货人及其代理人、进出境物品的所有人向海关申请办理进出口手续,海关对其呈交的单证和申请进出境的货物、运输工具和物品依法进行审核、查验、征缴税费,批准进口或者出口的全过程。

一、跨境电子商务进口货物通关

消费者在跨境电子商务平台购买进口商品后,一般会经过三个环节:企业向海关传输"三单"(电子订单、电子运单以及电子支付单)信息并向海关申报"中华人民共和国海关跨境电子商务零售进出口商品申报清单"(以下简称申报清单);海关实施监管后放行;企业将海关放行的商品进行装运配送,消费者收到包裹完成签收。进口货物通关流程如图4-2所示。

图4-2 进口货物主要通关流程

(一)进口商品申报

消费者在完成商品选购后,进口商品申报前,跨境电子商务企业或跨境电子商务企业境内代理人、支付企业、物流企业分别通过国际贸易"单一窗口"或跨境电子商务通关服务平台向海关传输相关的电子订单、电子运单以及电子支付单。进口商品申报时,跨境电子商务企业境内代理人或其委托的报关企业根据"三单"信息向海关提交申报清单[依据《海关总署关于跨境电子商务零售进出口商品有关监管事宜的公告》(海关总署2018年第194号公告)第6条、第8条]。

(二)海关通关监管

海关依托信息化系统实现"三单"信息与申报清单的自动比对。一般情况下,规范完成的申报清单经海关快速审核后放行,实现"秒级通关"。对于部分通过风险模型判定存在风险的申报清单,经海关单证审核及商品查验无误后方可放行。

(三)包裹配送签收

经海关监管放行的进口商品,企业在通关口岸可以进行打包装车配送,进口商品的主要通关流程结束。消费者/企业收到进口商品后,完成签收。

二、跨境电子商务出口货物通关

在跨境电子商务出口中,只要卖家遵守我国海关法律法规,不运输海关明令禁止的违禁品,办理进出口海关手续时,经查验货主申报的进出口货物的单证与实际进出口货物相一致,即做到单货相符,一般都不会有什么问题。

(一)出口报关

部分港口的跨境电子商务企业已经可以借助跨境电子商务通关服务平台实现通关一次申

报,海关、税务、检验检疫、外汇、市场监管等部门则可通过这个平台同步获取跨境电子商务商品信息,实现对商品的全流程监管。

1. 跨境电子商务出口通关流程

(1)在跨境电子商务通关服务平台上备案。

(2)货物售出后,电商、物流、支付企业向跨境电子商务通关服务平台提交订单、支付、物流三单信息。

(3)跨境电子商务通关服务平台完成三单比对,自动生成货物清单,并向中国电子口岸发送清单数据。

(4)货物运往跨境电子商务监管仓库。

(5)海关通过跨境电子商务通关服务平台审核,确定单货相符后,放行货物出口。

(6)跨境电子商务企业凭报关单向国税局申请退税。

2. 报关单据

一般情况下,传统外贸出口通关单据包含发票、装箱单、报关单。在跨境电子商务中,由于订单零散碎片化,大多数情况下不会用到这些正式的单据。例如,邮政类小包的报关信息就直接显示在面单上。

只有在寄送商业快件时,快递企业会让卖家提供货物的发票。发票又分为形式发票和商业发票。在理论上,用于报关的发票必须是商业发票,但实际操作中,用形式发票也可以。两者涵盖的内容基本一致,主要区别在于:一方面,两种发票称呼不同;另一方面,形式发票更像是一种估价单据,没有商业发票那么正式。单据应包含的信息可参考图4-3。

需要注意的是:发票必须打印原件(不可手写),复印件和传真件均无效;不得有修改痕迹。

(二)出口退(免)税

近年来,伴随跨境电子商务行业的发展,跨境电子商务企业出口退税问题受到重点关注。2014年以前,传统进出口贸易的特点是体量大、以大型货柜出口为主,而跨境电子商务企业出口的商品则呈现出多品种、小批量、多频次的特点,国内大多数从事跨境电子商务的企业都选择通过行邮物品渠道将商品寄往境外。这样一来,由于缺乏正规出口报关单,国内电子商务企业的出口商品既不能合法结汇,又不能享受退税优惠。

2014年初,为促进跨境电子商务零售进出口业务的发展,方便企业通关,规范海关管理,实现贸易统计,海关总署发布2014年第12号公告,决定增列海关监管方式代码"9610",全称"跨境贸易电子商务",简称"电子商务",适用于境内个人或电子商务企业通过电子商务交易平台实现交易,并采用"清单核放、汇总申报"模式办理通关手续的电子商务零售进出口商品。

公告发出后,2014年6月,全国首单全程在海关"9610"监管代码下操作的跨境电子商务出口退税2.9万元花落前海。虽然退税金额不大,但是这一单意义非凡。

通关方面,部分港口采取分送集报、合并同类项、产品提前备案等通关监管措施。比如,在通关流程上,针对电子商务企业的需求,设计了"入区暂存"模式。根据规定,部分港口海关将电商货物进入保税港区设置成"暂存入库"状态,货物实际离境出口后,电子商务企业才向海关报关,如果货物没有销售出去,则可以直接退回境内,从而大幅降低电子商务企业的通关成本。

1. 享受退税的四项基本条件

电子商务出口企业出口货物[财政部、国家税务总局明确不予出口退(免)税或免税的货物

图 4-3 报关单据示例

除外],要同时符合四项条件,适用增值税、消费税退(免)税政策。这四项条件具体内容如下。

(1)电子商务出口企业属于增值税一般纳税人并已向主管税务机关办理出口退(免)税资格认定。

(2)出口货物取得海关出口货物报关单(出口退税专用),且与海关出口货物报关单电子信息一致。

(3)出口货物在退(免)税申报期截止之日内收汇。

(4)电子商务出口企业属于外贸企业的,购进出口货物取得相应的增值税专用发票、消费税专用缴款书(分割单)或海关进口增值税、消费税专用缴款书,且上述凭证有关内容与出口货物报关单(出口退税专用)有关内容相匹配。

2. 享受免税的三项基本条件

电子商务出口企业出口货物,不符合上述规定四项条件,但同时符合另外三项条件的,适用增值税、消费税免税政策。这三项条件具体内容如下。

(1)电子商务出口企业已办理税务登记。

(2)出口货物取得海关签发的出口货物报关单。

(3)购进出口货物取得合法有效的进货凭证。

适用退(免)税、免税政策的电子商务出口企业,是指自建跨境电子商务销售平台的电子商务出口企业和利用第三方跨境电子商务平台开展电子商务出口的企业。为电子商务出口企业提供交易服务的跨境电子商务第三方平台,不适用通知规定的退(免)税、免税政策,可按现行有关规定执行。

3. 退(免)税申报详细流程

电子商务出口企业在满足退税条件后,需按照以下步骤进行退(免)税申报。

(1)预申报阶段。出口企业在当月出口货物并取得销售收入后,应于次月增值税纳税申报期内,向主管税务机关提交预申报申请,同时附上收齐的单证(包括但不限于出口货物报关单、收汇证明等)及电子数据。若预申报过程中发现单证信息与海关电子信息不符或缺失,企业须及时调整后重新提交预申报。

(2)正式申报阶段。待主管税务机关审核确认预申报单证与电子信息一致后,企业应正式提交退(免)税申报,包括完整的申报表、相关凭证原件及复印件、电子数据等。税务机关将依据这些材料进行最终审核,并决定是否给予退税。

4. 免税申报简化流程

对于不符合退税条件但满足免税条件的出口货物,电子商务出口企业享受增值税、消费税免税政策,其申报流程相对简化。

(1)备案制实施。自2014年1月1日起,出口企业无须就免税货物向税务机关进行逐笔申报,而是采用备案制管理。

(2)资料留存备查。企业需将出口货物报关单、合法有效的进货凭证等必要文件按出口日期整理装订,妥善保存以备税务机关后续核查。这些资料是证明货物出口及免税资格的重要依据。

第四节 报关单及其填制规范

准备好报关用的单证是保证进出口货物顺利通关的关键一步。报关企业和报关员必须在向海关申报进出口货物之前,备妥必需的报关单证。报关单证可分为报关单和随附单证两大类。准备报关用单证的原则是:填制报关单必须真实、准确、完整,报关单与随附单证数据必须一致;基本单证、特殊单证等随附单证必须齐全、有效、合法。具体报关单格式参见图4-4。

2019年,我国海关总署发布了《中华人民共和国海关进出口货物报关单填制规范》[①],该规范对报关单各栏目的填制进行了规范。2024年3月14日,海关总署发布《关于调整进出口货

---

① 《中华人民共和国海关进(出)口货物报关单》在本规范及本书中采用"报关单""进口报关单""出口报关单"的提法。

第四章 海关对跨境电子商务物流的监控与货物通关

图 4-4 报关单样单

物报关单申报要求的公告》（海关总署公告〔2024〕30 号），对《中华人民共和国海关进（出）口货物报关单》和《中华人民共和国海关进（出）境货物备案清单》有关栏目和部分申报项目及其填报要求进行了调整，自 2024 年 4 月 10 日起施行。

一、预录入编号

预录入编号是指预录入报关单的编号，一份报关单对应一个预录入编号，由系统自动生成。报关单预录入编号为 18 位，其中第 1—4 位为接受申报海关的代码（海关规定的《关区代码表》中相应的海关代码），第 5—8 位为录入时的公历年份，第 9 位为进出口标志（"1"为进口，"0"为出口；集中申报清单"I"为进口，"E"为出口），后 9 位为顺序编号。

二、海关编号

海关编号是指海关接受申报时给予报关单的编号，一份报关单对应一个海关编号，由系统自动生成。

三、境内收发货人

填报在海关备案的对外签订并执行进出口贸易合同的中国境内法人、其他组织名称及编码。编码填报 18 位法人和其他组织统一社会信用代码，没有统一社会信用代码的，填报其在海关的备案编码。进出口货物合同的签订者和执行者非同一企业的，填报执行合同的企业。

四、进出境关别

根据货物实际进出境的口岸海关，填报海关规定的《关区代码表》中相应口岸海关的名称及代码。进口转关运输货物填报货物进境地海关名称及代码，出口转关运输货物填报货物出境地海关名称及代码。

五、进出口日期

进口日期是指运载进口货物的运输工具申报进境的日期。出口日期是指运载出口货物的运输工具办结出境手续的日期,在申报时免予填报。无实际进出境的货物,填报海关接受申报的日期。进出口日期为8位数字,顺序为年(4位)、月(2位)、日(2位)。

六、申报日期

申报日期是指海关接受进出口货物收发货人、受委托的报关企业申报数据的日期。以电子数据报关单方式申报的,申报日期为海关计算机系统接受申报数据时记录的日期。以纸质报关单方式申报的,申报日期为海关接受纸质报关单并对报关单进行登记处理的日期。本栏目在申报时免予填报。申报日期为8位数字,顺序为年(4位)、月(2位)、日(2位)。

七、备案号

备案号是指进出口货物收发货人、消费使用单位、生产销售单位在海关办理加工贸易合同备案或征、减、免税审核确认等手续时,海关核发的《加工贸易手册》、海关特殊监管区域和保税监管场所保税账册、征免税证明或其他备案审批文件的编号。一份报关单只允许填报一个备案号。

八、境外收发货人

境外收货人通常指签订并执行出口贸易合同中的买方或合同指定的收货人,境外发货人通常指签订并执行进口贸易合同中的卖方。

填报境外收发货人的名称及编码,名称一般填报英文名称。检验检疫要求填报其他外文名称的,在英文名称后填报,以半角括号分隔;对于AEO(经认证的经营者)互认国家(地区)企业的,编码填报AEO编码,填报样式为"国别(地区)代码＋海关企业编码"。例如:新加坡AEO企业SG123456789012(新加坡国别代码＋12位企业编码);非互认国家(地区)AEO企业等其他情形,编码免予填报。

特殊情况下无境外收发货人的,名称及编码填报"NO"。

九、运输方式

运输方式包括实际运输方式和海关规定的特殊运输方式,前者指货物实际进出境的运输方式,按进出境所使用的运输工具分类;后者指货物无实际进出境的运输方式,按货物在境内的流向分类。

根据货物实际进出境的运输方式或货物在境内流向的类别,按照海关规定的《运输方式代码表》选择填报相应的运输方式。

十、运输工具名称及航次号

填报载运货物进出境的运输工具名称或编号及航次号。填报内容应与运输部门向海关申报的舱单(载货清单)所列相应内容一致。

十一、提运单号

填报进出口货物提单或运单的编号。一份报关单只允许填报一个提单或运单号,一票货物对应多个提单或运单时,应分单填报。无实际进出境的货物,免予填报。

十二、货物存放地点

填报货物进境后存放的场所或地点,包括海关监管作业场所、分拨仓库、定点加工厂、隔离检疫场、企业自有仓库等。

十三、消费使用单位/生产销售单位

消费使用单位填报已知的进口货物在境内的最终消费、使用单位的名称;生产销售单位填报出口货物在境内的生产或销售单位的名称;减免税货物报关单的消费使用单位/生产销售单位应与《中华人民共和国海关进出口货物征免税证明》(以下简称《征免税证明》)的"减免税申请人"一致;保税监管场所与境外之间的进出境货物,消费使用单位/生产销售单位填报保税监管场所的名称[保税物流中心(B型)填报中心内企业名称];海关特殊监管区域的消费使用单位/生产销售单位填报区域内经营企业("加工单位"或"仓库");进口货物在境内的最终消费或使用以及出口货物在境内的生产或销售的对象为自然人的,填报其身份证号、护照号、台胞证号等有效证件号码及姓名。

十四、监管方式

监管方式是以国际贸易中进出口货物的交易方式为基础,结合海关对进出口货物的征税、统计及监管条件综合设定的海关对进出口货物的管理方式。其代码由4位数字构成,前两位是按照海关监管要求和计算机管理需要划分的分类代码,后两位是参照国际标准编制的贸易方式代码。根据实际对外贸易情况按海关规定的《监管方式代码表》选择填报相应的监管方式简称及代码。一份报关单只允许填报一种监管方式。

十五、征免性质

根据实际情况按海关规定的《征免性质代码表》选择填报相应的征免性质简称及代码,持有海关核发的《征免税证明》的,按照《征免税证明》中批注的征免性质填报。一份报关单只允许填报一种征免性质。加工贸易货物报关单按照海关核发的《加工贸易手册》中批注的征免性质简称及代码填报。

十六、许可证号

填报进(出)口许可证、两用物项和技术进(出)口许可证、两用物项和技术出口许可证(定向)、纺织品临时出口许可证、出口许可证(加工贸易)、出口许可证(边境小额贸易)的编号。免税品经营单位经营出口退税国产商品的,免予填报。一份报关单只允许填报一个许可证号。

十七、启运港

填报进口货物在运抵我国关境前的第一个境外装运港。根据实际情况,按海关规定的《港

口代码表》填报相应的港口名称及代码,未在《港口代码表》列明的,填报相应的国家名称及代码。货物从海关特殊监管区域或保税监管场所运至境内区外的,填报《港口代码表》中相应海关特殊监管区域或保税监管场所的名称及代码,未在《港口代码表》中列明的,填报"未列出的特殊监管区"及代码。其他无实际进境的货物,填报"中国境内"及代码。

十八、合同协议号

填报进出口货物合同(包括协议或订单)编号。未发生商业性交易的免予填报。免税品经营单位经营出口退税国产商品的,免予填报。

十九、贸易国(地区)

发生商业性交易的,进口填报购自国(地区),出口填报售予国(地区)。未发生商业性交易的,填报货物所有权拥有者所属的国家(地区)。按海关规定的《国别(地区)代码表》选择填报相应的贸易国(地区)中文名称及代码。

二十、启运国(地区)/运抵国(地区)

启运国(地区)填报进口货物起始发出直接运抵我国或者在运输中转国(地)未发生任何商业性交易的情况下运抵我国的国家(地区);运抵国(地区)填报出口货物离开我国关境直接运抵或者在运输中转国(地区)未发生任何商业性交易的情况下最后运抵的国家(地区);不经过第三国(地区)转运的直接运输进出口货物,以进口货物的装货港所在国(地区)为启运国(地区),以出口货物的指运港所在国(地区)为运抵国(地区);经过第三国(地区)转运的进出口货物,如在中转国(地区)发生商业性交易,则以中转国(地区)作为启运国(地区)或运抵国(地区);按海关规定的《国别(地区)代码表》选择填报相应的启运国(地区)或运抵国(地区)中文名称及代码;无实际进出境的货物,填报"中国"及代码。

二十一、经停港/指运港

经停港填报进口货物在运抵我国关境前的最后一个境外装运港。指运港填报出口货物运往境外的最终目的港;最终目的港不可预知的,按尽可能预知的目的港填报。根据实际情况,按海关规定的《港口代码表》选择填报相应的港口名称及代码。经停港/指运港在《港口代码表》中无港口名称及代码的,可选择填报相应的国家名称及代码。无实际进出境的货物,填报"中国境内"及代码。

二十二、入境口岸/离境口岸

入境口岸填报进境货物从跨境运输工具卸离的第一个境内口岸的中文名称及代码;采取多式联运跨境运输的,填报多式联运货物最终卸离的境内口岸中文名称及代码;过境货物填报货物进入境内的第一个口岸的中文名称及代码;从海关特殊监管区域或保税监管场所进境的,填报海关特殊监管区域或保税监管场所的中文名称及代码。其他无实际进境的货物,填报货物所在地的城市名称及代码。

离境口岸填报装运出境货物的跨境运输工具离境的第一个境内口岸的中文名称及代码;采取多式联运跨境运输的,填报多式联运货物最初离境的境内口岸中文名称及代码;过境货物填报货物离境的第一个境内口岸的中文名称及代码；从海关特殊监管区域或保税监管场所离境的，填报海关特殊监管区域或保税监管场所的中文名称及代码。其他无实际出境的货物，填报货物所在地的城市名称及代码。

入境口岸/离境口岸类型包括港口、码头、机场、机场货运通道、边境口岸、火车站、车辆装卸点、车检场、陆路港、坐落在口岸的海关特殊监管区域等。按海关规定的《国内口岸编码表》选择填报相应的境内口岸名称及代码。

二十三、包装种类

填报进出口货物的所有包装材料，包括运输包装和其他包装，按海关规定的《包装种类代码表》选择填报相应的包装种类名称及代码。运输包装是指提运单所列货物件数单位对应的包装，其他包装包括货物的各类包装以及植物性铺垫材料等。

二十四、件数

填报进出口货物运输包装的件数（按运输包装计）。舱单件数为集装箱的，填报集装箱个数。舱单件数为托盘的，填报托盘数。裸装货物填报为"1"，不得填报为"0"。

二十五、毛重

填报进出口货物及其包装材料的重量之和，计量单位为千克，不足1千克的填报为"1"。

二十六、净重

填报进出口货物的毛重减去外包装材料后的重量，即货物本身的实际重量，计量单位为千克，不足1千克的填报为"1"。

二十七、成交方式

根据进出口货物实际成交价格条款，按海关规定的《成交方式代码表》选择填报相应的成交方式代码。无实际进出境的货物，进口填报CIF（成本加保险费加运费），出口填报FOB（离岸价）。

二十八、运费

填报进口货物运抵我国境内输入地点起卸前的运输费用，出口货物运至我国境内输出地点装载后的运输费用。运费可按运费单价、总价或运费率三种方式之一填报，注明运费标记（运费标记"1"表示运费率，"2"表示每吨货物的运费单价，"3"表示运费总价），并按海关规定的《货币代码表》选择填报相应的币种代码。免税品经营单位经营出口退税国产商品的，免予填报。

二十九、保费

填报进口货物运抵我国境内输入地点起卸前的保险费用，出口货物运至我国境内输出地点装载后的保险费用。保费可按保险费总价或保险费率两种方式之一填报，注明保险费标记（保险费标记"1"表示保险费率，"3"表示保险费总价），并按海关规定的《货币代码表》选择填报相应的币种代码。免税品经营单位经营出口退税国产商品的,免予填报。

三十、杂费

填报成交价格以外的、按照《中华人民共和国进出口关税条例》相关规定应计入完税价格或应从完税价格中扣除的费用。可按杂费总价或杂费率两种方式之一填报,注明杂费标记(杂费标记"1"表示杂费率,"3"表示杂费总价),并按海关规定的《货币代码表》选择填报相应的币种代码。应计入完税价格的杂费填报为正值或正率,应从完税价格中扣除的杂费填报为负值或负率。免税品经营单位经营出口退税国产商品的,免予填报。

三十一、随附单证及编号

根据海关规定的《监管证件代码表》和《随附单据代码表》选择填报除《中华人民共和国海关进出口货物报关单填制规范》第十六条规定的许可证件以外的其他进出口许可证件或监管证件、随附单据代码及编号。本栏目分为随附单证代码和随附单证编号两栏,其中代码栏按海关规定的《监管证件代码表》和《附录单据代码表》选择填报相应证件代码;随附单证编号栏填报证件编号。

三十二、标记唛码及备注

标记唛码及备注填报要求为:标记唛码中除图形以外的文字、数字,无标记唛码的填报 N/M;受外商投资企业委托代理其进口投资设备、物品的进出口企业名称;与本报关单有关联关系,同时在业务管理规范方面又要求填报的备案号,填报在电子数据报关单中"关联备案"栏;与本报关单有关联关系的,同时在业务管理规范方面又要求填报的报关单号,填报在电子数据报关单中"关联报关单"栏;办理进口货物直接退运手续的,填报《进口货物直接退运表》或者《海关责令进口货物直接退运通知书》。

三十三、项号

项号分两行填报。第一行填报报关单中的商品顺序编号;第二行填报备案序号,专用于加工贸易及保税、减免税等已备案、审批的货物,填报该项货物在《加工贸易手册》或《征免税证明》等备案、审批单证中的顺序编号。有关优惠贸易协定项下报关单填制要求按照海关总署相关规定执行。

三十四、商品编号

填报由 10 位数字组成的商品编号。前 8 位为《中华人民共和国进出口税则》和《中华人民共和国海关统计商品目录》确定的编码,第 9、10 位为监管附加编号。

三十五、商品名称及规格型号

商品名称及规格型号分两行填报。第一行填报进出口货物规范的中文商品名称,第二行填报规格型号。

三十六、数量及单位

数量及单位分三行填报。第一行按进出口货物的法定第一计量单位填报数量及单位,法定计量单位以《中华人民共和国海关统计商品目录》中的计量单位为准。凡列明有法定第二计量单位的,在第二行按照法定第二计量单位填报数量及单位。无法定第二计量单位的,第二行为空。成交计量单位及数量应填报在第三行。

三十七、单价

填报同一项号下进出口货物实际成交的商品单位价格。无实际成交价格的,填报单位货值。

三十八、总价

填报同一项号下进出口货物实际成交的商品总价格。无实际成交价格的,填报货值。

三十九、币制

按海关规定的《货币代码表》选择填报相应的货币名称及代码,如《货币代码表》中无实际成交币种,需将实际成交货币按申报日外汇折算率折算成《货币代码表》列明的货币填报。

四十、原产国(地区)

原产国(地区)依据《中华人民共和国进出口货物原产地条例》《中华人民共和国海关关于执行〈非优惠原产地规则中实质性改变标准〉的规定》以及海关总署关于各项优惠贸易协定原产地管理规章规定的原产地确定标准填报。同一批进出口货物的原产地不同的,分别填报原产国(地区)。进出口货物原产国(地区)无法确定的,填报"国别不详"。按海关规定的《国别(地区)代码表》选择填报相应的国家(地区)名称及代码。

四十一、最终目的国(地区)

最终目的国(地区)填报已知的进出口货物的最终实际消费、使用或进一步加工制造国家(地区)。不经过第三国(地区)转运的直接运输货物,以运抵国(地区)为最终目的国(地区);经过第三国(地区)转运的货物,以最后运往国(地区)为最终目的国(地区)。同一批进出口货物的最终目的国(地区)不同的,分别填报最终目的国(地区)。进出口货物不能确定最终目的国(地区)时,以尽可能预知的最后运往国(地区)为最终目的国(地区)。按海关规定的《国别(地区)代码表》选择填报相应的国家(地区)名称及代码。

四十二、境内目的地/境内货源地

境内目的地填报已知的进口货物在国内的消费、使用地或最终运抵地,其中最终运抵地为最终使用单位所在的地区。最终使用单位难以确定的,填报货物进口时预知的最终收货单位所在地。

境内货源地填报出口货物在国内的产地或原始发货地。出口货物产地难以确定的,填报最早发运该出口货物的单位所在地。

海关特殊监管区域、保税物流中心(B型)与境外之间的进出境货物,境内目的地/境内货源地填报本海关特殊监管区域、保税物流中心(B型)所对应的国内地区。

按海关规定的《国内地区代码表》选择填报相应的国内地区名称及代码。境内目的地还需根据《中华人民共和国行政区划代码表》选择填报其对应的县级行政区名称及代码。无下属区县级行政区的,可选择填报地市级行政区。

四十三、征免

按照海关核发的《征免税证明》或有关政策规定,对报关单所列每项商品选择海关规定的《征减免税方式代码表》中相应的征减免税方式填报。

加工贸易货物报关单根据《加工贸易手册》中备案的征免规定填报;《加工贸易手册》中备案的征免规定为"保金"或"保函"的,填报"全免"。

四十四、特殊关系确认

根据《中华人民共和国海关审定进出口货物完税价格办法》(以下简称《审价办法》)第十六条,填报确认进出口行为中买卖双方是否存在特殊关系。

四十五、价格影响确认

根据《审价办法》第十七条,填报确认纳税义务人是否可以证明特殊关系未对进口货物的成交价格产生影响。出口货物免予填报,加工贸易及保税监管货物(内销保税货物除外)免予填报。

四十六、支付特许权使用费确认

根据《审价办法》第十一条和第十三条,填报确认买方是否存在向卖方或者有关方直接或者间接支付与进口货物有关的特许权使用费,且未包括在进口货物的实付、应付价格中。出口货物免予填报,加工贸易及保税监管货物(内销保税货物除外)免予填报。

四十七、自报自缴

进出口企业、单位采用"自主申报、自行缴税"(自报自缴)模式向海关申报时,填报"是";反之,则填报"否"。

四十八、申报单位

自理报关的,填报进出口企业的名称及编码;委托代理报关的,填报报关企业名称及编码。编码填报18位法人和其他组织统一社会信用代码。报关人员填报在海关备案的姓名、编码、电话,并加盖申报单位印章。

四十九、海关批注及签章

海关批注及签章是海关在处理进出口货物相关手续时的重要环节。海关批注是指海关在报关单据上添加注释或说明,以表明对货物的处理意见或要求。这些批注可能涉及货物的分类、价值、数量、品质等方面的信息以及海关对货物的监管要求。签章是指在相关单据上加盖海关的公章或专用章,以证明该单据已经经过海关的审核和批准。签章的作用在于确认单据的真实性和合法性,确保货物的进出口符合法律法规的要求。

在进行进出口活动时,货主或代理人需要按照海关的要求提交完整的报关单据,并接受海关的审核和批注。如果海关对货物有任何特殊要求或处理意见,会在报关单据上进行批注,并要求货主或代理人按照要求进行操作。一旦审核通过,海关会在相关单据上加盖公章或专用章,完成签章手续。

第五节　跨境电子商务服务平台

在海关总署2014年8月发布的第56号和第57号文件中,正式允许电商企业或个人利用跨境电商通关服务平台实施分送集报、结汇退税等操作。这一举措使得"跨境电商服务平台"的概念迅速引起了业界的广泛关注。自此之后,三种主要的跨境电商服务平台应运而生:跨境电子商务通关服务平台、跨境电子商务公共服务平台以及跨境电子商务综合服务平台。尽管这些平台均为传统中小型外贸企业和跨境进出口电商企业提供支持,但它们分别由海关、地方政府和企业负责建设,各自在进出口流程中掌控不同环节,承担着特定的功能角色。三者之间紧密相连,实现了信息数据的统一交换与逐级传递。

一、平台概述

(一)跨境电子商务通关服务平台

跨境电子商务通关服务平台是由海关总署建设的,为外贸企业进出口通关提供便利服务的系统平台。海关总署建设全国统一版的通关服务平台,意为统一报关流程。该平台所上传的数据可直接对接海关总署内部系统,节省报关时间,提升通关效率。全国首个统一版海关总署跨境电子商务通关服务平台已于2014年7月在广东东莞正式上线运营。

在跨境电子商务通关服务平台上,货物通关采用"三单对比"的方式进行监管,"三单"指电商企业提供的报关单、支付企业提供的支付清单、物流企业提供的物流运单。"三单"数据确认无误后即可放行。通过企业数据与海关数据进行匹配,达到监管统计的目的。

(二)跨境电子商务公共服务平台

跨境电子商务公共服务平台是由政府投资兴建的公共信息平台。其公共服务的含义具有双向性,一方面是为各地政府的职能部门之间搭建公共信息平台,另一方面是服务于大众(主要是指外贸企业)。由于阳光化的外贸环节众多,涉及到国检(检验检疫)、国税(纳税退税)、外管局(支付结汇)、商委或外经贸委(企业备案、数据统计)等政府职能部门及银行结汇等,传统外贸企业需一一对接相关部门。而跨境电商行业多是碎片化订单,若每笔订单都重复与职能部门对接,工作将极其繁重。另外,政府职能部门之间也需要一个共享平台,以便对企业上传的数据进行数据采集、交换对比、监管等工作。

目前,公共服务平台均由各地政府自行建设,并无全国统一版本,服务内容有所差异,界面操作也不同。这些地方性公共服务平台也普遍采用"三单对比"的方式进行监管,"三单"手续齐全并获得监管认可,才可享受正常的结汇退税。作为政府层面建设的平台,公共服务平台除了能沟通职能部门外,还能直接对接海关的通关服务平台。

(三)跨境电子商务综合服务平台

跨境电子商务综合服务平台是由企业建设的,旨在为中小型外贸企业和个人卖家提供包括金融、通关、物流、退税、外汇等一站式代理服务的平台。目前,业内知名的综合服务平台主要有阿里巴巴建设的一达通、大龙网建设的海通易达等。

跨境贸易的链条很长,涉及的操作环节众多,对于传统中小型外贸企业和个人卖家来说,难以吃透且工作量极其繁重。跨境电子商务综合服务平台在降低外贸门槛、处理外贸问题、降低外贸风险等方面为相关企业提供了便利和解决方案,是真正服务于基层的平台。目前,这类平台适用于小包裹、小订单等多种业态,也将随着跨境电子商务的发展拓展出更深层次、更专业的服务。

二、平台功能模块

跨境电子商务服务平台功能模块一般是指为支持跨境电子商务业务而设计和实施的一系列功能系统,这些模块共同协作,确保跨境电子商务平台的顺畅运行和高效服务。下面以跨境电子商务公共服务平台为例介绍功能模块。

跨境电子商务公共服务平台主要包括跨境电子商务申报、出口退税、货物申报、特殊区域申报、舱单申报、免征不退登记等主要功能模块。该平台集成跨境电子商务通关申报服务功能,实现企业一站式、一个窗口的通关申报作业。系统覆盖跨境电子商务全部通关监管环节,满足跨境电子商务进出口业务中的保税备货进口(1210)、一般出口(9610)、直购进口(9610)、跨境电子商务B2B出口(9710和9810)、免征不退、数据查询等需求,帮助企业便捷通关,提供办事指南、政策发布、操作指导等服务。跨境电子商务公共服务平台架构如图4-5所示。

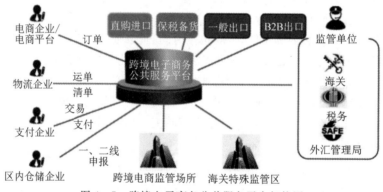

图4-5 跨境电子商务公共服务平台架构图

(一)直购进口(9610)模块

直购进口(9610)模块适用于境内个人或电商企业通过电商交易平台实现交易,并采用"清单核放、汇总申报"模式办理通关手续的电子商务零售进口商品。其业务流程为:消费者在跨境电商平台下单购买商品;平台根据订单信息向境外商家下单采购商品,并安排海外物流进行配送;商品通过境外物流进口到达国内,进入跨境电商平台的监管仓库;跨境电商平台将商品从监管仓库取出,并委托境内物流企业进行配送;消费者签收商品并进行支付;平台根据订单信息向境外商家结算货款,并按照税率和税则类型进行报关、缴税等操作。直购进口(9610)模块业务流程如图4-6所示。

第四章 海关对跨境电子商务物流的监控与货物通关

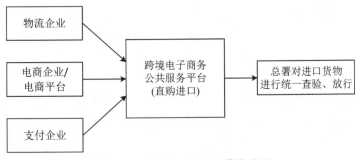

图 4-6 直购进口(9610)模块流程

(二)保税备货进口(1210)模块

保税备货进口(1210)模块适用于境内个人或电子商务企业在经海关认可的电子商务平台实现跨境交易,并通过海关特殊监管区域或保税监管场所进出的电子商务零售进出境商品。其业务流程为:跨境电商网站将尚未销售的货物整批发至跨境保税仓库(国内保税物流中心);商品在保税仓库进行存储,等待销售;消费者下单后,商品从保税仓库发出,进行清关操作;清关完成后,商品通过境内物流公司配送给消费者。保税备货进口(1210)模块流程如图 4-7 所示。

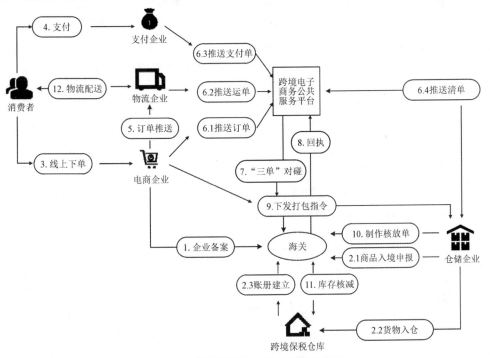

图 4-7 保税备货进口(1210)模块流程

(三) 一般出口(9610)模块

一般出口(9610)模块适用于境内个人或电商企业通过电商交易平台实现交易,并采用"清单核放、汇总申报"模式办理通关手续的电子商务零售出口商品。其业务流程为:跨境电商企业或其代理人、物流企业通过"单一窗口"或跨境电子商务公共服务平台将"三单"信息实时传输给海关。海关采用"清单核放,汇总申报"方式通关,并为企业出具报关单退税证明;通关后,商品以邮递、空运等方式运送出境。一般出口(9610)模块流程如图4-8所示。

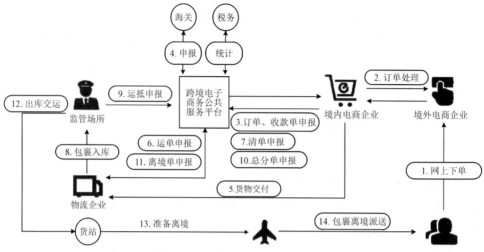

图4-8　一般出口(9610)模块流程

(四)B2B直接出口(9710)与B2B出口海外仓(9810)模块

跨境电子商务B2B出口是指境内企业通过跨境电子商务物流将货物运送至境外企业或海外仓,并通过跨境电子商务平台完成交易的贸易形式,分为B2B直接出口(9710)和出口海外仓(9810)。跨境电子商务B2B出口(9710和9810)模块流程如图4-9所示。

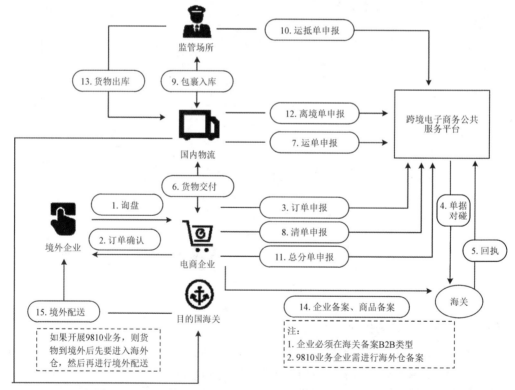

图4-9　B2B直接出口(9710)与B2B出口海外仓(9810)模块流程

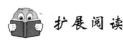 扩展阅读

跨境电子商务物流的重要环节:出口报关准备

跨境电子商务在物流运输货物时,必不可少的就是启运国出口报关及目的国进口清关两个环节。为了防止货物被海关查扣或退回而延长运输时间,在物流操作中,一定要在发货之前对进出口关务中的注意事项提前做好准备工作。

下面以长沙 A 公司为例,对进出口关务处理流程进行介绍。长沙 A 公司进出口关务处理流程如图 4-10 所示。该公司在实际跨境电子商务物流操作报关中,会按照不同的运输方式(航空运输、轮船运输、铁路运输、公路运输等)以及海关监管条件提前准备好报关预录单、出口预录单、出口箱单、出口发票、销售合同、申报要素等资料。

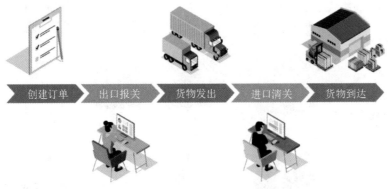

图 4-10 长沙 A 公司报关处理流程

跨境电子商务 B2B 出口是一个发展趋势,前提是企业在海关备案 B2B 类型,在实际报关中需要将对应的订单编号提供到报关行与海关单据对碰进行报关。报关是履行海关出口手续的必要环节之一。实际操作中在发货前应该做好准备工作,这样会使报关过程事半功倍。在出口报关时,如需报关公司(报关行)来帮助办理相关事宜,要确保委托的是正规的报关公司。

报关所需资料可能会由于运输方式、商品、报关公司等不同而有所不同,有问题要及时和报关公司确认解决。

涉及美国 FDA(食品药品监督管理局)的产品、木制品及危险品等特殊产品,需要提供额外的信息,如空运保函、货物商检、MSDS(化学品安全技术说明书)认证、运输检测报告等。

当跨境电子商务物流货物进口至目的国之前,首先要确保物流服务商在目的国有自己的 IOR。IOR 英文全称为"importer of record",即登记进口商(注意:登记进口商不要填写亚马逊),它负责保证跨境电子商务货物在进口时遵守当地法律和条例,并支付进口税费,以便货物成功进口至目的国。

除了 IOR 外,各个国家根据相应的海关规定,对清关还会提出其他不同的要求。以长沙 A 公司在美国为例,图 4-11 为其进口清关流程。

如图 4-11 所示,A 公司需要进口货物至美国时,必须提前购买 Bond,并办理 POA,才能完成清关。那么,Bond 和 POA 分别指的是什么呢?

Bond 即海关保证金,进口商因贸易纠纷等原因产生费用时,美国海关可在 Bond 里扣钱,美国海关和政府强制规定美国的进口商必须购买。Bond 分为 Annual Bond(即年海关保证

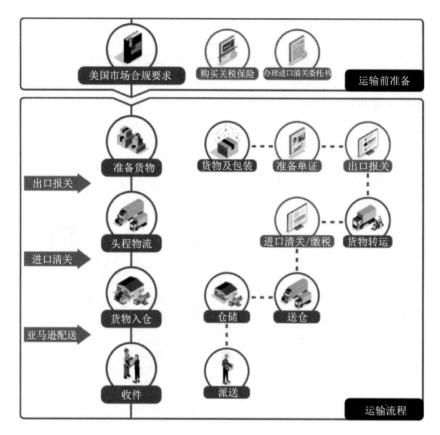

图 4-11 长沙 A 公司美国清关流程

金)和 Single Bond(即单次海关保证金)。

年海关保证金:①每年只需买一次,适用于经常进口货物的进口商;②额度是 50000 美元,每次按照申报货值的千分之五扣除。

单次海关保证金:①每次按照申报货值的千分之八点五扣除,并且每次有 ISF Bond 费用(ISF 是"importer security filing"的简写,即进口安全申报);②亚马逊卖家可直接在亚马逊卖家平台创建货件时进行在线购买(每次成本为 140～150 美元)。

POA 是"power of attorney"的简写,即进口清关委托书,是指卖家向美国海关告知已授权委托的清关行代理清关行为。卖家可通过清关行代理办理 POA 和购买 Bond。如届时卖家已自行购买 Bond,则不需要再另行购买,只需办理 POA 即可。

如图 4-12 所示,A 公司商品售往欧洲国家时,必须要准备两个号码:一个是 VAT 税号,一个是 EORI 税号。

VAT 全称是"value added tax",中文为"增值税",卖家注册了 VAT 税号,运输后就能申请进口增值税的抵扣。EORI 全称是"economic operator registration and identification",中文为"经济运营商注册和识别",EORI 税号是欧洲国家内清关必备的欧盟税号,可以在全欧盟通用。有所区别的是,VAT 税号需要通过具备相关资质的专业税务代理进行注册,如果卖家需要将货物发至欧洲多个国家,则要注册多个国家的 VAT 税号;EORI 税号通常由税务代理在申请 VAT 税号时一并申请,一个 EORI 税号可以用于所有欧盟成员国的海关清关。

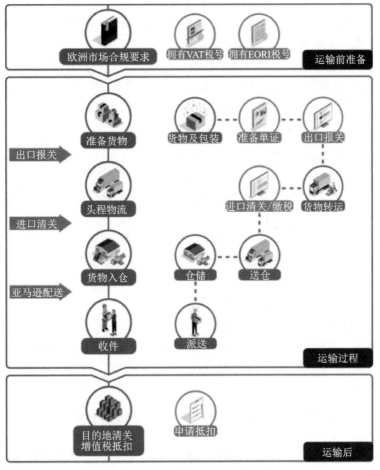

图 4-12 长沙 A 公司欧洲国家清关流程

美国关税组成比较简单,更多客户会选择 DDP(完税后交货)服务,清关流程全部由企业代理安排完成;欧洲增值税在商品到达目的地完成售卖后可以退税,客户会选择走 DDU(未完税交货)渠道,使用客户自己的 VAT 税号和 EORI 税号,所以也需要提前准备好清关资料。

第六节 常见海关清关问题分析

当今时代,电子商务已成为世界各国经济发展中不可缺少的重要部分,跨境电子商务是当代国际交往中较为活跃的形式。由于跨境电子商务活动必须依靠物流活动完成,而且还涉及进出口活动,可以说国际物流贯穿于跨境电子商务的整个过程。在国际物流系统中,海关监控是其中重要的一个组成部分。所有从事跨境电子商务的企业必须深刻理解海关监控的意义,清楚货物进出口管理操作流程,这样才能够达到贸易目标。然而,许多跨境电子商务企业在实际清关过程中,会碰到很多困难,本节就其中常见的问题进行了梳理,并给出适当建议。

一、清关不利

清关即结关,习惯上又称通关,是指进口货物、出口货物和转运货物进入或出口一国海关关境或国境必须向海关申报,办理海关规定的各项手续,履行各项法规规定的义务;只有在履行各项义务,办理海关申报、查验、征税、放行等手续后,货物才能放行,货主或申报人才能提货,否则,就会造成清关不利,导致海关扣关。

扣关问题应该是在目的国进口时遇到的最多的问题。遇到货物被扣关,首先要了解货物被扣关的原因,一般情况下,相关海关部门都会给出一份说明,里面包含了扣关原因,发件人或收件人必须配合海关提供相关文件,只要配合妥当,一般都会成功放行。

(一)货物被海关扣关或者不允许清关的原因

(1)货物填写不详细、不清楚,需要重新提供证明函,具体说明货物的品名及用途。

(2)货物申报价值过低(海关有理由怀疑逃税)。

(3)国际快递货物单、证不齐全,需要提供必需的单、证,如发票、装箱单、进口许可证、3C认证等。

(4)敏感货物,属于进出口国家禁止或者限制进出口的物品。

(5)收货人条件不允许(没有进口权等)。

(6)超过目的国进口最低免税金额。

(7)不符合当地国家规定的其他相关政策。

一般情况下,B2C遇到的大多数是前三项中当地国家的相关政策,货物一旦扣关,发件人或收件人要尽量配合海关提供相关文件,一般情况下,海关会对货物进行评估,只要与发件人/收件人陈述相符,办理完清关手续,即可放行。

(二)处理方法

(1)申报货值太低扣关,与客户协商交关税后,从海关拿货出来;如果关税不高,可以考虑和买家分摊。

(2)手续不全的货物扣关,比如个人进口,海关要求有进口权,找有进口权的公司代理清关即可。

(3)如果需要相关认证手续的,尽量提供给海关,不能提供的话,货物就不能清关。

(4)可以向海关申请货物退运,按国际惯例,清关不了的货物可以申请退运回发货地或是第三方贸易港口,如果申请了,可以退运。

(三)如何避免海关扣关

(1)为了避免海关扣关,针对一般的包裹尽量勾选"gift",但不要直接填写"gift"在申报品名里。相对而言,私人包裹被海关查的概率低一点。为了避免扣货后产生高额的清关费,申报价值可以相对写少一点,但不要低于实际价值太多,因为贵重物品的扣货率高。但低报的前提是,卖家和买家商量好价格,如果没有协商好价格,因卖家申报价格导致扣关,到时会增加不必要的麻烦。另外,海关扣关后,清关费是根据申报价值计算的,申报价值越高,清关费越高。同样,如果需要客户寄回商品,也要注意让客户把申报价值写低一点。

(2)了解各国政策,如澳大利亚虽然通关容易,但电池类产品是海关不允许的,因此电池或者带电池的产品尽量不发往澳大利亚。如果一定要卖带电的商品,可以对客户说清楚,不发电池只发商品。

(3)选择安全的递送方式。相对安全的递送方式是航空挂号小包和EMS。另外,EMS就算是被海关扣货,还是能够免费退回到发货地点的,尤其是针对俄罗斯、巴西等海关审查极为严格的国家,小包和 EMS 在通关上有绝对的优势。

(4)质量越大的包裹被海关扣货的可能性越大。不同商品被海关扣货的概率不同,如电子类商品被扣的概率比服装类商品高。

商品寄往不同的国家,采用的申报策略也要有所不同。英、美海关相对不那么严格,申报价格可以适当低;德国海关比较严,申报价格就不宜太低的。值得注意的是,以上这些都只能降低被扣货的概率,不可能完全杜绝。

二、快件退回是否产生关税

关税是一个国家根据本国经济和政治的需要,由海关代表国家,按照国家制定的关税政策和公布实施的税法、税则对进出关境的货物和物品征收的一种流转税。其概念有狭义和广义之分,狭义的关税是指进出境环节的关税本身;广义的关税不仅包括关税本身,还包括海关在进出境环节代征的增值税、消费税、船舶吨位税等国内税费。

关税属于国家税收,关税的征收主体是国家。其课税对象是进出关境的货物和物品。关税纳税义务人是指依法负有直接向国家缴纳关税义务的单位或个人,也称为关税纳税人或关税纳税主体。

关税按照征收对象可分为进口关税和出口关税。其中进口关税是世界各国税收体系中的关税主体,通常简称为进口税。进口税也是执行保护性关税政策的主要手段,因为征收进口税会增加进口货物的成本,提高进口货物的市场价格,影响外国货物进口数量,因此,各国都以征收进口税作为限制外国货物进口的一种手段。出口税是海关对出口货物和物品所征收的关税,目前大多数国家都不征收出口税,因为出口税的征收会增加本国出口商品的成本,削弱其竞争力,不利于扩大出口。我国目前对盈利水平高的大宗出口商品,国际市场容量有限的商品,盲目竞争会在国外形成削价竞争的商品,国内紧俏、需大量进口的商品,以及为保护国内资源需大量进口的商品征收出口税。

伴随跨境电子商务的产生与发展,我国国家税务总局联合财政部、海关总署于 2016 年 3 月 24 日发布了《财政部 海关总署 国家税务总局关于跨境电子商务零售进口税收政策的通知》(财关税〔2016〕18 号),对跨境电子商务零售进口税收政策进行了详细说明。其中第一条明确指出:"跨境电子商务零售进口商品按照货物征收关税和进口环节增值税、消费税,购买跨境电子商务零售进口商品的个人作为纳税义务人,实际交易价格(包括货物零售价格、运费和保险费)作为完税价格,电子商务企业、电子商务交易平台企业或物流企业可作为代收代缴义务人。"因此,消费者个人在跨境电子商务平台购买进口商品,所产生的税费应当由消费者个人承担。

目前,国内电商实行的都是保税仓集货或备货两种模式。当商品在保税仓的时候,商品实际是没有缴税的,只有当客户下单产生订单之后,商品要出保税仓的时候才进行缴税,税费由商家代缴。出了保税区的商品,现阶段是不可能再直接退回去的,所以一般天猫国际、京东全球购这种商家提供的退货地址都是某国内仓库,而不是保税仓。消费者虽然下单成功,但是选择了退货,商品最终没有成交,而商品已经从保税仓出库,海关也扣了税,商家可以要求买家承担税费。如果商品有质量问题而非消费者个人的原因产生的退货,就可以跟商家协商由商家承担税费。实在有诉求可以申请客服介入。

2024 年 4 月 26 日,第十四届全国人民代表大会常务委员会第九次会议通过的《中华人民共和国关税法》第五十二条规定,有下列情形之一的,纳税人自缴纳税款之日起一年内,可以向海关申请退还关税:①已征进口关税的货物,因品质、规格原因或者不可抗力,一年内原状复运出境;②已征出口关税的货物,因品质、规格原因或者不可抗力,一年内原状复运进境,并已重新缴纳因出口而退还的国内环节有关税收;③已征出口关税的货物,因故未装运出口,申报退关。申请退还关税应当以书面形式提出,并提供原缴款凭证及相关资料。海关应当自受理申请之日起三十日内查实并通知纳税人办理退还手续。纳税人应当自收到通知之日起三个月内办理退还手续。按照其他有关法律、行政法规规定应当退还关税的,海关应当依法予以退还。

三、买家拒绝支付关税

如果买家不想支付关税,UPS 会征求寄件方的意见,寄件方可以代为支付,但是需要支付除了关税以外的费用。如果寄件方也不想支付,可以根据商品价值,如果商品价值高,可以申请将商品退回到寄件方通关所在城市海关,到时看是否可以将商品再卖给其他客户,如果售卖成功,可以直接从该城市海关发货到这个客户手上,如果货值低,可以向海关申请免费销毁,这种申请不一定能成功。

建议还是和客户友好协商,如果卖家的商品利润还可以,可以协商关税各承担一半,因为退回和销毁的成本可能都要大于关税的一半。

案例分析

金陵海关推动减免税办理步入"数字快车道"

××有限公司于 2022 年 9 月通过减免税"ERP 联网申报+快速审核"模式,向南京海关所属金陵海关申请免税进口一批原材料丙烯酸聚合物。数据由企业的 ERP 物流管理系统上传后,对接中国国际贸易"单一窗口",在入库后很快便完成审核并生成"征免税确认通知书",这也是金陵海关完成的首票减免税快审业务。

"应用新模式后,海关减免税审核环节再提速,企业原材料进口的整体通关时间缩减,预计每年为企业节省口岸仓储费用 150 万元以上,保障了企业供应链的稳定。"××有限公司关务负责人说。

集成电路、新型显示器等产业的生产性原材料进口具有数量大、效期短等特点,企业生产多采用"原料零库存"模式,对生产性原材料进口时效有较高要求。

"海关结合相关产业企业数字化管理水平高、ERP 系统使用广泛等特点,推出减免税'ERP 联网申报+快速审核'监管模式,将企业 ERP 系统导出的电子数据与系统参数进行自动判别审核,实现企业端申请表及随附资料'一键申报'和海关端系统审核'快速办结'。"金陵海关驻江宁办事处副主任介绍。

据测算,该模式有效缩短了企业数据从提交到审核办结的平均时长,实现了"7×24 小时"随报随审,让减免税手续的办理步入"数字快车道"。

思考:
1. 金陵海关在数字贸易时代做出了哪些有益的探索?
2. "ERP 联网申报+快速审核"模式对发展和推动企业开展跨境电子商务有何意义?

练习题

1.(　　)是由进出口货物收发货人或其代理人填报,并向海关提交的申报货物状况的法律文书,是海关依法监管货物进出口、征收关税、编制海关统计及处理其他海关业务的重要凭证。
　　A.报关单　　　　B.报检单　　　　C.通关单　　　　D.发票
2.(　　)是整个海关进出口业务的中心环节,也是电子口岸执法系统中的重要组成部分。
　　A.检验检疫　　　B.电子转单　　　C.报关业务　　　D.电子审单
3.以下流程顺序正确的是(　　)。
　　A.报关—退单—核销—退税
　　B.核销—退税—报关—退单
　　C.退单—核销—退税—报关
　　D.退税—核销—退单—报关
4.跨境电子商务出口通关模式包括(　　)。
　　A.一般出口(9610)　B.进口保税备货(1210)　C.市场采购出口(1039)　D.出口(0139)
5.跨境电子商务出口通关业务流程包括(　　)。
　　A.清单申报　　　B.平台审单　　　C.机检查验、放行　　D.出库放行、行邮

第五章　跨境电子商务物流发运流程

> **学习目标**
> - 掌握跨境电子商务包装材料及其特点，以及包装的注意事项。
> - 理解包装材料的选择及包装要点。
> - 了解线上、线下发货的流程及区别。
> - 熟悉跨境电子商务中常见的物流网规。

第一节　跨境电子商务包装

在跨境电子商务业务中，包装对商品具有保护、方便及促销的作用。跨境电子商务包装跟产品类别及订单规模有着直接的关系。B2B跨境电子商务通常具有交易品种少且数量大的特点，其包装往往具有集装化的特点，而B2C平台交易具有订单零散化、单笔订单交易金额小的特点。

在跨境电子商务物流过程中，由于跨境商品一般需要经过较长距离的转运，因此商品的包装要便于运输、装卸、搬运、储存、保管、盘点，并有利于商品的销售。在国际贸易中，包装是商品说明的重要组成部分，也是主要的交易条件之一，合同中应包含相关的包装条款。例如，某些国家法律明确规定，如卖方交付的商品未按约定的条件包装，或者商品的包装与行业习惯不符，买方有权拒收商品。如果商品虽按照约定的方式包装，但却未按约定与其他商品混杂在一起，买方可以拒收违反规定包装的那部分商品，甚至可以拒收整批次商品。可见，在跨境电子商务发运过程中，熟悉包装的基本知识和跨境电子商务物流对包装的要求非常重要。

本节主要针对跨境电子商务物流常见的包装材料、辅助包装材料、单据相关物料、配套设备及常见包裹形式进行介绍。

一、包装的种类

为了更好地了解包装，以便对国际商品的包装进行经济、合理的选择，首先需要了解跨境电子商务商品包装的分类。通常，按在流通过程中的作用，包装可分为运输包装和销售包装；按层次形式，包装可分为外包装、中包装和内包装；按材质，包装可分为软包装和硬包装；按使用的材料，包装可分为木包装、纸包装、塑料包装、金属包装、玻璃包装、陶瓷包装、纤维织物包装、复合材料包装等；按适用范围，包装可分为通用包装和专用包装；按使用次数，包装可分为一次性包装和复用包装。

(一)按作用分类

1. 运输包装

运输包装是以运输、保管为主要功能的包装,也称为工业包装。在国际包装标准提到运输包装时,使用"完整的""满装的"定语作为修饰词,意味着包装必须使内装物毫无损坏。影响运输包装功能的因素主要有三个方面:产品脆值、固有频率和允许损耗率。产品脆值是指在产品损坏前可以承受的最大冲击加速度值;产品受到损坏的重要原因之一是共振,因此可以在已知固有频率的情况下采取相应的措施,避免共振现象的产生;允许损耗率指企业对商品在物流过程中的损耗有一定的包容度,这一指标有利于物流过程中采取经济合理的包装方式。

按照包装的大小分类,运输包装又可以分为单件运输包装和集合运输包装。①单件运输包装是指在跨境电子商务物流中作为一个计件单位的包装。常见的单件运输包装有:箱,如纸箱、木箱、条板箱、金属箱;桶,如木桶、铁桶、塑料桶、纸桶;袋,如纸袋、草袋、麻袋、布袋、纤维编织袋;包,如帆布包、塑料纤维或植物纤维编织包。此外,还有筐、罐、捆、玻璃瓶、陶缸、瓷缸、瓷坛等。②集合运输包装又称为成组化运输包装,是指将一定数量的单件运输包装的商品进行大的包装或装入一个大的包装容器内。集合运输包装有利于加快港口装卸速度,减少装卸搬运的劳动强度,降低运输成本和装卸搬运成本,更好地保护商品,便于货运,提升了包装的标准化程度。集合运输包装通常采用的是集装箱、集装包、集装袋和托盘。

在跨境电子商务物流中,B2C跨境电子商务面向单个客户,小件订单较多,因此多采用单件运输包装的方式;B2B跨境电子商务面向企业,成批次订单较多,这可降低采购成本,因此多采用集合运输包装的方式。

2. 销售包装

销售包装又称为商业包装或者零售包装,是在商品制造出来以后用适当的材料或容器进行的包装,它直接接触商品,并面向消费者。其主要功能是定量功能(形成基本单件或者与此目的相适应的单件)、标识功能(便于识别商品)、商业功能(塑造商品形象)、便利功能(便于处理,提高作业效率)和促销功能(具有广告艺术性)。

在一些情况下,运输包装和销售包装是相同的。如生鲜水果在整件出售时,其纸箱或者塑料筐本质上属于运输包装,但同时也是销售包装;而家用电器使用的是具有商业包装性质的运输包装。跨境电子商务的商品涉及进出口贸易,其销售包装更应当考虑保护性、科学性、经济性及美观性等方面。

(二)按层次形式分类

1. 外包装

外包装是指在商品内包装或中包装外面再增加的一层包装,也叫大包装。由于它的作用主要用来保障商品在流通中的安全,便于装卸、运输、储存和保管,所以外包装又叫运输包装,主要的外包装有纸箱、钙塑箱、复合箱等。

2. 中包装

中包装是指将若干个商品或将内包装的商品组成一个小的整体。中包装主要是为了加强对商品的保护,便于再组装,同时也是分拨、销售时便于计量的需要。如十包香烟装在一个盒内,二瓶或三瓶酒装在一个盒内,即为中包装。

3. 内包装

内包装是指直接与产品接触的包装，也叫单个包装、销售包装或小包装，它起直接保护商品的作用。主要的内包装形式有铝管、玻璃瓶、塑料袋、包装纸、复合材料等。它在生产中与商品配装成一个整体，一般随同商品一起销售给顾客。内包装上大都印有商标、商品性能介绍和保管使用方法等说明，以便宣传商品、指导消费、赢得市场。

跨境电子商务物流包装应充分考虑进口国的国情、气候、风俗、习惯等要求。由于跨境物流过程中装卸和搬运次数相对较多，包装在结构、技法及图案等方面也应与相应进口国的要求保持一致。

二、包装材料

（一）包装箱

包装箱是刚性包装技术中的一类重要包装材料，其所用材料为刚性或者半刚性材料，具有强度高且不易变形的特点，其结构是立方体。包装操作主要为堆码，然后将开闭装置闭合或者一端固定封死。包装箱的整体强度高、抗变形能力强、包装量较大，其在跨境电子商务物流中适合做运输包装、外包装，适用范围较广，主要用于固体杂货包装。目前主要的包装箱有以下几种。

1. 瓦楞纸箱

瓦楞纸箱是用瓦楞纸板制成的箱型容器。瓦楞纸箱按照外形结构进行分类，可分为折叠式瓦楞纸箱、固定式瓦楞纸箱和异形瓦楞纸箱三种；按照构成材料进行分类，可分为瓦楞纸箱和钙塑瓦楞箱。在国际上，瓦楞纸箱的箱型标准有两大类：一类是经国际瓦楞纸板协会批准，由欧洲瓦楞纸板制造工业联合会（FEFCO）和瑞士纸板协会（ASSCO）联合制定的国际纸箱箱型标准；另一类是日本、美国的国家标准。我国参照制定了《运输包装用单瓦楞纸箱和双瓦楞纸箱》(GB/T 6543—2008)，明确了运输包装用单瓦楞纸箱和双瓦楞纸箱的最基本箱型。我国目前常见的瓦楞纸箱通常是标准里的02类，即美、日标准里的A型箱。由于我国标准的代号和国外不同，在制作跨境电子商务物流出口单证时，需要注意这一点。在B2B跨境电子商务模式下，对瓦楞纸箱的规格选择应该尽可能遵循相应的标准，但在B2C跨境电子商务模式下，不同企业可能会因产品规格定制相应的瓦楞纸箱，最大程度契合产品的形状大小，以防止其内装物晃动造成货损，并最大限度地减少体积，方便打包。常见的瓦楞纸箱如图5-1所示。

瓦楞纸箱的优点是：运输费用低，易于实现包装与运输的机械化和自动化；可通过与各种覆盖物或防潮材料结合，扩大其使用范围；废箱易于回收再利用，符合环保要求；能适应各种类型的纸箱的装潢印刷，能很好地解决商品保护和促销问题；对包装物品具有良好的保护功能，如防潮、散热、易于搬运等；纸箱的规格与尺寸的变更易于实现，能快速适应各类物品的包装；封箱、捆扎均方便，易于作业，效率高；其内的瓦楞结构类似拱形结构，能起到防冲减震的作用，具有良好的力学特性；重量轻、结构性能好。

图5-1 瓦楞纸箱

2. 木箱

木箱在包装箱中的用量仅次于瓦楞纸箱。木箱主要有木板箱、框板箱和框架箱三种。框板箱是先用条木与人造板材制成箱框板,再经钉合装配而成。框架箱是由一定截面的条木构成箱体的骨架,根据需要也可在骨架外面加木板覆盖。木箱具有抗碰裂、溃散、戳穿的性能,有较大的耐压强度,能承受较大负荷,制作方便。但木箱的箱体较重,体积也较大,其本身没有防水性。常见的木箱如图5-2所示。

木板箱　　　　　　　　框板箱　　　　　　　　框架箱

图5-2　常见木箱

和木箱类似,还有一种包装打木架,它主要用于陶瓷制品、竹木制品的外包装。即在高强度纸箱仍不足以保护内装物时,需要用若干根木条分别对纸箱各条边进行包围加固,一部分较大纸箱中间也需要木条加固。在跨境电子商务物流过程中,尤其是海运,由木架承受压力,这样就最大限度地保护了商品。但是木制容器和木架受到各国海关对原木进口的管制,使用原木容器或木架的包裹都需要提供包装的熏蒸证书。打木架需要专业技术人员操作,通常也可以在批发市场出售纸箱的商户附近寻找专业打木架服务,该服务以米为单位来收费。

3. 塑料箱

塑料箱一般用作小型运输包装,其优点是:自重轻,耐腐蚀性能好,可装载多种商品,整体性强,强度和耐用性能可以满足反复使用的要求,可制成多种色彩以便对装载物进行分类,手握搬运方便,没有木刺,不易伤手。常见的塑料箱如图5-3所示。

图5-3　塑料箱

4. 泡沫箱

泡沫箱是指用泡沫塑料(多孔塑料)为材料制成的箱式包装容器,塑料泡沫是内部具有很多微小气孔的塑料。泡沫箱常被运用在水果或者3C类电子产品如手机、高档手表等贵重或者极易受外力碰撞影响质量的商品运输包装中。常见的泡沫箱如图5-4所示。

图 5-4 泡沫箱

跨境电子商务中常用的泡沫箱一般长、宽、高都小于等于 20 cm,这类泡沫箱质地很轻,抗冲击力强,通常由矩形的箱体和带有内凸起的箱盖组成。其箱壁厚度在 0.5～1 cm,依据其内装物大小可以辅以如气泡膜或者珍珠棉等填充物以增加其抗震性。商品放入泡沫箱后用胶带捆扎,或者再采用其他包装袋套在泡沫箱上。泡沫箱具有质轻、导热系数小、吸水率低、耐水、耐老化、耐低温、易加工、价廉质优等优点。

5. 集装箱

集装箱是指由钢材或铝材制成,具有一定强度、刚度和规格,专供周转使用的大型装货容器。使用集装箱转运货物,可直接从发货人的仓库装货,运到收货人的仓库卸货,中途更换车、船时,无须将货物从箱内取出换装。集装箱具有标准化程度高、机械化作业、提升装卸效率、减少经济损失、节约包装成本等优点。常见的集装箱如图 5-5 所示。

图 5-5 集装箱

(二)包装袋

包装袋是柔性包装技术中的一类重要包装材料,其所用材料是柔性材料,具有较高的韧性、抗拉强度和耐磨性。一般的包装袋预先封死一端,在承装结束后再封死另一端。包装操作主要为填充。包装袋在跨境电子商务物流中被广泛应用于运输包装、销售包装。包装袋一般分为集装袋、一般运输包装袋和小型包装袋。

1. 集装袋

集装袋又称柔性集装袋、吨装袋、太空袋等,一般采用聚丙烯、聚乙烯等聚酯纤维纺织而成,是集装单元器具的一种,配以起重机或叉车,就可以实现集装单元化运输。集装袋广泛用于食品、粮食、医药、化工、矿产等粉状、颗粒、块状物品的大宗运输包装,发达的国家普遍使用集装袋作为运输、仓储的包装产品,其可盛装重量在 1 t 以上。集装袋顶部一般装有金属吊架或吊环等,便于机械化吊装、搬运。卸货时可打开袋底的卸货孔,非常方便。常见的集装袋如图 5-6 所示。

图 5-6 集装袋

2. 一般运输包装袋

一般运输包装袋的盛装重量为 0.5～100 kg,其由植物纤维或合成树脂纤维纺织而成,如麻袋、草袋、水泥袋等。有的包装袋由几层柔性材料制成,适用于粉状、粒状和个体小的货物。常见的一般运输包装袋如图 5-7 所示。

图 5-7 一般运输包装袋

3. 小型包装袋

小型包装袋的盛装容量较小,通常由单层或双层材料制成。对某些具有特殊要求的包装袋,也可用多层不同材料复合而成。有的包装袋带有封口胶,便于封装。小型包装袋在贴标签的时候需要注意不要留有内陷空隙,否则很可能在运输途中因包装袋移动变形而导致标签破损。

1)普通封口包装袋

普通封口包装袋适用范围较广,可用于不怕压、不怕摔的服装类商品,或用于气柱袋等已做好抗压处理的外包装。其优点是价格便宜、重量轻、可供选择规格多、防水,能够较好地保护内装物不被污损。在跨境电子商务物流中,由于物流流程较长,增加一层轻质包装袋并不会增加太多成本,但却有效地增加了对商品内包装的保护作用。普通封口包装袋常见的尺寸有三种:小尺寸,17 cm×35 cm、25 cm×38 cm,厚度为 0.06 mm(通常说 6 丝);中尺寸,28 cm×42 cm、38 cm×52 cm,厚度为 0.06 mm;大尺寸,45 cm×60 cm、50 cm×65 cm,厚度为 0.07～0.1 mm。常见的普通封口包装袋如图 5-8 所示。

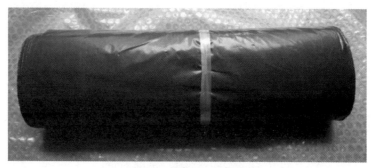

图 5-8　普通封口包装袋

2）气泡信封

在跨境电子商务 B2C 的货物运输中，气泡信封是一种非常常见的轻便型包装材料。一般的气泡信封由双层或多层材料复合而成，双层通常外层是黄色、白色或者棕色的牛皮纸，内层是黏附在外层内壁上的一层气泡膜，封口处带有封口胶，使用方便。还有部分气泡信封把常见的小包邮政 CN22 报关签条印刷在背面，其作用一是为了节约贴报关签条的时间，二是进一步节省重量。气泡信封的优点是防水防潮、韧性强、防震抗摔。常见的气泡信封如图 5-9 所示。

图 5-9　气泡信封

部分定制气泡信封用不透明、高强度的气泡膜直接做成信封，并印有商家的 Logo（徽标）或者网址信息，为商家提供了较高的广告效益。气泡信封具体尺寸及常见适用商品如表 5-1 所示。

表 5-1　气泡信封尺寸及常见适用商品

信封尺寸/cm	适用商品	信封尺寸/cm	适用商品
13×18+4	小尺寸手机	15×20+4	大尺寸手机
20×23+4	背心等小衣服	23×28+4	10.5 英寸的平板电脑
20×25+4	堆叠后厚度小于 2 cm 的 A5 纸	25×36+4	9.7 英寸的平板电脑
26×32+4	堆叠后厚度小于 10 cm 的 B6 纸	26×36+4	堆叠后厚度小于 2 cm 的 A4 纸
29×36+4	堆叠后厚度小于 4 cm 的 A4 纸	30×32+4	男士夏装
34×36+4	牛仔裤	35×42+4	春秋装

气泡信封规格大小不同，适用的产品也不同。值得注意的是，气泡信封本身材料所能承受的最大重量有限，因为如果做得过大，超出其限度，使用时就容易破损，不利于保护商品。因此，气泡信封主要适用于小件商品。

3) 气柱袋

气柱袋又称缓冲气柱袋、充气袋、气泡柱袋、柱状充气袋,是全面性包覆的气柱式缓冲保护袋。气柱袋未充气之前是一体化的扁平塑料,其运用物理原理,一次充气,全排充满,自动锁气,形成潜水舱,如果气柱破损,只有破损的单根气柱失效,其余气柱完全不受影响,仍然维持保护效果。气柱袋能对商品提供长时间储运不漏气的抗震保护作用,将商品运输过程中的损失率降至最低。

气柱袋这种若干独立气柱半包围的结构适用于平板电脑、手机、GPS(全球定位系统)导航仪等带屏幕或其他怕摔的电子产品。使用气柱袋时需要注意以下几点:①不要充气过量,否则容易充爆或者让气柱袋接近破裂的临界点;②不要往气柱袋里装尖锐的物件,否则容易引起气柱破裂;③气柱袋外层需要套一层包装袋后密封。常见的气柱袋如图 5-10 所示。

图 5-10 气柱袋

4. 快递文件封

快递文件封是物流企业提供的带有其 Logo 的文件袋,通常做工比普通封口包装袋更为精良,快递文件封的背面常有一个层叠式的不封口塑料袋,用于装形式发票或者面单。各大快递公司有定制的快递文件封,其规格有大、中、小三种标准尺寸可供选择。以 DHL 为例,其快递文件封如图 5-11 所示。

图 5-11 快递文件封

(三)其他包装容器

其他包装容器包括包装瓶、包装罐及包装桶,多用于液态、粉状及颗粒状货物。由于液态商品在国际物流中属于敏感物品,具有较大的运输风险,液体商品出口一般需要提供商品的相关安全运输证明。不同国家对液体商品运输有不同的要求。

三、包装辅料

跨境电子商务物流中常见的包装辅料包括胶纸、气泡膜、珍珠棉等。

(一)胶纸

胶纸又叫胶带,是平时打包使用量最大的包装辅助材料。如果没有胶纸,出货的工作就没有办法正常进行。胶纸一般分为透明胶纸、黄色胶纸、印刷胶纸(印有提示语或者品牌Logo)、特殊胶纸(如超市生鲜经常用的绿色胶纸)。市场上的胶纸又分为宽、窄两种规格,可分别适用于不同场合。市场上的胶纸由于生产工艺的差异,其厚度也有所不同,一般采购的是中等厚度的胶纸,而超薄胶纸往往用在对重量极为敏感的商品上,超薄胶纸较为少见。随着绿色环保理念的推行,亚马逊的瓦楞纸包装采用纸质胶带进行封箱,便于回收处理。

基于跨境电子商务需要通关的特殊性考虑,同时又基于尊重目的国宗教信仰、风俗文化的因素考虑,推荐使用透明胶纸和黄色胶纸。这两种常见胶纸可以单独按卷采购,也可以按条采购(一条五卷),还可以整箱大批量采购。

1. 透明胶纸

1)透明胶纸的使用场景

(1)气泡信封用自带封口胶封口之后,再用透明胶纸覆盖一层(可以让客户在收到商品时检查这一单商品是否被拆开过)。

(2)透明胶纸覆盖普通打印机打印出来的地址标签。

(3)透明胶纸覆盖手工贴到包裹上的挂号条码。

(4)透明胶纸覆盖无防水防污功能的报关签条。

(5)透明胶纸覆盖外箱客户标记(部分客户会要求把自己的标记用记号笔写在外箱上,用透明胶纸覆盖一层可起到防水防污的作用)。

2)透明胶纸使用注意事项

(1)用透明胶纸覆盖挂号条码时,一定要平整,避免中间留下气泡进而影响扫描枪扫描结果。

(2)打包外纸箱时,一般情况下不使用透明胶纸,除非纸箱非常规整(干净无Logo或者只带物流企业的Logo)。

常见的透明胶纸如图5-12所示。

图5-12 透明胶纸

2. 黄色胶纸

1)黄色胶纸的使用场景

(1)商品用气泡膜包裹两层之后,应再用黄色胶纸整体覆盖一圈,这样既可以防水又可以增加强度。

(2)黄色胶纸覆盖普通纸箱外包装(主要作用是防水)。

(3)黄色胶纸覆盖切割后的纸箱外包装(既防水又增加强度)。

(4)黄色胶纸覆盖重复利用的纸箱外包装(遮住原先纸箱外面可能存在的Logo、防水、增加强度)。

2)黄色胶纸使用注意事项

(1)黄色胶纸一般不用在对气泡信封的封口上。

(2)用黄色胶纸打包时应避免覆盖如地址标签之类的重要信息。

常见的黄色胶纸如图 5-13 所示。

图 5-13　黄色胶纸

(二)气泡膜

气泡膜也叫气泡垫,是以高压聚乙烯为主要原料,再添加增白剂等辅料,经 230 摄氏度左右高温挤出吸塑成气泡的产品。气泡膜属于包装辅料,是一种质地轻、透明性好、无毒、无味的新型塑料包装材料,对产品起防湿、缓冲、保温等作用。气泡膜本身是一种双层塑料膜,可以单层做成气泡,也可以双层都做成气泡,因此气泡膜可分为单层气泡膜和双层气泡膜。根据气泡直径的大小,气泡膜可以分为小颗粒气泡膜和大颗粒气泡膜。根据气泡膜用料,气泡膜可以分为全新料气泡膜和再生料气泡膜。全新料气泡膜表面光滑、透明、有质感,价格稍高;再生料气泡膜表面稍显粗糙,透明度和质感稍差,但价格较便宜。从消费者体验感的角度看,全新料气泡膜更受消费者青睐,一是气泡膜质量较好,可以更好地保护商品;二是消费者收到商品之后的体验感会更好一点。

气泡膜的售卖按公斤计费,或者按宽度和长度计费,成卷出售。常见的气泡膜如图 5-14 所示。

图 5-14　气泡膜

(三)珍珠棉

珍珠棉又称 EPE 珍珠棉,是一种新型环保的包装辅助材料。珍珠棉常见的材质是聚乙烯,它由低密度聚乙烯脂经物理发泡产生无数的独立气泡形成的,它弥补了普通发泡胶易碎、易变形、恢复性差的缺点,具有隔水、防潮、防震、隔音、保温、循环再造、环保、可塑性佳、韧性强、抗撞力强、抗化学性能强等诸多优点。珍珠棉还具有质轻、容易切割的特点,不会像气泡膜那样因为气泡破裂而失去保护作用。珍珠棉在部分场合下可替代气泡膜。

珍珠棉一般按卷采购,采购回来之后根据实际需要可切割成不同的尺寸,以方便打包。珍珠棉的缺点也显而易见,它不能像气泡膜那样严丝合缝地包住产品,在打包操作时需要注意这一点,避免让产品的关键部位缺失保护。常见的珍珠棉如图 5-15 所示。

图 5-15 珍珠棉

四、单据相关物料

单据相关物料是指在配单、打包过程中除了包装材料以外经常使用到的一些条码、标签、单据等物料。这些物料属于消耗品,在跨境电子商务物流过程中,从业人员应当对这些物料有基础性认识,仓储管理人员应该对其妥善保管,力争提升存取物料的工作效率,提前制订物料需求计划,熟悉如何批量填写部分资料,定期检查各种单据相关物料的消耗情况,及时补充,避免因为物料缺货而影响发货作业。

(一)挂号条码

挂号条码是指邮政小包所使用的跟踪号,其英文为"tracking number",分为粘贴和打印两种情形。通常情况下,个人邮寄国际挂号小包时,会用到可粘贴式的挂号条码,而通过部分后台系统与邮局直接对接的货运代理企业发货时,可以直接生成可打印的挂号条码。

挂号条码通常是 13 位,前两位和后两位是字母,中间是数字。第一个字母的意义是包裹类型的区分,E 开头表示 EMS 特快专递,R 开头表示国际邮政小包,C 开头表示国际邮政大包,L 开头表示 EMS 的 e 邮宝服务。第二个字母相当于文件的序列号,一般代表货物类型,而字母中间的 9 个数字是快递识别码,一个 EMS 的国际快递单号就是由这些组成的。最后两位字母是发件邮局所在国家或者地区的缩写,为国际通用代码,如 CN 表示中国邮政、HK 表示中国香港邮政、SG 表示新加坡邮政。打印版本的邮政小包挂号条码如图 5-16 所示,可粘贴式的 e 邮宝挂号条码如图 5-17 所示,中国香港邮政挂号条码如图 5-18 所示。

第五章　跨境电子商务物流发运流程

图 5-16　打印版本的邮政小包挂号条码

图 5-17　可粘贴式的 e 邮宝挂号条码

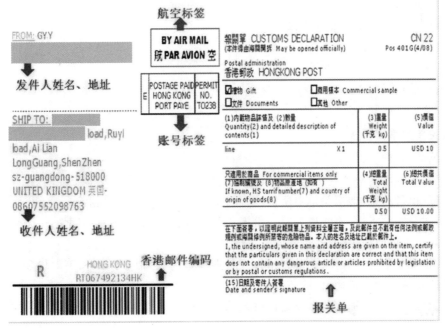

图 5-18　中国香港邮政挂号条码

挂号条码使用时需要注意以下几点：
(1)最好在挂号条码上覆盖一层透明胶纸,防止雨水浸湿影响邮局扫描操作。
(2)在挂号条码上覆盖透明胶纸时需要注意中间不要留有气泡,否则会影响扫描。
(3)挂号条码是稀缺的一次性资源,请不要随意浪费。
(4)一般情况下,挂号条码一经扫描上网,就算后续退回给了发件人,也不能再次使用。

(二)报关签条

报告签条又称报关单,是指进出口货物收发货人或其代理人按照海关规定的格式对进出口货物的实际情况做出书面声明,以此要求海关对其货物按适用的海关制度办理通关手续的法律文书。报关签条在对外贸易活动中具有十分重要的法律地位,它既是海关监管、征税、统计以及开展稽查和调查的重要依据,也是加工贸易进出口货物核销以及出口退税和外汇管理的重要凭证,还是海关处理走私、违规案件及税务、外汇管理部门查处骗税和套汇犯罪活动的重要证据。2018年8月1日,海关总署将原报关单、报检单合并为"一张大表",让企业真正实现一次申报、一单通关。

1. 报关单的类别

1)按使用性质分类

按使用性质分类,报关单一般分为以下几种：
(1)进料加工进出口货物报关单(粉红色)。
(2)来料加工及补偿贸易进出口货物报关单(浅绿色)。
(3)外商投资企业进出口货物报关单(浅蓝色)。
(4)一般贸易及其他贸易进出口货物报关单(白色)。
(5)需国内退税的出口贸易报关单(浅黄色)。

2)按用途分类

按用途分类,报关单一般分为以下几种：
(1)报关单录入凭单。
(2)预录入报关单。
(3)电子数据报关单。
(4)报关单证明联。

2. 报关单的填报要求

报关单的填报要求如下：
(1)报关单的填制必须真实,要做到两个相符：单证相符,即报关单与合同、批文、发票、装箱单等相符；单货相符,即报关单中所报内容与实际进出口货物情况相符。
(2)不同合同的货物,不能填在同一份报关单上；同一批货物中有不同贸易方式的货物,也须用不同的报关单向海关申报。
(3)一张报关单上如有多种不同货物,应分别填报清楚,但一张报关单上最多不能超过五项海关统计商品编号的货物。
(4)进料加工、来料加工的料及进口后经批准转内销或作为资产顶进,也应填写进口货物报关单。
(5)报关单中填报的项目要准确、齐全。

(6)电脑预录入的报关单，其内容必须与原始报关单上的内容完全一致。

(7)向海关递交的报关单，事后发现差错，须立即填写报关单更正单，向海关办理更正手续。

(8)对于海关放行后的出口货物，由于运输工具配载等原因，全部或部分未能装载上原申报的运输工具的，出口货物发货人应向海关递交出口货物报关单更改申请。报关单样例如图 5－19 所示。

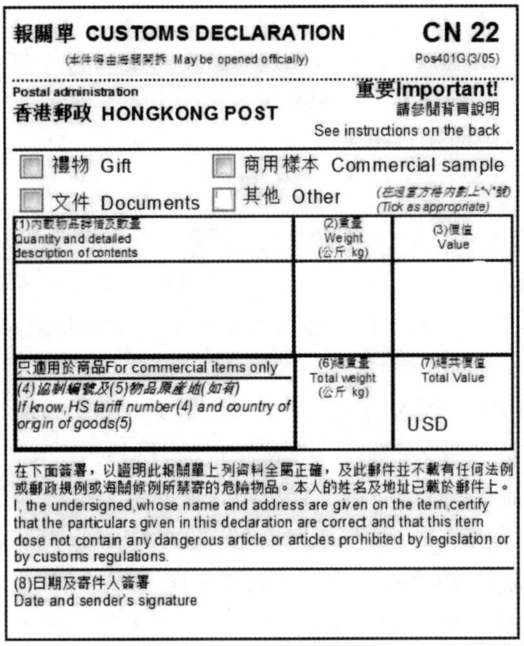

報關單 CUSTOMS DECLARATION　CN 22

(本件得由海關開拆 May be opened officially)　Pos401G(3/05)

Postal administration

香港郵政 HONGKONG POST

重要Important!

請參閱背面說明

See instructions on the back

禮物 Gift　商用樣本 Commercial sample

文件 Documents　其他 Other　(在適當方格內劃上"√"號) (Tick as appropriate)

(1)內載物品詳情及數量 Quantity and detailed description of contents	(2)重量 Weight (公斤 kg)	(3)價值 Value
只適用於商品For commercial items only (4)協制編號及(5)物品原產地(如有) If know,HS tariff number(4) and country of origin of goods(5)	(6)總重量 Total weight (公斤 kg)	(7)總共價值 Total Value USD

在下面簽署，以證明此報關單上列資料全屬正確，及此郵件並不載有任何法例或郵政規例或海關條例所禁寄的危險物品。本人的姓名及地址已載於郵件上。

I, the undersigned,whose name and address are given on the item,certify that the particulars given in this declaration are correct and that this item dose not contain any dangerous article or articles prohibited by legislation or by customs regulations.

(8)日期及寄件人簽署

Date and sender's signature

图 5－19　报关单样例

目前跨境电子商务出口多采用 CN 22 格式，CN 22 格式的报关单包括内件物品类型、物品详情(物品名)、物品数量、物品价值、签名等。报关单可以按规定格式打印后粘贴在包裹上，也有气泡信封直接把 CN 22 格式的报关单印刷在信封背面，这样可以极大地减少粘贴报关单的工作量。

(三)航空标签

航空标签即航空签条，用于指示这个包裹属于航空件，是航空包裹必不可少的一部分。航空标签也可印在气泡信封上，或者在一张标签纸上包含航空标签，跨境电子商务从业人员只需要认识航空标签，并知道它的作用和出现场合即可。

(四)回邮地址

在以下情况下，跨境电子商务回邮地址将发挥重要作用：①联系不上收件人；②收件人留的不是全名；③收件人地址不详而无法派送；④收件人地址是错的；⑤被目的国海关查验退回。

不同发件邮局的回邮地址不一样。如果个人去邮局发小包，回邮地址由当地邮局提供；如果通过货运代理企业发货，那么贴的地址将是带有货运代理企业标志的回邮地址，如货运代理企业在中国香港的操作点或者新加坡的操作点。

由于万国邮政联盟成员之间的邮政渠道退件回到发件国家或地区是免费的，一旦发生跨境回邮的情况,邮政系统会按回邮地址进行退货,因此回邮地址不能随便填或者不填,以保障发货人的权益。

目前,邮政小包已逐步更新为一体化面单,所以手工贴挂号条码和报关单的情况已比较少见,从业人员只需要明白包裹上有哪些标签体现即可。

1. EMS 面单

EMS 包括中国 EMS、中国香港 EMS、新加坡 EMS,其面单集成了发件人信息、收件人信息、报关信息、跟踪号等,既可以手写,也可以打印。面单左边是发件人信息,右边是收件人信息,左下是申报详情,右上是跟踪号。需要注意的是,如果手写面单,一定要保持字迹清晰工整;如果打印面单,必须使用针式打印机。

2. 快递面单

快递面单又称快递底单,和 EMS 面单类似,快递面单也有发件人信息、收件人信息、报关信息等内容,但是快递面单上的条码不是跟踪号,而是参考单号或者原单号。快递面单上的参考单号不能直接用来查询跟踪信息,所以在填写发运单号时不要填参考单号,而要填货运代理企业或者物流企业转单号后的跟踪号。

当货运代理企业的系统和快递公司(如 DHL)直接对接的时候,发货完得到的就是跟踪号。但并不是每一家货运代理企业都可以直接和快递公司对接,也有一部分特殊渠道不能直接得到跟踪号。这时就需要客户发货的时候填写快递面单。等这部分货运代理企业通过其他从快递公司拿到最终跟踪号后,再把跟踪号和客户快递面单对应起来,这就是转单号,转单号就是生成跟踪单号的行为,与转单号对应的是直接生成跟踪号。

快递面单的主要用途是其条码可以作为参考单号在快递公司网站上进行跟踪查询,同时快递面单可以作为发货底单,是一种发货凭证,可以在必要时提供给平台作为证据或者查询依据。

五、配套设备及工具

配套设备及工具是指仓库内和发货操作配套的硬件设施,或者辅助仓库作业的工具,可分为输出设备、输入设备、辅助工具等。

(一)输出设备

1. 普通打印机

由于仓库需要进行装箱单、订单信息(收件人信息和货品明细)、形式发票等相关资料的打印,平均每天打印量较大,建议购买激光打印机。常见的激光打印机如图 5-20 所示。

图 5-20 激光打印机

2. 热敏打印机

热敏打印机可迅速地将需要打印的图像成像在热敏打印标签纸上,打印速度快,可直接打印不干胶纸,故障率低。常见的热敏打印机有两类:一类是标签打印机,主要用来打印集成化的地址标签、报关签条等,打印出来的标签可直接粘贴在包裹上;另一类是条码打印机,可用于打印内部管理用的产品 SKU(最小存货单位)条码,打印出来的条码粘贴在商品的零售包装上,出货的时候扫一下该条码即可快速判断该商品是否订单所需,方便可靠。常见的热敏打印机及热敏打印标签纸如图 5-21 所示。

图 5-21　热敏打印机及热敏打印标签纸

热敏打印机需要在电脑里安装相应的驱动程序和对应的字体,并配合热敏打印标签纸使用。使用热敏打印机时应注意:打印显示乱码或者条码不显示,要检查电脑系统里是否安装了对应的条码字体;注意观察打印机的指示灯,避免出现缺纸加载打印任务的情况;不使用打印机时最好关闭电源。

3. 针式打印机

针式打印机是利用打印头撞击色带来回在单据上印上需要打印的内容的设备,它主要用来打印一式多联的单据,如 EMS 的快递单等。因此,它可以高效替代手工填写的传统方式,制作多联单据。常见的针式打印机如图 5-22 所示。

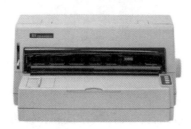

图 5-22　针式打印机

使用针式打印机需要注意以下方面:
(1)模板应提前调整好,避免因打印位置偏移而造成单据浪费。
(2)要注意色带的使用情况,有必要的话要多备用色带,避免出现色带没墨的情况。

(二)输入设备

1. 扫描枪

扫描枪是一种输入设备,用于扫描条码。目前,常见的扫描枪一般是 USB(通用串行总线)接口,扫描条码相当于将条码对应的字符输入了电脑,因此便于输入产品 SKU 条码以及包裹跟踪号等信息。使用扫描枪时注意不要将其对着眼睛,激光会对眼睛产生伤害。常见的扫描枪如图 5-23 所示。

图 5-23 扫描枪

2. 出库扫描仪

出库扫描仪是一种自动化输入识别设备,又称自动签收仪、高拍仪,是用于在快递驿站或者仓库完成货品扫描识别、出库信息确认的一体机设备。其原理是采用高清工业摄像头,对底单和人脸进行拍照,并配有 LED(发光二极管)补光大灯确保照片明亮清晰、识别率高,辅以"出库成功"语音提示功能,连接匹配驿站或者仓库的数据库,智能高效地完成出库作业。常见的出库扫描仪如图 5-24 所示。

图 5-24 出库扫描仪

3. 电子秤

电子秤是一种称重精密仪器,配合内部出货系统和扫描枪使用,可以将商品称重信息直接通过数字屏幕显示并输入电脑。采购和使用电子秤时应注意其精准度,使用前要查看其空置状态下是否归零。电子秤的具体操作步骤是:①将打包好的商品放在电子秤上,显示即时重量;②用扫描枪扫描跟踪条码;③内部出货系统自动记录包裹的跟踪条码并录入包裹重量。

电子秤的另一个用途是排查缺少配件的包装。如供应商有若干台同型号的电子商品,其中有两台零售包装内缺少充电器,如果人工逐个拆包检查,不但效率低下,而且容易造成商品损坏,这时可以通过电子秤来进行检查。常见的电子秤如图 5-25 所示。

图 5-25 电子秤

(三)辅助工具

仓库中常见的辅助工具包括打包器、美工刀、记号笔、卷尺等。辅助工具大多是低值易耗品,工作中可多备用辅助工具以防止在出库高峰期因为工具缺乏而降低劳动效率。

1. 打包器

打包器又称为胶纸切割器,有塑料和铁制两种,是专为切割胶纸、快速打包而设计的。在选购打包器时要注意仓库常用胶纸的宽度和厚度,避免因为打包器宽度或者内腔空间不够而无法适应较宽或者较厚的胶纸。常见的打包器如图 5-26 所示。

图 5-26 打包器

2. 美工刀

美工刀在仓库中主要用于切割气泡膜、切割纸箱以压缩体积。相比刀片,美工刀手握舒适,不易伤手。常见的美工刀如图 5-27 所示。

图 5-27 美工刀

3. 记号笔

记号笔也称为油性笔,主要用于在箱外进行文字或符号标记。常见的记号笔分为黑、蓝、红三色。一般用黑色,尽量少用或者不用红色。常见的油性记号笔如图 5-28 所示。

图 5-28 油性记号笔

记号笔常用于以下场景:①发一票多件时,标记货物是"第几件/共几件";②部分货运代理企业要求将快递原单号写于外箱以便识别;③部分客户要求把批发单发给指定货运代理企业,要在外箱写上该货运代理企业登记的客户编号;④用于涂抹遮盖部分印迹;⑤在白纸上写说明文字,置于包裹或库存产品旁拍照,显示真实发货或真实库存信息。

使用记号笔时应注意:不用时盖好笔盖,避免笔头很快干掉而无法使用;使用记号笔标记的外箱可用透明胶纸覆盖,以免所标记的字迹被水浸湿变得模糊不清。

4. 卷尺

仓库中一般采用钢质卷尺测量外纸箱的长、宽、高尺寸,以便控制体积重。卷尺的长度多为 3 m 和 5 m 两种规格,一般 3 m 就够用了。测量时注意,量出的数据往大的方向记录,如看似 8 cm 又长了一点点,最好记为 9 cm。使用卷尺时,要注意其边缘锋利,容易割伤手指,不用卷尺时将其放回固定位置。常见的卷尺如图 5-29 所示。

图 5-29 卷尺

六、常见包裹

跨境电子商务 B2C 包裹以快递类方式发货,多数是按 g 或者 0.5 kg 为单位进行计费,而国际物流的成本会直接影响商品的价格。和国内快递相比,跨境电子商务物流要求在保护好内装物的前提下,总重量越轻越好,重量越轻越节约运费,由于涉及通关,包裹越不起眼、越朴实越好。

为了使大家对跨境电子商务的包裹有更直观的认识,下面介绍几类常见的包裹,其包装形式最为常见的是快递袋、纸箱,这里着重介绍不同类型的跨境电子商务包裹及其单据。

(一)中国邮政挂号小包

中国邮政挂号小包是中国邮政基于万国邮政联盟网络,针对 2 kg 以下小件物品推出的标准类直发寄递服务,通达全球 215 个国家和地区。可通过线上与线下两种渠道进行发货,为中国客户提供全程可控、清关便利的轻小件寄递服务。通常包裹正面粘贴具有发货信息的挂号条码,背面粘贴报关签条;也有将收货人信息、挂号条码和报关签条单独粘贴在包裹的一面的情况。

1. 发货信息的主要内容

发货信息的主要内容包括以下方面:
(1)中国邮政标志;
(2)航空标签;
(3)目的国(地区)简写代码及中文名;
(4)发件人信息;
(5)收件人信息;
(6)回邮地址;
(7)跟踪号和条码。

2. 常用的 CN 22 报关签条的主要内容

常用的 CN 22 报关签条的主要内容包括以下方面:
(1)中国邮政标志;
(2)CN 22 格式说明;
(3)邮件种类选择(可选择礼品、商品货样、文件、其他);
(4)内件详细名称和数量;
(5)重量;
(6)价值;
(7)总重量;
(8)总价值;
(9)签名。

图 5-30 所示为发货信息、图 5-31 所示为发货信息、挂号条码及报关签条。

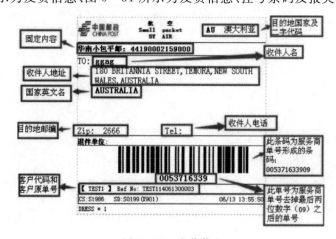

图 5-30 发货信息

图 5-31　发货信息、挂号条码及报关签条

(二)中国香港邮政小包

图 5-32 是一个用纸箱包装的中国香港邮政小包的正面照片,香港邮政小包也可以采用集成打印标签加报关签条的形式,其包括的内容如下:

(1)航空标签;

(2)账号标签;

(3)中国香港回邮地址;

(4)收件人信息;

(5)跟踪条码;

(6)报关单。

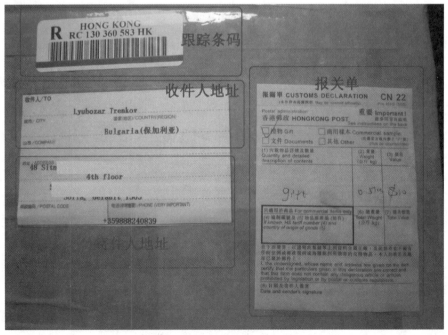

图 5-32　中国香港邮政小包

(三)新加坡小包

新加坡小包发货信息标签区包括以下内容：

(1)回邮地址；

(2)新加坡邮政标签和货运代理企业标签；

(3)收件人地址信息；

(4)航空标签；

(5)目的国(地区)信息；

(6)跟踪号和条码。

新加坡小包发货信息标签区如图 5-33 所示，图中右边区域是报关单。

图 5-33　新加坡小包

(四)ePacket

ePacket 又称 e 邮宝，ePacket 可以发往的国家和地区有美国、俄罗斯、乌克兰、新西兰、日本、越南、西班牙、泰国、以色列、英国、中国香港、法国、澳大利亚、德国、瑞典、挪威、加拿大、韩国、新加坡、马来西亚、土耳其、奥地利、比利时、瑞士、丹麦、匈牙利、意大利、卢森堡、荷兰、波兰、希腊、芬兰、爱尔兰、葡萄牙、墨西哥、沙特阿拉伯、巴西、印度尼西亚。

1. ePacket 包装尺寸以及重量限制规定

(1)最大尺寸：单件包裹长＋宽＋高合计不超过 90 cm，最长一边不超过 60 cm。圆卷件直径的两倍＋长度合计不超过 104 cm，最大一边长不得超过 90 cm。

(2)最小尺寸：单件长度不小于 14 cm，宽度不小于 11 cm。圆卷件直径的两倍＋长度合计不小于 17 cm，最长边长度不少于 11 cm。

(3)单件包裹限重 2 kg(英国、以色列限重 5 kg，俄罗斯限重 3 kg)。超重物品可以选别的渠道，查询报价时输入超过限重数据，ePacket 将不显示报价。

2. 发往不同国家的 ePacket 发货签

发往不同国家的 ePacket 发货签的版式略有不同，但大致都包含以下内容：

(1)目的国名称；

(2)中国邮政、ePacket 等商标；

(3)发件人信息；

(4)收件人信息；

(5)跟踪号和条码。

ePacket 发货签、报关签如图 5-34、图 5-35 所示。

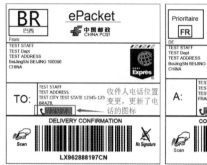  

图 5-34　ePacket 发货签

图 5-35　ePacket 报关签

(五)EMS 包裹

目前，EMS 可以寄到的地区有中国香港、台湾，可以寄到的国家有日本、韩国、新加坡、印度、英国、法国、西班牙、荷兰、俄罗斯、乌克兰、白俄罗斯、加拿大、美国、巴西、澳大利亚、南非国家。EMS 国际(地区)特快专递邮件详情单中将寄件人和收件人信息以及报关签集中在了一张单据上。EMS 国际(地区)特快专递邮件详情单如图 5-36 所示。

(六)e 速宝专递

e 速宝专递是中国邮政总部通过整合境内外渠道优质资源，专门针对不同国家和地区的特点而设计的跨境电子商务商业渠道物流解决方案。该服务采用商业清关模式，末端选择标准类投递网络，提供妥投信息，可以寄递带电产品，最高限重 30 kg。目前，e 速宝专递可以寄到国家有美国、英国、德国、法国、西班牙、意大利、泰国、新加坡、马来西亚、印度。

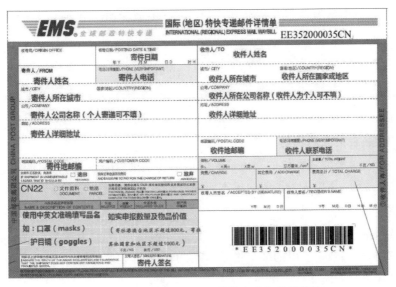

图 5-36 EMS 国际(地区)特快专递邮件详情单

(七)DHL 包裹

DHL 隶属于德国邮政集团,其快递及国际运输业务遍布全球 220 多个国家和地区,其常见的包裹形式有快递袋、纸箱等。面单中的信息包括付款人账号及保险明细、发货人信息、收货人信息、装运货物名称、海关申报价值以及托运人协议、产品和服务等。需要注意的是,DHL 面单条码信息叫作参考单号,并不表示跟踪号。

DHL 的发货分为有转单号和无转单号的两种情况。在有转单号的情况下,在背面贴上面单,并将面单上的参考单号用记号笔书写在包裹正面,以便货运代理企业进行下一步操作,同时将形式发票装在面单袋内。在无转运单号的情况下,直接出跟踪号贴在正面,并直接打印带跟踪单号的标签贴在背面,将形式发票放入自粘袋。DHL 面单如图 5-37 所示。

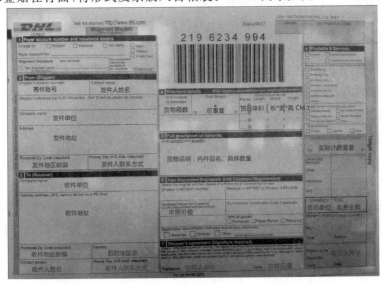

图 5-37 DHL 面单

以上常见包裹,不管是报关签条还是形式发票,都需要附带在货物上,方便分拣辨识及清关。

七、包装注意事项

跨境电子商务工作人员需要了解包装的常见注意事项,这样既有助于更有效地保护内装物,又能够节约运费。就保护内装物和物流信息的要求而言,需要注意以下几点。

(一)考虑包装盒的强度和耐用性

一个适当的包装盒应该能够安全地承受所运输物品的重量。纸箱、泡沫箱、气柱袋、气泡膜等材料要准备充分,不应该为了节约成本而降低包装强度。

(二)注意包装方式

一般物品尽量不直接接触盒子的外壁,将物品放到箱子中间,对于异形或圆形包装可能需要额外注意;对于同一个箱子中的多个物品,需要单独分开包装,并用合适的隔离物进行间隔。包装及间隔放置示意如图5-38所示。

图5-38 包装及间隔放置示意图

(三)高价值物品需要进行额外的缓冲保护

易碎物品需要进行额外的缓冲保护,并贴上特殊处理标签;用缓冲物充分填满箱子非常重要,因为这样能够防止物品在运输过程中产生箱内移动。物品的箱内移动会对箱子和物品都带来损害,可以在包装好之后用手摇晃箱子,看内装物是否会随之晃动来检查包装情况。

(四)包装的封口

气泡信封在封口时,可以在自带的封口胶封上之后再用透明胶纸覆盖一层,这样有助于防水。客户在收到包裹后,也可通过透明胶纸的完好程度判断包裹是否被拆开过。对于贴在包裹外层的单据,如果没有装在透明信息袋中,也可以用透明胶纸再次覆盖。

(五)单据及条码粘贴平整

手工粘贴挂号条码时,在挂号条码上需要进一步覆盖透明胶纸,这样有助于防水、防污、防划,要避免出现粘贴不平整、透明胶纸粘贴有气泡等情况,以免影响扫描枪读取数据。

在跨境电子商务运输货物中,由于物品类别太多,每个物品的长、宽、高都存在差异,但是纸箱是标准规格的,所以一般的做法是选取稍大一些的纸箱,将物品及保护材料装入纸箱后,用美工刀将纸箱多余的部分进行切割以减少体积,或者将纸箱切成两部分再拼,在尽可能保障物品安全的前提下缩小包裹体积。

对于跨境电子商务而言,还需要考虑国际运输的特性,跨境电子商务从业者需要根据业务范围了解进口国的法律法规、市场及相关风俗。例如：美国、英国、澳大利亚、新西兰、菲律宾、塞浦路斯等国家严禁稻草类包装物进口；埃及等盛产棉花的国家禁止棉花类包装进入本国境内；日本拒绝竹片类包装入境；美国、加拿大、澳大利亚要求木制包装必须经过熏蒸、防腐等处理才能入境，否则会按要求进行销毁处理；德国要求纸箱表面不能上蜡、上油，也不能涂塑料、沥青等防潮材料，纸箱上印刷的字必须用水性油墨，不能用油性油墨；澳大利亚、新西兰禁止二手袋入境；菲律宾要求麻袋入境前必须经过熏蒸处理；沙特阿拉伯规定所有货物应先用栈板集装后再装进集装箱，不允许散装，方便机械装修，且每件集装箱栈板的重量不得超过 2 t。

未来跨境电子商务包装还将受到绿色、环保、低碳的约束，一些发达国家开始在进口包装的环保要求方面立法，如德国已全面禁止含有 CFCs 的聚苯乙烯泡沫塑料等材料制作包装衬垫或者容器，该材料在生产过程中会破坏大气臭氧层。

第二节　电商发货处理

跨境电子商务中的物流包括集货、仓储、分拣、通关、国际运输、商检和配送等环节，对于大部分跨境电子商务商家而言，发货的主要处理过程是寻找合适的第三方物流商，签订合同后支付运费，并将货物交给第三方物流商。目前发货主要分为线上发货和线下发货。

一、线上发货

线上发货是指利用以阿里巴巴全球速卖通为代表，由阿里巴巴全球速卖通联合菜鸟网络及多家优质第三方物流商打造的物流服务体系，通过在跨境电子商务平台上注册账号，可以在平台上对物流需求进行下单，并支付运费，物流商可上门服务或者由跨境电子商务平台寄到指定仓库，一旦发生问题，可以在线发起物流维权。平台起到全程监管物流服务质量，对物流服务进行担保，并保障电商企业权益的作用。

(一)线上发货的优势

1. 平台制定了相应的卖家保护政策

(1)平台网规保障。通过线上发货，跨境电子商务的买卖双方均可在线上平台看到成功入库后的包裹全程物流信息。在平台网规的保障下，一旦发生问题导致投诉，卖家无须再提交发货底单等物流信息。

(2)物流评价机制。线上发货是由平台物流商提供的物流服务，入驻平台的卖家在进行服务等级评定时，线上发货的订单由于物流导致的低分将不计入对卖家的考评，如物流原因导致的 DSR(卖家服务评级系列)物流服务 1 分或者 2 分时、仲裁、卖家责任裁决率都不计入对卖家的考评。

(3)问题赔付保障。平台作为第三方全程监督物流服务商，跨境电子商务卖家可以针对丢包、破损、运费争议等物流问题发起在线投诉，并获得赔偿(仅支持国际小包物流方案)。

2. 单件发货运费低于市场价，支付更加便利

(1)平台具有集货功能，可以签订专属合约，因而只发一件也能享受低于市场价格的运费。长期、量大的跨境电子商务业务也可以考虑直接和物流服务商签订长期合同，议定价格。

(2)线上发货可以用电子支付的方式支付运费，并可以下载电子账单对账。

3. 线上发货的渠道稳定且时效快

(1)线上发货平台涵盖了目前主要的物流服务商,包括中国邮政、DHL、UPS 等,渠道稳定,安全可靠。

(2)有数据显示,线上发货时效高于线下发货,且物流服务商如果因为自身原因在承诺时间未送达而引发限时达纠纷赔偿时,赔偿费用由物流服务商承担。

(二)线上发货的流程

在跨境电子商务平台选择线上发货时,平台通常存在三种接入方式:①直接在平台的发货界面进行发货操作;②通过第三方软件,如全球交易助手、速卖通卖家等进行线上发货操作;③直接和平台对接发货 API(应用程序编程接口),通过自有 ERP(企业资源计划)进行线上发货操作。

这里以速卖通平台的线上发货为例,介绍发货流程。

(1)进入"我的速卖通"—"交易",选择"等待您发货"状态的订单。卖家将看到所有等待其发货的订单明细。选择需要发货的订单,点击"发货",见图 5-39。

图 5-39　全球速卖通发货流程(1)

之后,卖家将看到图 5-40 所示页面,选择"线上发货"。

图 5-40　全球速卖通发货流程(2)

对于已部分发货的商品,卖家将会看到"填写发货通知""发货完毕确认"和"线上发货"三个按钮。卖家可选择"线上发货",即可进入选择物流方案的环节,见图 5-41。

图 5-41　全球速卖通发货流程(3)

(2)选择物流方案。在"选择物流方案"页面里,卖家可以选择其需要的物流服务。当卖家选择的物流服务与买家下单的服务不一致时,系统将提示卖家确认。选择完毕后,点击"下一步,创建物流订单",即创建了相应的物流订单,见图 5-42。

图 5-42　全球速卖通发货流程(4)

(3)创建物流订单。选择创建物流订单之后,会出现图5-43所示页面。

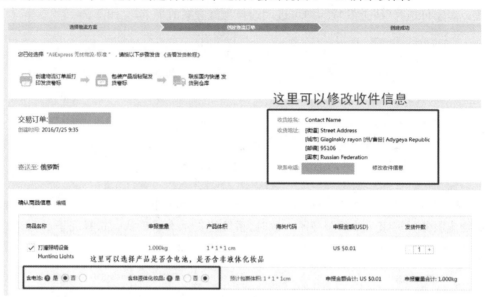

图5-43 全球速卖通发货流程(5)

如果卖家需要修改买家收件信息,可以点击"修改收件信息",会显示图5-44所示弹窗,卖家可以在此编辑收件信息。

图5-44 全球速卖通发货流程(6)

如果卖家需要编辑发件信息,可以选择"发件信息"编辑功能,同时可以选择物流商服务方式,见图5-45。

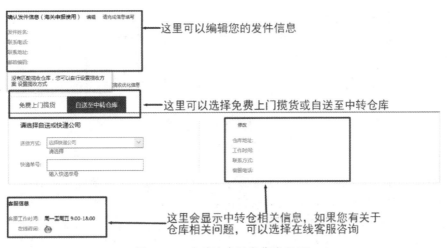

图 5-45　全球速卖通发货流程(7)

如果卖家的发件地址在物流商揽收范围内,系统会为卖家自动配置对应的仓库。如果卖家所在的地址没有推荐的揽收仓,系统会提示卖家"自寄至指定中转仓库",见图 5-46。

图 5-46　全球速卖通发货流程(8)

如果卖家依旧选择"免费上门揽收",卖家可以点击"申请仓库上门揽收"。申请揽收仓库,请务必先与仓库沟通能否上门揽收,以免仓库拒单,见图 5-47。

图 5-47　全球速卖通发货流程(9)

在卖家创建物流订单的时候,在页面底部有关于无法投递的包裹处理方案。卖家可以根据自己的需要,选择是否将包裹退回,或者在海外销毁。当卖家选择"退回"时,每单会收取固定金额的退件服务费(见图 5-48),对于选择退回的包裹,一旦发生目的国无法投递的情况,将不再收取退回运费。当卖家选择"销毁"时,不产生退件服务费,将会免费为其销毁包裹。

图 5-48　全球速卖通发货流程(10)

以上选择全部完毕之后,卖家可以勾选"我已阅读并同意《在线发货－阿里巴巴使用者协议》",并选择"提交发货"。至此,物流订单创建完毕。

(4)查看国际物流单号,打印发货标签。在物流订单创建完毕之后,会出现图 5-49 所示页面,提示"成功创建物流订单"。

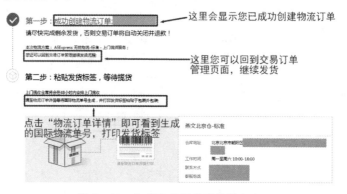

图 5-49　全球速卖通发货流程(11)

卖家可以点击"物流订单详情"链接,即可看到生成的国际物流单号,打印发货标签,见图 5-50。

图 5-50　全球速卖通发货流程(12)

将货物打包后,粘贴好发货标签,然后将包裹交给物流服务商,可以选择"上门揽收",不符合上门揽收规则的包裹需要卖家自行发货到指定仓库。

(5) 填写发货通知。物流订单创建成功后,系统会生成运单号给卖家,卖家在完成打包发货、交付物流商之后,即可填写发货通知,见图5-51。

图 5-51 全球速卖通发货流程(13)

(6) 支付运费。速卖通平台的线上发货运费支付规则是:①包裹入库后,第二天23点前,卖家可以主动支付运费,可以选择支付币种;②包裹入库后,第二天23点前如果卖家未主动支付,系统将从卖家的账户中自动划扣相应运费(美元,按照当天汇率折算);③支付完成之后,可以统计运费并下载运费报表。

二、线下发货

线下发货是指除了线上渠道发货之外的其他非线上方式发运订单,实际上很多跨境电子商务企业发货时会发现,线下发货和线上发货的物流承运商可能是同一家企业。线下发货也并不是将打包好的包裹交给物流服务商这么简单,需要经过"采购—质检—打包—发货"一系列过程,而且通常需要和货运代理企业进行流程上的匹配。为了更好地理解这一过程,我们列举了跨境电子商务企业与货运代理企业配合运作流程,如表5-2所示。

表 5-2 跨境电子商务企业与货运代理企业配合运作流程

时间段	跨境电子商务企业处理流程		货运代理企业处理流程
	其他部门	仓库	
9:00—11:00	业务部门汇总订单出货情况 业务部门汇总问题件信息 业务部门将前天晚上的订单录入系统(或自行制单)	整理问题信息 整理物料需求	
10:00—12:00	采购部门汇总产品需求、制订采购计划 采购部门向供应商订货 采购部门开始网络采购 采购部门处理客户退回货物或者质检不良产品	跟货运代理企业核对前一天收货情况 向货运代理企业反馈新的问题件,提出查件要求或索赔 向货运代理企业提出物料需求	配合客户核对前一天收货情况 配合客户查件 配合客户索赔 开始准备客户所需物料(条码、报关签条、包装材料等) 整理安检退件或国外退件

续表

时间段	跨境电子商务企业处理流程		货运代理企业处理流程
	其他部门	仓库	
14:00—16:00	采购部门采购 网络采购收货	根据订单制作单据 整理退件	货运代理企业分布在各批发市场周围的实体店开始营业,发货量少的卖家可以从市场拿货之后现场打包发货
16:00—18:00	业务部门将白天接到的订单录入系统(或者自行制单)	继续制单 质检 配货 打包	分布在各批发市场周围的货运代理企业实体店派员工去批发市场中的客户处收货
18:00—20:00		打包 按不同货运代理企业、不同渠道将包裹分类 配合货运代理企业收货	货运代理企业派车前往各大电子商务企业送前一天的退件、当天的物料,并收当天打包好的包裹
20:00—24:00			货运代理企业操作部的员工开始处理当天收件

当跨境电子商务企业规模较大或者订单数目较多时,可以和邮政或者几大物流承运商直接协议合作。但是当跨境电子商务企业订单不足以达到协议价的数量时,可以选择货运代理企业,通过货运代理企业拿到优势折扣价格。货运代理企业通常和物流承运商有长期合作关系,在提供服务的基础上起着重要的中间作用,并形成了较为完善的产业链。除了线上发货渠道外,将物流服务直接交给货运代理企业,可以使跨境电子商务企业专注于自己的产品与服务。不同的货运代理企业会有各自的优势渠道,但是基本能覆盖中国邮政挂号、e邮宝等常规渠道,折扣价格会略有差别。

选择货运代理企业价格并不是唯一标准,货运代理企业的服务质量即口碑也是线下发货需要考虑的重要因素,甚至服务质量已超越价格而成为决定性因素。服务质量体现在货运代理企业的专线细分、特殊渠道、责任心等方面。部分货运代理企业提供一些专线的服务,比如俄邮宝是中环运物流与俄罗斯物流企业 Pony Express 联手推出的中俄跨境电子商务物流,是专门针对中国—俄罗斯的跨境电子商务,其价格比 EMS 便宜很多,全程信息跟踪,并限时送达。几乎规模较大的货运代理企业都会有自己的特色专线服务。特殊渠道是指对于线上发货的限制性商品,如带电池商品或者纯电池商品,部分货运代理企业会通过自己的特殊渠道来发货,但是这些特殊渠道并不稳定。此外,在选择货运代理企业的时候,其对客户的责任心也很重要,这会直接影响到其服务质量,通常情况下货运代理企业需要配合跨境电子商务卖家的作息时间,经常会为了当天的发货配合卖家处理业务到凌晨,以保障发货的时效性。

三、线上和线下发货对比分析

(一)线上发货的适用场景

(1)对于单件商品或者是交易总量不多的跨境电子商务卖家,可以享受平台的集货优势带来的折扣价格,相比自己去寻求物流服务商的服务价格更加实惠。

(2)线上发货可以享受平台网规保护政策、平台延误赔偿担保服务,并支持在线维权。网规保护可以在线上订单发生纠纷时,省去跨境电子商务卖家提供发运证明的环节,同时在订单DSR方面可以避免物流因素给卖家造成的低分评价,有效地提高跨境电子商务卖家的等级。

在货运代理行业不发达的城市,平台线上发货可以降低物流门槛,通过线上发货把包裹寄到各物流商在国内的仓库再统一处理。线上发货流程如图5-52所示。

图 5-52 线上发货流程

(二)线下发货的适用场景

(1)对于规模较大或者订单数量较多的跨境电子商务卖家,如 B2B,在商业比较发达的地区,当地的物流服务商像邮政、快递和货运代理企业配套都很成熟,在这种情况下,自己线下发货直接和物流服务商对接也很方便。也可以直接跟物流服务商和货运代理企业签订长期协议。

(2)对于需要特殊渠道发货的商品,采用线下发货渠道可行性更大。

(3)如果能直接和物流服务商或者货运代理企业的信息系统对接,直接生成跟踪号,能够节约时间和成本,并且线下发货时物流服务商和货运代理企业可以很好地配合跨境电子商务卖家的日常发货作息时间。线下发货流程如图5-53所示。

图 5-53 线下发货流程

因此,对于跨境电子商务卖家而言,除了考虑上述适用场景做出适合自身的选择之外,在长期服务中积累经验也很重要,在线上平台可以依据其物流服务商推荐来选择物流商,在线下也应该寻找服务有保障、服务态度好以及有价格优势的货运代理企业或者物流服务商来提供服务。

第三节 常见的物流网规

随着跨境电子商务的持续发展,从2020年开始,全球各大主流跨境电子商务平台持续对平台规则进行了修订,合规问题凸显,引发我国跨境电子商务出口主体的调整。下面以两大跨境电子商务平台亚马逊和全球速卖通为例,介绍常见的物流网规。

(一)亚马逊物流网规

1. 政策

1)亚马逊物流商品的买家反馈

买家可以就亚马逊配送的订单留下反馈。跨境电子商务卖家可以请求删除与订单配送或亚马逊提供的客户服务相关的负面反馈。

2)亚马逊订单的买家退货

亚马逊的退货政策规定了如何处理亚马逊物流买家退货,以及在何种情况下,卖家可能有资格就亚马逊所接受的退货商品获取全额或部分赔偿。

3)多渠道配送订单的客户服务

跨境电子商务卖家需要负责多渠道配送订单的换货、退款和退货相关事宜。

4)亚马逊物流丢失和已残损库存赔偿政策

如果跨境电子商务卖家的库存在亚马逊管理期间丢失或残损(由亚马逊合作承运人造成残损、在亚马逊运营中心或在配送给买家的途中发生残损),卖家可能有资格获得全额或部分赔偿。

2. 要求

1)亚马逊物流商品限制

有些商品必须先获得批准才能在亚马逊商城销售。此外,还有一些商品无法使用亚马逊物流进行销售,或者必须符合特定要求才能使用亚马逊物流进行销售。

2)库存要求

运往亚马逊运营中心的库存必须符合特定要求,包括库存贴标、包装和运输要求。

3. 物流网规变化

2021年5月,亚马逊对平台规则管理进行了整顿,明确提出:商品一旦被投诉侵权,轻则商品下架,重则店铺关门;不允许同一个卖家在同一个站点开设一家以上的店铺;不得利用小卡片、明信片、奖励等方式换取正面评论;商品实际品牌要与线上品牌介绍一致。2022年,亚马逊进一步调整亚马逊物流配送费用,以部分抵消其将面临的更高的运营成本。

亚马逊以低于标准服务费用的价格为使用FBA的卖家提供优先、加急配送和更快的配送速度。但随之而来的配送费率平均提高5.2%,体现了其不断上涨的运营成本。

对于所有的大号标准尺寸商品(服装除外),亚马逊使用商品重量或体积重量中的较大值来确定其配送重量。亚马逊根据不断变化的成本来提高移除和弃置费用。清货费用保持不变,并低于移除和弃置费用。在费用更新实施之前,跨境电子商务卖家可以进行亚马逊物流设置,启用自动清货或移除陈旧库存和不可售库存。

亚马逊提高了标准尺寸商品和大件商品的淡季月度仓储费(1—9月)。此项变更反映在2022年3月收取的2022年2月的仓储费中。旺季仓储费(10—12月)继续保持不变。

亚马逊为长期仓储费引入分级费率结构,该费用是在月度仓储费基础上收取的附加费,包含一项针对存储时长为271~365天的库存收取的仓储费。

4. 亚马逊平台物流网规六大要点

部分 B2C 卖家,尤其是一些新手运营人员,由于没有深入了解 FBA 的入仓规则,导致了一系列的入仓运输问题,比如增加了运送过程中的事故风险,影响了仓库的高效作业,延误了入仓时机,甚至货物直接被 FBA 拒收。因此,跨境电子商务卖家尤其需要注意以下几点。

1) 检查库容限制和商品入仓资格

顺利入仓第一步,跨境电子商务卖家需要先确认其商品是否被允许入仓,主要从以下两方面来考量。

(1) 查看 FBA 商品入仓数量限制及可用库容情况。目前,欧美 FBA 卖家会同时受到两个层面的入仓限制,卖家需要同时考虑这两重规定,组织实施发/补货计划:一是基于亚马逊物流库存绩效(IPI)的仓储容量限制;二是 FBA 补货数量限制。需要注意的是,日本站仅有基于 IPI 的仓储容量限制,不受 FBA 补货数量限制。

如果在近期两轮 IPI 考核中,IPI 分数均低于阈值,则卖家将从下一期开始受仓储容量限制;如果在两轮 IPI 考核中,任意一次 IPI 分数高于阈值,卖家将不受仓储容量限制。所以,在第一轮 IPI 考核中没有达标的卖家,要特别重视第二轮的考核机会。各站点 IPI 阈值分数如下:亚马逊美国站,450 分及以上;亚马逊日本站,400 分及以上;亚马逊德国站、法国站、意大利站、西班牙站、英国站,500 分及以上。

(2) 核查商品是否符合 FBA 商品限制政策。这一点是基础要求,跨境电子商务卖家在使用 FBA 销售商品之前,务必要了解 FBA 商品政策,明确可运送商品的要求。具体可查看亚马逊官网"亚马逊物流商品限制"。

2) 匹配并完善商品信息

确认商品可以入仓后,还需要检查商品编码、分类、尺寸等信息是否准确无误,避免由于 Listing(商品详情页面)出现问题,导致产生无在售信息的亚马逊库存。此时,跨境电子商务卖家需要特别注意以下两点。

(1) 确认 EAN/UPC(欧洲商品条码/通用商品代码)是否与 ASIN(亚马逊标准识别号)相匹配,ASIN 是否与 FNSKU(FBA 编码)一致。匹配检查示意如图 5-54 所示。

图 5-54 匹配检查示意图

(2) 完善商品信息,填写重要的 ASIN 属性。跨境电子商务卖家务必提供完整、准确的最新数据。

3) 做好商品预处理工作

"实名"后的商品即将踏上运输道路,在这之前,跨境电子商务卖家需要按照要求对商品进行预处理,以确保商品能够被 FBA 运营中心顺利接收入库。预处理主要分以下三步。

(1)做好商品包装。在包装单件商品时,要注意根据跨境电子商务的商品特性,按照以下要求包装商品。

①成套商品包装:FBA 不负责组装,因此组装/套装商品不能分离。

②包装的密闭性和强度:粉末、液体、流体、毛绒物品、易碎物品等商品包装应具有密闭性和一定的强度。

③包装的安全性:包装应能防护接触者及商品本身如锋利物品、易碎品、带电池物品、高货值物品等。

④贴标签:卖家需要按要求贴亚马逊标签、重物标签、安全警示标签、混装发货标签等。

⑤营销材料:亚马逊不接受营销材料,如预定价的标签、宣传册、商品价格标签或其他非亚马逊标签等。

⑥其他:包含但不限于其他客户须知或行业要求必须注明的信息等。

(2)做好商品装箱处理。在商品装箱的过程中,要避免的错误有:①危险包装。使用扎带及订书针,这样容易误伤运营中心工作人员。②过度包装。打包膜过分缠绕,导致货件难以分离。③无外包装。直接使用售卖包装,这样容易造成商品损坏。

在包装整箱货件时,货件需要符合的要求有:①安全性。纸箱任意一边尺寸不得超过 63.5 cm(日本站尺寸不得超过 50 cm×60 cm×50 cm),超过则要放置在 1 m×1.25 m 的托盘上(英国站放置在 1.2 m×1 m 的托盘上,欧洲其他站放置在 1.2 m×0.8 m 的托盘上)。②超重标签张贴。超重的纸箱上需要按规范张贴标签。③包装材质要求。纸箱不能用打包带、松紧带、胶带附加打包带来捆绑;不能使用大型订书钉或尼龙纤维胶带。

包装材料的要求如表 5-3 所示。

表 5-3 包装材料的要求

建议使用的包装材料	不建议使用的包装材料
气泡膜包装	泡沫条
完整的纸张 (较重的牛皮纸最佳)	褶皱纸包装
可充气的充气垫	聚酯泡沫碎屑
聚乙烯泡沫板	发泡胶
仅适用于欧洲和日本站点的包装材料	仅适用于美国和日本站点的包装材料
聚乙烯卷筒	所有类型的填充颗粒, 包括由可生物降解材料或玉米淀粉制成的填充物
报纸	碎纸

当包装箱出现如下问题时,也可能被拒绝接受:①箱子变形(包装箱损坏、破裂或脏污);②箱子外表褪色(或实际颜色与描述不符);③商品外露;④袋子撕裂。

建议跨境电子商务卖家在包装箱打包完毕后,轻轻晃动一下:①如果箱内物品没有发生移动,说明这箱货件的包装是合格的;②如果箱内物品发生了移动,说明跨境电子商务卖家需要完善包装。

(3)正确为商品贴标。做好包装后,为便于在整个配送过程中对商品进行有效追踪,发往亚马逊运营中心的每件商品的外包装上必须贴有单独、清晰的条码。

这里需要跨境电子商务卖家认识常见条码,按需选择:①制造商条码。制造商条码是由商品制造厂商提供的商品原始条码,用于标识商品的基本信息。符合条件的条码包括 UPC、EAN、JAN、ISBN。②亚马逊条码。亚马逊条码是由亚马逊提供的商品条码,用于商品的标识和跟踪。对于未使用制造商条码进行追踪的所有商品,都必须粘贴亚马逊条码。

在亚马逊条码和相关文本周围要留有足够的空白:两侧保留 0.25 英寸(0.635 厘米),上下保留 0.125 英寸(0.318 厘米)。这是卖家经常忽略的问题,如果留白不够,可能会导致条码无法扫描。

商品分类必须粘贴亚马逊条码,不可使用制造商条码替代。贴标操作时,要规避错误,遵照范例。要注意避免的常见错误有:①缺少标签。商品已送达,但没有相应的条码。②贴错标签。商品已送达,但条码与实际商品不符。③无法扫描。条码已经脏污或模糊不清;标签粘贴在边角位置或弯曲部位;缺少亚马逊条码要求的要素,如名称、状况、FNSKU、留白等,从而导致条码无法扫描。④预处理错误。跨境电子商务货件中的一件或多件商品已送达,但在贴标、包装、预处理或配送要求等方面存在错误。

4)提供准确的箱内物品信息

做好商品预处理后,跨境电子商务卖家需要通过卖家平台的用户界面上传装箱单,告知亚马逊每个纸箱的箱内物品信息,以便亚马逊提前做好收货计划,加快跨境电子商务商品的入仓处理速度。如果跨境电子商务卖家不提供准确的箱内物品信息,亚马逊会手动处理每个箱内的物品,这不仅会产生额外的人工处理费,还会延迟跨境电子商务商品的上架时间。

如果赶上旺季,货件数量增加,亚马逊完成货件入库所需的时间可能会比平时长,为了保证跨境电子商务商品被顺利接收,一定要按照要求提供箱内物品、纸箱重量和尺寸等信息。

卖家可以通过"发送至亚马逊"工作流程、发/补货工作流程、亚马逊商城网络服务提供箱内物品信息。

5)规范货件,安全运输

(1)规范货件,确保稳定运输。针对不同的货件尺寸,跨境电子商务卖家需要采取不同的货件固定集装方式。一定要严格按照要求装运,否则就会导致商品被拒收,大大增加物流成本和商品沟通时间。

(2)选择可靠的物流承运商,确保安全运输。为确保跨境电子商务商品运输配送的安全性,建议跨境电子商务卖家选择可靠的头程物流承运商。

6)及时填写承运商名称和追踪信息

为了在旺季期间更高效地接收跨境电子商务的库存信息,避免接收过程中出现延迟,自 2021 年 10 月 1 日开始,亚马逊美国站的卖家必须为跨境电子商务的 FBA 货件填写承运人名称和追踪信息。亚马逊将会根据跨境电子商务每个货件追踪信息的缺失情况,来衡量跨境电子商务的追踪信息缺陷率。

跨境电子商务卖家可以通过卖家平台标准化货件创建流程、货件一览页面上的追踪货件选项卡以及亚马逊商城网络服务向亚马逊提供追踪信息。①对于包裹货件,每个包装箱均需要提供追踪编码(如果有);②对于汽运零担和整车运输货件,每个货件均需要提供货运累进编号(PRO)。

使用亚马逊合作承运人计划(PCP)或亚马逊跨境电子商务物流服务的卖家,无须提供这些信息,亚马逊会为卖家生成相应的追踪信息。

(二)速卖通物流网规

速卖通的物流网规主要是指《全球速卖通平台规则(卖家规则)》—基础规则—第二章交易—第七节物流中的内容,具体内容如下。

1. 第三十七条:发货物流方式

基于平台的物流政策,卖家可自主选择发货采用的物流服务,包括但不限于菜鸟平台的线上物流服务商、菜鸟无忧物流或其他的线下物流方式。但向部分国家发货时平台有特殊规定的,卖家应按照该规定进行。无论卖家选择线上还是线下的物流服务,卖家均应向买家准确、全面地披露物流服务的相关信息,包括但不限于卖家向买家收取的物流服务费,卖家指定的线下物流服务提供商向买家额外收取的物流费用(如物流服务费、关税、增值税等)等。如果卖家未按前述规定向买家准确披露物流服务的相关信息且买家提起纠纷,那么买家有权撤销交易,且卖家应承担未如实告知部分的全部费用。

如买家自行选择物流方式,卖家发货所选用的物流方式必须是买家所选择的相关物流方式。未经买家同意,不得无故更改买家选择的物流方式。

卖家填写发货通知时,所填写的运单号必须完整、真实、准确,并可查询。同时,为保证经营秩序和买家体验感,就特殊市场的订单,卖家应按照下单时订单所列的物流政策选择发货的物流方式。海外仓发货可独立制定物流政策。

2. 第三十八条:物流保护政策

1)采用线上发货的订单

(1)若产生"DSR 物流服务 1,2,3 分"和由于物流原因引起"纠纷提起""仲裁提起""卖家责任裁决率",平台会对该笔订单的这 4 项指标进行免责(即不记入相关平台考评)。

(2)因物流问题产生的纠纷(如妥投地址错误,但卖家填写地址无误的情况),卖家可发起线上发货投诉。

2)采用无忧物流发货的订单

(1)若产生"DSR 物流服务 1,2,3 分"和由于物流原因引起"纠纷提起""仲裁提起""卖家责任裁决率",平台会对该笔订单的这 4 项指标进行免责。

(2)因物流问题产生的纠纷,直接由平台介入核实物流状态并判责。

(3)物流导致的纠纷退款,由平台承担(标准物流赔付上限为 300 元人民币;如选购货值保障升级服务,赔付上限为 3000 元人民币;优先物流赔付上限为 1200 元人民币)。关于无忧标准物流的赔付上限:①未选购货值保障升级服务的物流订单,所有国家、所有商品类目的赔付最高均不超过 300 元人民币(以实际损失为准),不再设置特殊类目、特殊国家 800 元人民币赔付上限;②选择货值保障升级服务且支付相应服务费的物流订单包裹赔付最高不超过 3000 元人民币(以实际损失为准)。

第三十八条物流保护政策中还包括卖家的海外仓声明义务。如卖家在欧盟境内(包括现有的 27 个欧盟成员国及未来可能增加的其他成员国,现有欧盟成员国为奥地利、比利时、保加利亚、塞浦路斯、捷克、克罗地亚、丹麦、爱沙尼亚、芬兰、法国、德国、希腊、匈牙利、爱尔兰、意大利、拉脱维亚、罗马尼亚、立陶宛、卢森堡、马耳他、荷兰、波兰、葡萄牙、斯洛伐克、斯洛文尼亚、西班牙、瑞典)设有仓库,且存储有在速卖通平台销售的商品(海外仓),则卖家应当向全球速卖通进行声明。卖家应在海外仓设立后三个工作日内通过系统(平台后台—海外仓)向速卖通进行声明;如果卖家违反前述海外仓声明义务,则构成违规,速卖通有权采取违规处理措施,限制卖家将部分或全部商品销往特定国家。如卖家违规对速卖通造成其他损失,速卖通有权按照规则对卖家采取其他处罚措施,且保留所有寻求法律救济的权利。

跨境电子商务卖家在采用不同平台物流服务之前,可以在官网查询其物流网规,如《全球速卖通跨境商家服务能力考核标准》,了解其物流履约考核指标,并谨慎选择物流发货渠道,尽量挑选可核实真伪的物流跟踪信息的物流服务商,在使用邮政大、小包时,务必评估邮政包裹的风险,避免因为较长的货运周期和随时可能发生的积压滞留而导致后期产生回款慢或纠纷率高等问题。特别是在物流旺季,各种渠道拥堵时,建议使用商业快递或者信誉有保障的物流方式。随着主流跨境电子商务平台管理规则不断严格,我国跨境电子商务出口合规建设将迎来新挑战。

案例分析

一位跨境电子商务买家委托 A 公司将部分货物由内地运往香港。他按照该公司网站上的所有指示完成操作,并在线支付了 173.70 美元。翌日,他接到 A 公司工作人员的电话,要求加收 20 美元附加费,原因是相关货品的长度超出标准尺寸 3 厘米。如果他不付款,包裹将退还给卖方,并向他收取手续费。

由于该买家急需货物,他别无选择,只能按要求缴付附加费。该买家在收到货物后,向HKCC(中国香港消费者委员会)投诉,认为 A 公司收取的附加费既不清楚也不合理,并要求退还附加费。

此外,当他收到货物时,他测量了包裹,发现货物并没有超出标准尺寸。随后,他将带有测量结果的照片发给 A 公司,并告知该公司他已向 HKCC 提出投诉。A 公司两天内安排了退款。

思考:

1. 这起跨境电子商务活动存在什么问题?
2. 怎样才能避免类似的问题再次发生?

练习与思考

1. 包装按功能可分为(　　)。
   A. 内包装、外包装　　　　　B. 运输包装、销售包装
   C. 集合包装、散包装　　　　D. 包装箱、包装袋
2. 包装箱出现(　　)时,可能会被拒绝接受。
   A. 箱子变形(包装箱损坏、破裂或脏污)　　B. 箱子外表褪色(或实际颜色与描述不符)
   C. 商品外露　　　　　　　　　　　　　　D. 袋子撕裂

3. 以下( )不属于常见的包装辅料。
A. 气泡膜　　　　　B. 珍珠棉　　　　　C. 美工刀　　　　　D. 记号笔

4. 下列属于CN 22报关签条主要内容的是( )。
A. 中国邮政标志　　　　　B. 格式说明
C. 邮件种类选择(可选择礼品、商品货样、文件、其他)
D. 内件详细名称和数量　　　　　E. 签名

5. 新开的跨境电子商务卖家在选择物流服务商时,应考虑( )。
A. 经济性　　　　　B. 时效性　　　　　C. 平台规则或者物流规则　　　D. 商品本身特性

第六章 海外仓运作流程

学习目标

- 掌握海外仓的概念和基础知识。
- 熟悉海外仓的不同类型及其适用范围。
- 掌握海外仓的选品规则及平台规则。
- 了解海外仓的税费结构。
- 了解海外仓的操作流程。

第一节 海外仓概述

一、海外仓的概念

跨境电子商务物流涉及环节多,面对不同国家或地区的物流服务商和海关,在物流方面存在时效性不稳定、成本高、退换货难等一系列难题,严重影响了消费者的购物体验,给跨境电子商务的发展带来了不利的影响,海外仓模式的出现可以较好地弥补跨境电子商务中直邮存在的部分问题。

海外仓就是通过在商品进口国(地区)选址进行仓储布局后,将货物批量运至进口国(地区)境内相应仓库,以保障该国(该地区)的消费者在购买商品后,直接从对应的仓库进行本地发货,减少跨境和通关的时间成本,提高跨境电子商务物流效率和消费者满意度,解决丢件率高、退换货难的问题。

二、海外仓的运作流程

海外仓的运作流程包括头程运输、海外仓储管理(本地仓管理)以及尾程配送(本地配送)。

(一)头程运输

跨境电子商务企业在出口订单签订之前,选择合适的跨境电子商务物流运输方式,批量将商品通过集中式报关提前运至海外仓,提高了作业效率,降低了单件运输成本。

(二)海外仓储管理(本地仓管理)

海外仓储管理对于海外仓整体运作尤为重要,除了进行科学精细的分类储存之外,还需要科学的订单管理服务。科学分类储存有助于实现对商品的科学管理,有效维护商品的使用价值,并使得商品入库出库更加高效便捷。海外仓的订单管理,除了根据客户订单及时发货之外,还应当根据当地节假日、季节和客户需求进行商品的需求预测,有利于跨境电子商务企业及时备货以避免缺货带来的机会成本,或者库存过大导致的资金周转效率低,从而降低海外仓的仓储成本,提高海外仓的利用效率。此外,海外仓对于订单退换货具有更好的距离优势。

(三)尾程配送(本地配送)

境外客户下单后,跨境电子商务企业将订单信息发给海外仓储管理系统,由海外仓进行本地发货配送。对于境外客户,在其购买行为之后只需要完成本地配送,极大地缩短了出口国到目标市场的距离。海外仓的商品展示效果还增加了客户了解跨境电子商务的机会,其便利的售后保障有助于客户增加对跨境电子商务的信心,促进客户产生重复购买行为。

三、海外仓的优势

对客户而言,跨境电子商务的货物运输总体时间较长,常见的国际快递和邮政等模式还需要客户承担很高的运输成本。如果客户有退换货需求,除手续繁杂之外,货物往返时间长,退货成本极高。这里从客户和跨境电子商务企业的角度,分别探讨海外仓具有的优势。

(一)海外仓对于客户的优势

1. 收货时间缩短

海外仓解决的一大难题就是客户下单后,物流时间过长,通过海外仓,客户购买海外商品可以像购买本地商品一样,通过本地配送,很快就能收到商品。

2. 运输费用降低

由于海外仓的头程运输采用的是大批量的发货方式,极大地降低了运输成本,客户承担的运输费用经过分摊也会减少。

3. 售后服务便捷

当客户想退货或者换货,直接跟跨境电子商务企业申请,跨境电子商务企业可以及时联系海外仓为客户提供退换货服务。此外,海外仓还可以根据当地的文化习俗,提供上门安装、维修等售后服务。

(二)海外仓对于跨境电子商务企业的优势

1. 增强物流效率并消减成本

海外仓作为跨境电子商务企业在境外的货物中转枢纽,不仅显著降低了头程运输的成本,而且为企业提供了极大的物流灵活性。通过精准的需求预测,企业能够预先将商品批量打包并运送至海外仓。这一策略有效避免了在商品热销期间因紧急补货而产生的高昂运输费用。此外,需求预测、提前备货以及批量运输的协同作用极大地提升了物流效率,实现了成本的节约,减少了因物流延误或错误而产生的纠纷,并加速了商家的资金回笼。

2. 增加了跨境电子商务的销售品类

传统跨境电子商务物流由于单件发货物流成本高,使得一些小件、廉价的商品的利润被运输成本抵消,因此传统跨境电子商务的销售品类受到种种限制。海外仓的出现,使得跨境电子商务可以进一步扩充其销售品类,突破航空禁运、重量、体积等物流限制,通过大批量集中运输至目标市场销售。传统物流难以运输储存的商品,如电子类、汽配类等,通过海外仓提供了储存条件,方便跨境电子商务的商品运输和储存。

3. 促进了跨境电子商务的品牌化建设和海外市场的开拓

在跨境电子商务的带动下,传统外贸行业已经在进行转型升级,但是其品牌效应远不及国外企业。由于距离目标市场较远,客户很难直观面对商品,商家也很难收到最新的市场信息和客户需求反馈。通过海外仓,跨境电子商务企业可以对商品进行展示,建立品牌营销机制,在吸引客户的同时,收集当地的市场信息和客户的需求反馈,通过海外仓储管理和预测,对市场做出及时反应。海外仓的服务也有助于提升客户对跨境电子商务企业的信心,并帮助跨境电子商务企业进一步打响知名度,拓宽海外市场。

四、海外仓的困境

(一)仓库使用成本高

由于海外仓主要集中在出口订单较多的国家或地区,发达国家较为集中,随之而来的是这些国家或地区的仓库租金成本和劳动力成本普遍偏高。如美国,每年仓库租金在 $100 \sim 120$ 美元/米^2,是中国仓库租金的两倍,还不包括水电费和物业费等其他额外费用。美国的仓库工人最低工资是 15 美元/时,约为中国工人的五倍,美国仓库一年仅劳动力成本就将近 36000 美元/人。除此之外,租用仓库还需要缴纳高额的保证金,在美国 3000 平方米左右的仓库,保证金需要上百万美金。这些费用将被分摊到入仓费、仓储管理费和订单处理费上。货物配送环节还需要支付当地的快递费。如跨境电子商务企业使用美国波士顿的海外仓需要给纽约的客户发送重量约为 30 g 的饰品时,需要缴纳订单处理费 1 美元、快递费约 2 美元,其中还不包括头程运输费、入仓费和仓储管理费。但是跨境电子商务企业如果选择 e 邮宝直邮纽约却只需要 2 美元左右的运费。可见使用海外仓需要考虑商品本身的情况,并衡量使用成本和不同渠道运费差异。

(二)整体运营和技术水平还有待提升

海外仓货物品类和数量多,管理难度大。各批次货物进入海外仓后需要经过分拣、归类、贴条码和上架等多个流程。为了实现科学管理,新建海外仓使用先进的仓储设备和仓储管理系统,以实现自动化,并降低失误率,这也进一步增加了海外仓成本。如果采用传统的 ERP 采购系统,可能会发生和上、下游系统连接不稳定的情况,导致物流信息更新不及时、库存数量不准确。整体运营上,还可能发生仓库员工操作不规范、错发漏发等情况,不但影响客户的购物体验,还将导致产生退换货成本。海外仓的库存管理和数据库管理都需要专业人才,整体运营和技术水平还有待进一步提升。

(三)库存控制难度大

跨境电子商务企业在使用海外仓的时候,需要对出口的商品类别和数量进行预判。相比国内贸易,由于运输距离远,加上海关清关等流程,跨境电子商务企业在做库存控制时,尤其应当谨慎。对于在售商品,企业可以根据历史数据做出研判,但是如果是新商品,跨境电子商务企业只能凭借经验来做出判断。批量的出口也导致风险增加。

(四)滞销商品处理难度大

仓库只要有库存就有滞销的风险,由于缺乏对销售数据的正确预判以及对海外仓的管理经验,中小型跨境电子商务企业更容易出现商品滞销的问题。对于滞销商品,大型跨境电子商务企业可以通过海外销售渠道进行低价处理。而中小型跨境电子商务企业缺少渠道,处理难度更大。常见的解决办法包括低价抛售,换取资金回笼;或者选择销毁货物。低价抛售仍需要向海外仓支付仓储费和订单处理费等,销毁只需要支付销毁费,并需要注意当地对于货物销毁的法律法规政策。两种处理办法都可能造成企业较大的损失。

(五)跨境电子商务订单规模小而分散

出口规模很大程度上决定了跨境电子商务企业是否会选择海外仓,但是目前大部分的中小型跨境电子商务企业存在订单量小且出口国家或地区分散、产品利润率较低等情况。这些都可能导致海外仓难以形成规模效应,造成使用困境。

尽管海外仓存在诸多困境,但是其产生也的确解决了跨境电子商务物流配送周期长等问题,本质上就是将跨境贸易实现本土化,提升客户的购物体验,从而增加跨境电子商务企业在出口国或者地区市场的竞争力。目前,海外仓在不断发展中逐渐形成了不同的类型。

五、海外仓的类型

海外仓的产生是物流需求升级的必然产物,其投资、营运的主体既有跨境电子商务企业,也有货运代理公司等,逐步形成了三种不同的海外仓物流模式。

(一)自营海外仓

自营海外仓是由跨境电子商务企业出资在出口目标国家或地区建设并运营的海外仓库,它提供海外仓储、配送等物流服务。自营海外仓模式下的物流体系是由跨境电子商务企业建设和管理的。这种模式下跨境电子商务企业需要承担海外仓的建造成本,同时要对头程运输、报关、仓储管理到尾程配送进行全流程管理,当物流量不够大的话,很难形成规模效应。

1. 适用范围

自营海外仓的场地(建设或租赁)和运营成本需要跨境电子商务企业投入大量资金,除此之外,还需要跨境电子商务企业有较强的海外物流系统控制能力、管理能力。因此,自营海外仓适合市场份额较大、实力雄厚的跨境电子商务企业。

2. 典型企业

兰亭集势成立于2007年,是我国开展跨境电子商务最早的企业之一。经过长期发展,兰亭集势积累了一定的客户群体,并拥有丰富的海外运营经验,占有了一定的市场规模。由于兰亭集势在国外有庞大的固定销售量且还在不断扩大,基于其雄厚的资金实力,兰亭集势于2014年在欧洲投资建设海外仓,2015年扩大到了北美。

(二)第三方海外仓

第三方海外仓是由第三方物流企业建设并运营的海外仓库,专业为需要海外仓服务的跨境电子商务企业提供清关、入库质检、订单分拣、多渠道发货、尾程配送等物流服务。跨境电子商务企业与第三方海外仓的合作模式主要分为两种:一种是租用,在租用海外仓时,跨境电子商务企业需要承担操作费用、海外仓储空间租金、运输费用等;二是合作建设,前期投入一定的资金之后,后期跨境电子商务企业只承担运输费用。

1. 适用范围

第三方海外仓为跨境电子商务企业提供了跨境电子商务物流的新选择,可以为跨境电子商务企业提供头程清关、仓储、分拣、包装、配送等海外项目的一站式服务,可以让跨境电子商务企业专注于销售。和自营海外仓相比,第三方海外仓适用于不愿意承担投资自建海外仓成本和风险的跨境电子商务企业,资金实力相对较弱或者市场份额相对较小的跨境电子商务企业在考虑海外仓时,选择第三方海外仓可以将专业的事情交给专业的人,更节省资金和时间。

2. 典型企业

成立于2004年的递四方是一家第三方物流企业,其在海外建立了仓库,为跨境电子商务企业提供一体化的国际物流服务。到2020年4月,该公司已经在全球拥有近30个海外仓、近10个合作加盟仓,覆盖北美和澳大利亚等国家和地区。作为从传统物流服务发展起来的物流服务商,仓储是其经营管理的重要环节,其管理经验丰富。第三方海外仓可以利用仓储管理经验和对目标市场的了解,为跨境电子商务企业提供专业的物流服务,对于小规模的跨境电子商务企业而言,合理分工有利于提高双方的工作效率,增加收益,使跨境电子商务领域更加专业化。此外,递四方建立的纽约仓和洛杉矶仓,提供独特的全球退货服务(GRS),可以为客户提供退换货、滞销处理、维修等售后服务。

(三)自营兼第三方海外仓

一些跨境电子商务平台在建设自营海外仓满足自身商品跨境电子商务物流需求的同时,为了形成规模效应,提高了仓储利用率,还为其他跨境电子商务企业提供第三方物流服务,利用先进的信息化手段和管理经验,为跨境电子商务企业提供全方位的服务。典型代表是亚马逊FBA海外仓。

亚马逊FBA海外仓是由跨国电商亚马逊提供一系列物流服务,跨境电子商务企业将商品在平台进行销售,将商品直接送到进口国家或地区的亚马逊海外仓,一旦当地客户在亚马逊平台下单,就由亚马逊的物流配送系统自动完成后续的发货、送货等具体物流功能,并提供信息服务。目前全球最早运营海外仓的亚马逊基于其庞大的跨境配送网络、全球云仓体系,已成为全球最大的海外仓运营商。遍布全球的海外仓依赖其非常成熟的仓储管理和配送体系,使得跨境电子商务企业减少物流风险的同时,得到更便捷的服务。

对于亚马逊平台入驻的卖家而言,使用FBA还可以帮助其提升商家排名和Prime会员运输服务,因而能够获取更多客户的关注,同时免去因为物流引发的纠纷。但是亚马逊FBA也存在仓储成本和配送费用较高以及灵活性较低等问题。这些是针对不同跨境电子商务企业的海外仓模式,但不论何种模式,海外仓商品的定位至关重要。

第二节 海外仓选品规则

海外仓在早期只是少数外贸、品牌商和制造商的海外驻点。环球易购、贝法易、纵腾等卖家是最早建设跨境电子商务海外仓的,此后又出现了出口易、万邑通、斑马等物流商,亚马逊FBA的开启代表了海外仓市场被正式打开。近年,由于跨境出口处于持续增长的状态,而直邮物流进入了瓶颈期,订单量增多凸显了直邮物流不稳定的缺陷,促使海外仓的商机日益增多。海外仓由于偏重投资,仓储仅作为物流服务很难快速赢利。

商家是否适合海外仓,首先要考虑产品本身的情况,再考虑物流和服务,其中市场不确定、长期卖不掉的滞销货是最大风险。海外仓选品必须要精选,否则会造成资金、货物的积压,将对商家产生极大的威胁。为了更好地理解海外仓,表6-1列出了不适宜海外仓发货的商品及存在的问题。

表6-1 不适合海外仓的商品及其风险

不适合海外仓的商品	问题及风险
低值、低价、轻泡商品	物流成本侵蚀收益,低端配送不如直邮
不畅销、长尾杂类、季节性、区域性商品	储存费用高,周转慢,资金占用多,滞销清仓退货难
太重、过大、异形等超规格商品	配送成本高,储存空间利用率低,包装条件高,破损多
只适合特定人群的商品,包装、功能特殊的商品	退货率高,认证及检验检测条件高,难以提供售后保障
危险等级高、禁止或限制邮寄及反倾销商品	缺少仓配条件,运输清关、认证条件高,存在法律法规风险

一、海外仓选品的原则

海外仓选品的首要原则是商品的市场需求量大。需求量大的商品将使货物周转率大大提升,货物积压的风险减小,商家可以快速实现资金回笼。

(一)要选择高价高利润的商品

相比国际快递,海外仓的本地配送服务丢失率和破损率都相对较低,对于跨境电子商务企业而言,可以有效降低高价值商品的意外损失。

(二)要选择尺寸大、重量大的商品

由于国际快递以重量和体积为大者计算运费,重量和尺寸超出小包规格的大型商品收取运费非常高,而海外仓可以选择运价较低的头程运输进行批量运送,有效降低了成本。大件货仓内管理难度小,可减少人工费用,但是操作费和物流费较高。

为了更好地进行选品定位,本书将商品分为如图6-1所示的四种情况。

图6-1 选品定位

Ⅰ类属于高风险、高利润。该类主要包括家具用品、灯具、大型汽配、户外用品等商品。其特征是重量大、体积大,超出国内小包的接收范围或者运费高昂,或易破碎。

Ⅱ类属于高风险、低利润。该类主要包括带锂电池产品、液体类产品等商品,其特征是易燃、易爆、易破损。

Ⅲ类属于低风险、低利润。该类主要包括3C配件、爆款服装等在海外热销的商品,其特征是轻且不易损坏,批量运输可以均摊成本。

Ⅳ类属于低风险、高利润。该类主要包括母婴用品、家居必备产品、工具类等日用快消品。其特征是符合当地需求习惯,销量大,需快速送达。

高利润的商品更适合选择海外仓,低利润的商品不太适合。利润率和转化率高的商品可

以通过高单价、高周转来拉升总收益。假如一种商品从国内直邮的利润率是30%,海外仓发货的利润率是15%,但是如果考虑平台引流的价格活动和免责条款,能够使得海外仓的转化率达到跨境直邮4倍的话,那么同样时间内获得的总利润就是直邮的2倍。

二、海外仓选品的思路

(一)选择目标国家或地区

跨境电子商务企业在出口时,在没有长期稳定的订单的前提下,要考虑出口目标国家或者地区。如美国仓可以覆盖加拿大、墨西哥;而欧洲仓可以考虑在英国、法国、德国、意大利和西班牙中任选一个。

(二)选择商品

跨境电子商务企业应充分了解目标国家或地区的消费者需求,企业可以选择从当地电商平台了解需求商品大类,然后再查找该商品的销量和市场评价,从而选择商品。对于电商平台,了解海外的市场需求量可以考察销售数据,销售数据可以给跨境电子商务企业较好的信息指向,平台可以从销量、客户反馈以及优秀卖家的产品详情等判断产品是否在当地热销,是否符合当地人的喜好。

(三)评估海外仓商品

评估海外仓商品时,需要考虑的指标包括商品的单个销量(日销量)、单个到仓费用(海运或空运的费用)、单个毛利及毛利率、月毛利、成本收益率等,企业还可以选取其他跟自身情况相关的指标。

(四)使用数据工具选品

除此之外,还可以借助一些第三方工具来获取数据,选品工具可以分为站内和站外,站内数据选品工具包括亚马逊的 Best Sellers 和 Movers & Shakers、Wish 的卖家数据、eBay 的 Popular 和 Watch Count 等;如利用速卖通,需要考虑其中搜索分析的热销词、飙升词、零少词等。站外数据选品工具是关键词搜索工具,如 Google AdWords、Keyword Tracker、Wordze、Keyword Spy、Terapeak 等,可以获得某个词在当地被搜索的量(反映需求量),以及根据主关键词查看该词下的评价数量,如果产品第一页的评价数量少于50,说明市场竞争较少。企业应当关注那些搜索指数大、点击量高、竞争指数小的商品信息。

此外,跨境电子商务企业了解自身产品的同时,应当花精力了解当地的经济、政治、文化,将商品和客户进行精准匹配,对客户精准画像。在选择海外仓的同时,卖家选品和营销也需要重视,应当充分发挥海外仓对打新、养店及积累评级的作用,除了充分考虑自身的资金周转外,还需要考虑产品的销售周期性,采取多物流渠道综合运用。

对于跨境电子商务而言,海外仓的核心仍然是服务市场,其供应链管理包括采购补货、提升周转率、避免滞销、旺季备货等,这些都需要面面俱到。为了更好地了解海外仓,下面将从海外仓费用结构开始介绍。

第三节 海外仓费用结构

海外仓模式下,跨境电子商务企业需要清楚海外仓储成本的构成及其影响因素,然后有针对性地对各因素进行成本控制。此外,应该进一步将仓储成本和运输成本结合起来综合测算,达到对商品赢利能力的精确测算。海外仓费用结构一般包括头程费用、税金、当地配送费用、仓储管理费用。

一、头程费用

头程费用是指把货物从中国运至具体海外仓这段路程产生的运费。头程费用主要的影响因素包括运输量、运输频率、单位运输费率及运输方式等。本章主要考虑航空运输和海上运输两种运输方式。

(一)航空运输

航空运输可分为客机行李托运(on board courier,OBC)和普货空运(air freight)。航空运输费用结构包含运费、清关费、报关费、其他费用(文档费、拖车费、送货费)。

其中运输按重量计算,有最低起运量限制(通常要求 5 kg 以上);清关费按单票数量计算;提货费按重量计算。

某物流服务商的头程费用报价如表 6-2 所示。

表 6-2 物流服务商空运费用报价

运输方式	费用项目		英国仓报价
客机行李托运	运费		37.0 元/kg
	4PX 代清关	清关费	300.0 元/票
		提货费	2.0 元/kg
	客户自由 VAT 税号清关	清关费	1200.0 元/票
		提货费	2.0 元/kg
普货空运	100 kg 以内		31.0 元/kg
	100 kg 及以上		28.0 元/kg
	4PX 代清关	清关费	300.0 元/票
		提货费	2.0 元/kg
	客户自由 VAT 税号清关	清关费	1200.0 元/票
		提货费	2.0 元/kg

如用客机行李托运发 5 kg 货物至英国仓,选择代清关的头程费用算法如下:
37×5(运费)+300(清关费)+2×5(提货费)=495 元(其他费除外)。

(二)海上运输

海上运输可分为集装箱拼箱和集装箱整箱。

1. 集装箱拼箱

集装箱拼箱(less than container load,LCL)是指货物量不足以装满一个集装箱,由承运人分别揽货,并在集装箱货运站或内陆站集中后,将相同目的地的两票或两票以上的货物进行拼装至一个集装箱,到达目的地的集装箱货运站或内陆站拆箱分别交货。以实际体积计算运费,体积会分层计算,1 立方米起运。

2. 集装箱整箱

集装箱整箱（full container load，FCL）是指按集装箱数量来计算运费，由发货人负责装箱、计数、机载并加铅封的货运方式。整箱货的拆箱一般由收货人办理，也可以委托承运人在货运站拆箱，但承运人不承担箱内的货损、货差，除非货主举证确实属于承运人的责任，承运人才负责赔偿。承运人对于整箱货，以箱为交接单位。只要集装箱外表与收货时一致并保持铅封完整，承运人就完成了承运责任。整箱货运提单上，要注明"委托人装箱、计数并加铅封"的条款。表6-3是某物流服务商的海运报价，其中GP和HQ是集装箱规格。

表6-3 物流服务商海运费用报价

运输方式	体积规格	英国仓报价
集装箱拼箱	0～5 m³	1200.0 元/m³
	5.01～10 m³	1100.0 元/m³
	10.01 m³ 以上	1000.0 元/m³
	时效（工作日）	30 天
集装箱整箱	20'GP	24000.0 元/箱
	40'GP	36000.0 元/箱
	40'HQ	36000.0 元/箱
	时效（工作日）	24～37 天

目前国际上通用的干货柜（dry container）有：

(1) 普通货柜：20尺货柜（20'GP：20 feet general purpose）；40尺货柜（40'GP：40 feet general purpose）；

(2) 高货柜：40尺高柜（40'HQ：40 feet high cube）；45尺高柜（45'HQ：40 feet high cube）；

(3) 开顶货柜：20尺开顶货柜（20'OT：20 feet open top）；40尺开顶货柜（40'OT：40 feet open top）；

(4) 平底货柜：20尺平底货柜（20'FR：20 feet platform）；40尺平底货柜（40'FR：40 feet platform）。

（三）头程运输注意事项

头程运输选择海运时需要了解海上运输的一些注意事项。

1. 空运时会对重量轻、体积大的货物进行计泡处理

空运时会对重量轻、体积大的货物进行计泡处理，称之为体积重。体积重的计算公式是

$$体积重 = 长(cm) \times 宽(cm) \times 高(cm)/5000$$

2. VAT 相关

后面将进一步介绍海外仓商品涉及的VAT。

3. EORI 税号

EORI（economic operator registration and identification），即经济运营商注册和识别，是欧盟成员国海关颁发给企业或个人的与海关交流的唯一必备数字标识。EORI在一国注册，

在整个欧盟通用,用以跨境贸易海关清关,是欧盟成员国内海关清关必不可少的欧盟国家纳税识别号,是经济运营商(欧盟海关注册登记的自然人或法人)必不可少的一个登记税号。而和 VAT 不同的是,不管申请方是不是有 VAT,假如进口方需以进口为名将货品进口到欧盟成员国,与此同时要想申请办理相匹配我国的关税的出口退税花费,都必须递交 EORI 法人代码,与此同时申请办理进口出口退税也必须有 VAT 税号。

4. 单独报关及退税

如货物需要单独报关,申请出口退税,需要提供以下资料:①装箱单;②发票;③报关委托书;④报检委托书;⑤合同;⑥出口收汇核销单;⑦商检通关单(需要商检货物提供),且与对应口岸海关签署无纸化协议。

二、税金

税金是指货物出口到目的国家或地区,需要按照目的国家或地区的进口货物政策征收的一系列费用。

通常我们提到的关税主要指进口关税,进口关税是一个国家的海关对进口货物和物品征收的关税。征收进口关税将增加进口货物的成本,提升进口货物的市场价格,影响其进口数量。因此,各国都以征收进口关税作为限制货物进口至本国的一种手段。适当的进口关税可以保护本国的相关产业,可以成为调节本国生产和经济发展的经济杠杆,部分国家以关税作为贸易保护主义的手段。部分国家不仅只有关税,还有一些该国特定的费用。表 6-4 列举了一些国家的税金计算方式。

表 6-4 一些国家的税金计算方式

国家	税金计算方法
美国	税金=关税=货值×关税税率
澳大利亚	税金=货值×关税税率 增值税=(运费+货值+关税)×10%
英国	税金=关税+增值税 关税=货值×关税税率 增值税=(运费+货值+关税)×20%
俄罗斯	税金=关税+增值税 关税=货值×关税税率 增值税=(运费+货值+关税)×20%

注:俄罗斯大部分进口货物都需要缴纳 20% 的增值税,食品及儿童用品增值税为 10%,高科技产品、棉花及药物免缴增值税。此外,部分商品像烟、酒、汽车、石油及首饰等需要缴纳 25%~90% 的消费税。

三、当地配送费用

当地配送费用又称二程派送费用或尾程派送费用,是指客户下单后,跨境电子商务企业通知仓库进行打包后配送至客户所在地的费用。下面分别介绍不同国家的当地配送费用报价。

(一)澳大利亚当地配送费用

澳大利亚当地配送渠道有本地邮政标准派送挂号、eParcel 派送、本地标准派送三种,其时效、计泡和重量限制如表6-5所示。

表6-5 澳大利亚物流渠道

服务名	时效（工作日）	挂号	计泡	重量限制
澳大利亚本地邮政标准派送挂号	1~5日	已含	否	5 kg
澳大利亚本地邮政eParcel派送	1~5日	已含	否	22 kg
澳大利亚本地标准派送	1~5日	已含	否	5 kg

1. 澳大利亚本地邮政标准派送

澳大利亚本地邮政标准派送费用标准如表6-6所示。

表6-6 澳大利亚本地邮政标准派送费用标准

服务类型	重量限制/g	悉尼费用/元	澳大利亚其他城市费用/元
小号信件（Small Letter）	250	3.5	3.5
大号信件（Large Letter）	125	7.0	7.0
	250	10.5	10.5
	500	17.5	17.5
包裹（Parcel）	500	29.0	28.0
	1000	30.4	34.4
	2000	30.4	34.8
	3000	30.9	35.9
	5000	31.7	39.3

注：以上报价不含挂号费，如需购买挂号服务，每件需加收金额12.0元。

注意事项：

（1）派送时效：NSW（新南威尔士州）为1~2个工作日，偏远地区约3~5个工作日；

（2）重量限制：Small Letter重量不能超过250 g；Large Letter重量不能超过500 g；Parcel重量不能超过5000 g（超出5000 g部分，推荐使用本地邮政eParcel配送）。

（3）规格限制：Small Letter规格不能超过24 cm×13 cm×0.5 cm；Large Letter规格不能超过36 cm×26 cm×2 cm；Parcel最长边不能超过105 cm，2×(宽+高)不超过140 cm。

（4）商品优势：适用于低值、轻小、对时效要求不高的包裹配送。

（5）计费重：不计泡重，按照实际重量计算价格。

（6）特殊说明：①该服务可派送到PO BOX（邮政信箱）地址；②此服务不提供丢货或者损货赔偿；③如需购买挂号服务，需要额外加收挂号费。

例如：从该海外仓派送50 g，规格为20 cm×10 cm×1 cm的包裹配送至悉尼，选择挂号服务费用为19元，选择非挂号服务费用为7元；从该海外仓派送500 g，规格为24 cm×13 cm×3 cm的包裹配送至悉尼，选择挂号服务费用为41元，选择非挂号服务费用为29元。

2. 澳大利亚本地邮政eParcel派送

澳大利亚本地邮政eParcel派送费用标准如表6-7所示。

表 6-7 澳大利亚本地邮政 eParcel 派送费用标准

分区	分区代码	500 g 以下费用/元	基础费用/元	距离费率/(元/500 g)
1	N1	34.4	34.4	0
2	GF	35.6	37.3	1.3
3	WG	35.6	37.3	1.3
4	NC	35.6	45.6	1.7
5	CB	35.6	45.6	1.7
6	N3	35.6	50.4	3.5
7	N4	35.6	50.4	3.5
8	N2	35.6	50.4	3.5
9	V1	35.6	41.2	2.2
10	GL	35.6	49.9	3.3
11	BR	35.6	56.5	4.5
12	V3	35.6	44.6	3.2

注意事项：

（1）包裹不足 1000 g 部分按照 1000 g 计费，如 501 g 按照 1000 g 计费，1600 g 按照 2000 g 计费。

（2）费用＝基础费用＋距离费率×重量（500 g 以下包裹按照 500 g 计）。

（3）派送时效：NSW 为 1～2 个工作日，偏远地区为 3～5 个工作日。

（4）重量限制：22 kg。

（5）规格限制：最长边不能超过 105 cm，总体积不超过 0.25 m^3。

（6）商品优势：适用于低值、稍微偏重的包裹配送。

（7）计费重：不计泡重，按照实际重量计算价格。

（8）特殊说明：该服务可派送到 PO BOX 地址；此服务不提供丢货或者损货赔偿。

例如：从该海外仓派送 1502 g、规格为 24 cm×13 cm×3 cm 的包裹配送至 2508（邮编号码，代表配送地区），配送费用为 34.4 元；从该海外仓派送 2507 g、规格为 20 cm×10 cm×10 cm 的包裹配送至 2250（邮编号码），配送费用为 41.2 元；从该海外仓派送 450 g、规格为 10 cm×10 cm×10 cm 的包裹配送至 2500（邮编号码，代表配送地区），配送费用为 35.6 元。

3. 澳大利亚本地标准派送

澳大利亚本地标准派送费用标准如表 6-8 所示。

表 6-8 澳大利亚本地标准派送费用标准

重量限制/g	地区 1(悉尼)费用/元	地区 2 费用/元	地区 3 费用/元
500	30.7	31.3	35.7
1000	31.5	35.5	39.9
3000	32.2	42.6	44.3
5000	32.9	47.7	49.0

注意事项：

(1)派送时效：1~5个工作日。

(2)重量限制：5 kg(超出5 kg部分，推荐使用本地邮政eParcel配送)。

(3)规格限制：最长边不能超过105 cm，总体积不超过0.25 m³。

(4)商品优势：适用于低值、轻小、对时效要求不高的包裹配送。

(5)计费重：不计泡重，按照实际重量计算价格。

(6)特殊说明：该服务可派送到PO BOX地址；此服务不提供丢货或者损货赔偿。

例如：从该海外仓派送1502 g、规格为24 cm×13 cm×3 cm的包裹配送至2508(邮编号码，代表配送地区)，配送费用为32.2元；从该海外仓派送2507 g、规格为20 cm×10 cm×10 cm的包裹配送至2250(邮编号码，代表配送地区)，配送费用为42.6元；从该海外仓派送450 g、规格为10 cm×10 cm×10 cm的包裹配送至2500(邮编号码，代表配送地区)，配送费用为35.7元。

(二)美国当地配送费用

美国当地配送物流渠道主要有本地邮政派送挂号和本地标准派送(不含签收)，其时效、是否挂号、计泡及重量限制如表6-9所示。

表6-9 美国推荐物流渠道

服务名	时效(工作日)	挂号	计泡	重量限制
美国本地邮政派送挂号	1~3日	不含	否	31.5 kg
美国本地标准派送(不含签收)	2~5日	已含	是	67.5 kg

1.美国本地邮政派送挂号

美国本地邮政派送挂号费用标准如表6-10所示。

表6-10 美国本地邮政派送挂号费用标准

重量限制/g	地区2 费用/元	地区3 费用/元	地区4 费用/元	地区5 费用/元	地区6 费用/元	地区7 费用/元	地区8 费用/元	地区9 费用/元
84	13.1	13.1	13.1	13.1	13.1	13.1	13.1	13.1
112	14.0	14.0	14.0	14.0	14.0	14.0	14.0	14.0
140	15.2	15.2	15.2	15.2	15.2	15.2	15.2	15.2
168	16.4	16.4	16.4	16.4	16.4	16.4	16.4	16.4
196	17.6	17.6	17.6	17.6	17.6	17.6	17.6	17.6
224	18.8	18.8	18.8	18.8	18.8	18.8	18.8	18.8
252	20.0	20.0	20.0	20.0	20.0	20.0	20.0	20.0
280	21.3	21.3	21.3	21.3	21.3	21.3	21.3	21.3
308	22.6	22.6	22.6	22.6	22.6	22.6	22.6	22.6
336	23.9	23.9	23.9	23.9	23.9	23.9	23.9	23.9
364	25.2	25.2	25.2	25.2	25.2	25.2	25.2	25.2

注意事项:
(1)派送时效:1~3个工作日。
(2)重量限制:31.5 kg(Large Letter 限重 364 g,Flat Envelop 限重 1.8 kg)。
(3)规格限制:Large Letter 规格不能超过 38 cm×30 cm×1.9 cm;Flat Envelop 规格不能超过 30 cm×21 cm×5 cm 且重量不能超过 1.8 kg;Package 的尺寸限制:长+(宽+高)×2 不超过 274 cm。
(4)商品优势:Large Letter 和 Flat Envelop 适用于低值、轻小的包裹配送;Package 服务适用于偏重且时效要求高的包裹配送。
(5)计费重:不计泡重,按照实际重量计算价格。
(6)获取挂号:挂号服务下单后即可获得挂号码,挂号可选,如需购买挂号,每件需加收 2 元挂号费。
(7)特殊说明:该服务可派送到 Alaska(阿拉斯加)/Hawaii(夏威夷)/Puerto Rico(波多黎各);此服务不提供丢货或者损货赔偿;Flat Envelop 为信封服务,规格不能超 30 cm×21 cm×5 cm 且重量不超过 1.8 kg,但货物是否可以使用该服务,以海外仓包装后的结果为准。
(8)退货说明:由于退货导致的费用增加,物流商保留向客户收回的权利。
(9)派送说明:①可派送到住宅或商业地址(门到门);②可派送到 APO/FPO(美国战地邮局)等军事地址以及 PO BOX 地址。

例如:从该海外仓派送 50 g,规格为 13 cm×12 cm×1 cm 的礼品卡配送至邮编 35435(邮编号码代表配送地区),配送费用为 8 元;从该海外仓派送 1000 g,规格为 21 cm×15 cm×4 cm 的包裹配送至邮编 35435(邮编号码代表配送地区),推荐使用 Flat Envelop,配送费用为 44.2 元;从该海外仓派送 1000 g,规格为 31 cm×20 cm×4 cm 的包裹配送至邮编 35435(邮编号码代表配送地区),超出 Flat Envelop 限制,推荐使用 Package,配送非挂号费用为 83 元,配送挂号服务费用为 85 元。

2. 美国本地标准派送

美国本地标准派送费用标准如表 6-11 所示。

表 6-11 美国本地标准派送费用标准

重量限制/kg	地区2 费用/元	地区3 费用/元	地区4 费用/元	地区5 费用/元	地区6 费用/元	地区7 费用/元	地区8 费用/元	地区9 费用/元	地区10 费用/元
0.45	67	67	67	67	67	67	67	180	141
0.90	67	67	67	67	67	67	67	194	155
1.35	67	67	67	67	67	67	67	206	170
1.80	67	67	67	67	67	67	67	222	185
2.25	67	67	67	67	67	67	67	235	199
2.70	67	67	67	67	67	67	67	243	210
3.15	69	69	69	69	69	69	69	254	225
3.60	69	69	69	69	69	69	71	262	233

注意事项：
(1)派送时效：2~5个工作日。
(2)重量限制：67.5 kg。
(3)规格限制：最长边不超过274 cm，长＋(宽＋高)×2不超过419 cm。
(4)商品优势：适用于高价值、较重的包裹配送；贵重物品建议购买签收服务。
(5)计费重：计算体积重，按照体积重与实际重量的较大值计算费用，体积重＝长×宽×高/5000。
(6)获取挂号：挂号服务下单后即可获得挂号码。
(7)特殊说明：该服务可派送到 Alaska/Hawaii/Puerto Rico，但因为距离远、费用贵，建议使用本地邮政派送；可派送到住宅或商业地址(门到门)；不可派送到 APO/FPO 等军事地址以及 PO BOX 地址，建议使用本地经济或本地邮政派送；以上报价不含签收费用，如需购买签收服务，加收费用25元/件。
(8)退货说明：由于收件人拒收、地址错误、收件人搬迁等不可控原因造成的退件，将会退运至海外发货仓库，退货费用与发货费用相同，如产生额外费用，实报实销。

附加费用：①以下情况需要加收特殊处理费，每件38元，最长边超过152 cm；第二边长超过76 cm；包裹实际重量超过31.5 kg；使用木质或铁质包装；任何圆柱形包装，如轮胎、圆桶等没有使用瓦楞纸包装好的货物。②当长＋(宽＋高)×2大于330 cm且小于419 cm时，每件需加收超长附加费270元，且加收超长附加费的包裹，计重不足40.5 kg时按照40.5 kg计算。③派送至偏远地区的包裹需加收偏远附加费，标准费用如表6－12所示。

表6－12 偏远附加费

项目	地区1费用	地区2费用	地区3费用	地区4费用
附加费/(元/件)	24	26	42	121

例如：从该海外仓派送1 kg，规格为20 cm×10 cm×10 cm 的包裹(体积重为0.4 kg，小于1 kg)，配送至地区5，不购买签收服务配送费用67元，购买签收服务后为92元；从该海外仓派送3.6 kg，规格为50 cm×35 cm×20 cm 的包裹(体积重为7.0 kg，大于3.6 kg)，配送至地区2，不购买签收服务配送费用69元(这里最大只考虑了3.6 kg的计费范围)，购买签收服务后为94元。

其他国家在本地都有类似的多种服务范围可以进行选择，这里不一一赘述，具体可以查询当地邮政或者物流服务商。

四、仓储管理费用

仓储管理费用主要包括仓储费和订单处理费等。

(一)仓储费

仓储费是指跨境电子商务在海外仓储存商品产生的费用。海外仓为了提高商品的动销率，通常会以周为单位收取费用，如表6－13所示。

表6－13 仓储费报价

单件商品体积	每周的仓储费
小于0.001 m³	0.45元/件

续表

单件商品体积	每周的仓储费
0.001～0.02 m³	0.65 元/件
0.02 m³ 以上	40 m³

例如：单件商品的体积为 0.5 m³，这件商品一周的仓储费用为 0.5 m³×40 元/m³＝20 元；单件商品的体积为 0.0005 m³，这件商品一周的仓储费用为 0.45 元。

(二)订单处理费

订单处理费是指客户下单后，海外仓工作人员对订单进行拣货打包产生的费用，如表 6－14 所示。

表 6－14　订单处理费报价

商品重量分类/g	每件处理费/元
0～1000 g	8
1001～5000 g	10
5001～10000 g	14
10001～30000 g	18
30001～31500 g	20
31501～50000 g	40
50001～70000 g	70
70001～100000 g	90

以多件发货为例，当商品数量大于 1 件时，属于多件发货，可能存在相同的库存编码多件一起发货、不同的库存编码多件一起发货或者两个订单合并发货的情况。

1. 多件发货的运费（按照多件发货的总计费重所对应的费用收取）

(1)使用需计泡的发货方式，在多件发货时，总计费重的计算如下(单件商品取体积重和实际重量中数值较大者作为计费重)：

如果商品计费重之和×0.2＞1 kg，多件发货中计费重＝商品计费重之和＋1 kg；

如果商品计费重之和×0.2≤1 kg，多件发货中计费重＝商品计费重之和×1.2 kg。

(2)使用不需计泡的发货方式，在多件发货时，总计费重的计算如下：

如果商品计费重之和×0.2＞1 kg，多件发货中计费重＝商品实际总重量＋1 kg；

如果商品计费重之和×0.2≤1 kg，多件发货中计费重＝商品实际总重量×1.2 kg。

①两件相同商品一起发货，每件 4 kg，不计泡：

(4 kg＋4 kg)×0.2＝1.6 kg＞1 kg，多件发货后总计费重＝(4 kg＋4 kg)＋1 kg＝9 kg，运费按照计费重 9 kg 对应的费用收取。

②两件不同商品一起发货，每件 1.5 kg，不计泡：

(1.5 kg＋1.5 kg)×0.2＝0.6 kg＜1 kg，多件发货后总计费重＝(1.5 kg＋1.5 kg)×1.2＝3.6 kg，运费按照计费重 3.6 kg 对应的费用收取。

③两件不同商品，使用体积重＝长×宽×高/5000 的发货方式。

第一件:重量为 12 kg,规格为 80 cm×30 cm×50 cm,体积重=80×30×50/5000=24 kg>12 kg;

第二件:重量为 12 kg,规格为 50 cm×20 cm×10 cm,体积重=50 cm×20 cm×10/5000=2 kg<12 kg;

(24 kg+12 kg)×0.2=7.2 kg>1 kg,多件发货计费重=(24 kg+12 kg)+1 kg=37 kg;

因此,多件发货的费用就按照 37 kg 对应的费用收取。

2. 多件发货的处理费(按照单件货物的实际重量对应的处理费叠加)

(1)1 kg 和 8 kg 的商品一起发货,处理费=8+14=22 元。

(2)两件 5 kg 的商品一起发货,处理费=10×2=20 元。

多件发货的规格计算如下:

$$多件发货的总尺寸=最长长×最长宽×高之和$$

①如果规格为 120 cm×10 cm×5 cm 和 100 cm×80 cm×20 cm 的两件商品一起发货,最终多件货物尺寸计为 120 cm×80 cm×(5+20) cm;

②如果规格为 120 cm×10 cm×5 cm 的三件商品一起发货,最终多件货物尺寸计为 120 cm×10 cm×15 cm。

五、海外仓商品定价

(一)海外仓商品定价策略

在跨境电商中,海外仓的商品定价是一个复杂而关键的过程。定价时不仅要考虑成本,还要考虑市场竞争、目标市场的消费习惯以及企业的长远战略目标。以下是一些制定海外仓商品定价策略时需要考虑的关键因素。

1. 成本计算

计算成本时,要对所有相关成本都进行详细的计算,包括采购成本、物流运输成本(头程费用、运输附加费)、海外仓费用(上架费、仓租费、下架费、杂费)以及尾程费用,要确保所有成本都被准确计算,这是制定合理的定价策略的基础。

2. 市场竞争分析

成本计算完成后,需要对目标市场进行深入的竞争分析。了解竞品的价格、品质、服务以及市场表现,这样可以帮助卖家确定自己的商品在市场中的定位。如果卖家的商品具有独特的优势或特性,可以考虑采用高价策略;如果卖家的商品主要是为了满足大众需求,可以考虑采用更具竞争力的价格。

3. 利润设定

在考虑了成本和市场竞争之后,卖家需要设定一个合理的利润目标。利润目标的设定应该基于企业的长期战略目标,同时也要考虑市场的接受度和可持续性。过高的利润可能会导致销量下滑,而过低的利润则可能无法支撑企业的运营和发展。

4. 定价灵活性

海外仓的商品定价需要具有一定的灵活性。市场是不断变化的,定价策略也需要随之调整。卖家可以通过定期评估销售数据、市场反馈以及竞品动态来调整定价策略。此外，卖家还可以考虑采用促销策略、捆绑销售或限时折扣等方式来增加销量、提升品牌知名度。

(二)海外仓商品定价方法

海外仓商品定价是一个综合多方面因素的决策过程，其核心在于确保定价既覆盖所有成本，又能在市场竞争中保持吸引力，同时实现企业的利润目标。以下是一种综合性的海外仓商品定价方法。

(1)详细计算商品成本，这是定价的基础。商品成本包括以下三个部分。

商品成本1：这是商品的直接成本，它由采购成本和国内运费组成。采购成本是购买商品所需支付的费用，而国内运费则是将商品从供应商处运送到海外仓在国内的起点所产生的费用。

商品成本2：这部分成本涵盖了与海外仓和物流相关的费用。该费用具体包括头程费用（即商品从国内运送到海外仓的费用）、仓储费用（在海外仓存储商品所需的费用）、订单处理费用（处理客户订单所产生的费用）、尾程费用（将商品从海外仓运送到客户手中的费用）以及可能产生的关税或增值税。

商品成本3：这是与销售渠道相关的成本，包括平台佣金和计提损失。平台佣金是在线销售平台对每笔交易收取的费用，而计提损失则是为应对可能的商品损失或退货而预留的费用。

(2)在准确计算出总成本之后，接下来是确定规划利润。规划利润是企业希望从每笔销售中实现的利润额，它应该基于企业的整体利润目标和市场策略来设定。

(3)将总成本和规划利润相加，得出商品的定价。这个定价应该既能够覆盖所有成本，又能够在市场上保持竞争力，并实现企业的利润目标。具体计算公式如下：

商品成本1＝采购成本＋国内运费

商品成本2＝头程费用＋仓储费用＋订单处理费用＋尾程费用＋关税/增值税

商品成本3＝平台佣金＋计提损失

商品定价＝（商品成本1＋商品成本2＋商品成本3）＋规划利润

综上所述，海外仓商品的定价方法是一个综合考虑成本、市场竞争和利润目标的决策过程。通过详细计算成本、合理设定利润并密切关注市场动态，企业可以制定出既具有竞争力又能实现利润目标的商品定价策略。

第四节 海外仓商品增值税与服务规范

一、海外仓商品涉及的增值税

(一)欧盟销售增值税

增值税全称为"value added tax"，简称VAT，是指货物售价的利润税。欧盟销售增值税适用于在欧盟国家境内产生的进口、商业交易以及服务行为。销售增值税和进口税是两个独立缴纳的税项，当商品进口到欧盟国家的海外仓时会产生商品的进口税，而商品在其境内销售时会产生销售增值税。

如果卖家使用欧盟国家本地仓储进行发货，就属于增值税应缴范畴，即便卖家所选的海外仓储服务是由第三方物流企业提供的，且从未在当地开设办公室或者聘用当地员工，也需要缴纳VAT。

为了能依法缴纳VAT，卖家需要向海外仓本地的税务局申请VAT税号。VAT税号具有唯一性，只适用于注册当事人。

(二)英国税号申请流程

申请英国 VAT 税号是为了缴纳增值税,亚马逊英国站的卖家只有拥有了英国 VAT 税号才能进行相应的缴纳增值税服务。近年来,有关税号申请的问题逐渐受到重视,在欧洲各国政府的强力施压下,VAT 税号已经成为决定跨境卖家能否在欧洲电商平台进行销售的关键因素。亚马逊一直要求卖家注册 VAT 税号,当前英国税务局的查税工作已经进入到紧张状态,未提供 VAT 税号的卖家将会被封号,甚至连欧洲站的 FBA 库存也会被封存。

那么,卖家如何申请英国 VAT 税号呢?如果卖家在英国没有办公室或者业务机构,也没有居住在英国境内,那就可以按 NETP(非固有应税人)进行申请。申请方式是卖家可以选择自行申请或者授权给第三方代理机构申请。

1. 卖家自行申请

卖家自行申请英国 VAT 税号的步骤为:首先,确定是否需要注册 VAT 税号。通常,卖家如果在英国的年度销售额超过 85000 英镑,或者使用英国的仓储服务(包括亚马逊 FBA 仓),则必须注册 VAT 税号。其次,准备必要的注册资料,包括企业相关信息、法人代表信息等。卖家通过英国税务局提交申请,可以选择在线提交申请资料或邮寄纸质申请资料。提交申请后,等待税务局的审批,审批时间通常需要数周至数月不等。审批通过后,税务局会颁发 VAT 税号,卖家需及时在亚马逊后台上传此税号,以符号英国的增值税法规。此外,对于进驻亚马逊等跨境电子商务平台的英国卖家而言,平台要求其提供有效的 VAT 税号以便进行税务申报,这是平台合规经营的要求之一。

2. 授权第三方代理机构申请

卖家也可以授权给第三方代理机构申请 VAT 税号。

1)VAT 申请流程

(1)签订税务服务合同。卖家需要与代理机构签订税务服务合同,明确双方的权利和义务以及服务的内容和范围。这是整个注册过程的起点,以确保双方对服务内容和期望结果有清晰的认识。

(2)提交申请表格及证件材料。申请表格包括 VAT 申请表格、客户信息表格。证件材料包括:①以个人名义申请。一是个人身份证和护照的复印件或扫描件;二是地址证明复印件或扫描件(包含近三个月内任意一个月的银行账单/水电费单/电话账单/信用卡账单)。②以企业名义申请。一是企业营业执照扫描件[如中国香港企业需提供 BR(商业登记)及 CR(企业注册)扫描件];二是企业法人身份证和护照的复印件或扫描件;三是企业地址证明复印件或扫描件(包含近三个月内任意一个月的银行账单/水电费单/电话账单/信用卡账单)。

(3)申请参考时间:资料审核提交后 4~8 周。

(4)获得 VAT 税号证书文件及 EORI(经济运营者注册识别)号码信息。

2)收费及维护

一般代理机构会收取英国 VAT 税号及 EORI 海关号的申请费用,还有英国 VAT 季度税务申报费用及英国税务代理年费。其中,税务申报以英国税务局通知时间为准,3 个月为一个季度,即一年申报四次;税务代理费用包括 VAT 税号注册地址费用(一般都使用代理机构在英国的税务所地址)和税务师与税务局不定期的沟通和处理信件等代理费用。不同的代理机构其收费也会有所不同。

二、海外仓商品服务规范

海外仓商品服务规范旨在规范海外仓物流服务标准,保证物流时效和买家体验。

(一)严禁虚假海外仓作弊行为

海外仓订单的实际发货地必须与买家下单时选择的发货地一致,禁止擅自更改发货地,例如从中国发货冒充从海外发货。

(二)考核卖家的海外仓服务水平

考核范围:每天考核卖家历史30天海外仓服务水平以及店铺整体经营情况。考核标准如表6-15所示。

表6-15 卖家历史30天海外仓服务水平及店铺经营情况考核标准

考核维度	考核条件
海外仓服务水平	卖家海外仓服务及商品设置符合以下条件: 1.海外仓物流纠纷率低于海外仓发货平均水平 2.海外仓订单支付7天内妥投率(俄罗斯15天)处于正常范围 3.海外仓商品发货期≥3天
店铺经营情况	店铺处于稳定良好经营状态,并符合以下条件: 1.信用等级≥3勋 2.90天好评率≥95% 3.卖家服务等级应为及格及以上 4.卖家纠纷裁决率≤0.8%

注:
海外仓订单——买家下单时选择的发货地为海外的订单;
海外仓商品——发货地设置为海外国家或发货地包含海外国家的商品;
物流纠纷率——买家因为物流原因提起纠纷的订单占比;
支付7天内妥投率——"物流妥投时间或买家确认收货时间-买家支付时间≥7天"的订单占比(仅考核发货国与目的国一致的订单。例如墨西哥的买家购买了美国仓的商品,则这笔订单不计入7天内妥投率的考核)。

(三)海外仓商品奖励资源

服务水平达标且店铺经营良好的海外仓卖家,才能获得海外仓奖励资源。卖家通过考核后可获得相应的海外仓奖励资源。奖励资源包括佣金、平台展示机会,甚至一些特殊权限。

案例分析

美国加利福尼亚州一消费者通过中国某跨境电子商务平台购买了12台平衡车,现以深圳A物流有限公司的服务报价为例委托该公司承运,根据其成本结构及服务费用进行分析是成本管理重点。

一、产品基本信息

产品重量:12 kg。
产品尺寸:67 cm×27 cm×27 cm(约0.05 m³);
产品采购价:1000元。

二、成本计算

假设通过海运发运100台平衡车到达深圳A物流有限公司美国仓;海关税率为4‰;海运费为1000元/m³。

1. 头程运输成本(含关税成本)

总海运费:5000元;
总关税:4000元;
总清关费:32元;
合计:9032元。
平摊到1台平衡车的头程运输成本:90.32元。

2. 仓储服务费(含订单处理费,一台平衡车的成本,设平均存储30天,按公布价计算)

仓储体积收费:3元;
仓储价值收费:3元;
订单处理费:27元;
合计:33元。

3. 本地配送费用(UPS承运,按一台平衡车的本地配送费用计算)

发货到美国国内二区的成本:94.85元。

思考:

1. 这里提到的海外仓成本包括了哪些?
2. 根据这一成本,按照利润10%进行定价的话,商品售价是多少元?

 练习与思考

1. 海外仓的运作流程包括(　　)。
   A. 头程运输　　　B. 海外仓储管理　　　C. 尾程配送　　　D. 生产采购
2. 海外仓的选品更适合于(　　)的商品。
   A. 高价值、高风险　　　B. 低价值、高风险
   C. 高价值、低风险　　　D. 低价值、低风险
3. 以下哪些属于海外仓的成本?(　　)
   A. 头程运输成本　　　B. 关税　　　C. 增值税　　　D. 订单处理成本
4. 自营海外仓的缺点包括(　　)。
   A. 资金占用大　　　B. 受到当地政治、经济、法律等宏观条件的限制
   C. 服务质量相对较差　　　D. 灵活性强
5. 跨境电子商务企业使用第三方海外仓的优点是(　　)。
   A. 服务质量可以自己控制　　　B. 提供有效的专业化服务
   C. 选品范围更广泛　　　D. 前期投入资金少

第七章　跨境电子商务物流信息系统

> **学习目标**
> - 掌握电子数据交换技术的相关研究。
> - 掌握条码技术的相关研究。
> - 掌握射频识别技术的相关研究。
> - 熟悉全球卫星定位系统的相关研究。
> - 熟悉地理信息系统的相关研究。
> - 熟悉电子自动订货系统的相关研究。
> - 熟悉物流信息系统的相关研究。
> - 熟悉跨境电子商务物流信息系统的相关研究。
> - 熟悉跨境电子商务物流信息化价值的相关研究。

第一节　跨境电子商务物流信息技术

电子商务在我国现代计算机处理技术中占据着举足轻重的地位,它可以为商家在进行商品交易时构建一个信息化及数据化的网络平台。目前,在我国现代化技术飞速发展的背景下,电子商务的服务模式也逐渐呈现多元化趋势,同时随着我国对外贸易规模的不断扩大,跨境电子商务物流模式成为我国电子商务模式的重要表现形式。为了更好地满足市场和消费者的需求,提高物流服务的质量,将跨境电子商务和物流有机结合起来进行管理是当下跨境电子商务物流模式运行的必然手段,也是全球经济化时代电子商务企业及物流企业的重要发展战略。

在全球经济一体化的背景下,将电子商务管理和物流模式有效结合,是推动我国跨境电子商务发展的必然手段,也是未来电子商务企业和物流企业的重要战略蓝图。由于我国物流行业还处于快速发展阶段,在发展过程中极易受到外界因素的制约。相关人员需要有效整合相关电子商务和物流模式的内容,加快我国和国际的接轨速度,促进我国跨境电子商务物流模式的创新与发展。

一、电子数据交换技术

(一)电子数据交换的概念

电子数据交换(electronic data interchange,EDI)是指按照统一规定的一套通用标准格式,将标准的经济信息通过通信网络传输,在贸易伙伴的电子计算机系统之间进行数据交换和自动处理。由于使用 EDI 能有效地减少直到最终消除贸易过程中的纸质单证,因而 EDI 也被俗称为"无纸交易"。它是一种利用计算机技术进行商务处理的新方法。EDI 是将贸易、运输、保险、银行和海关等行业的信息,用一种国际公认的标准格式,通过计算机通信网络,使各有关部门、企业之间进行数据交换与处理,并完成以贸易为中心的全部业务过程。

计算机应用、通信环境、网络和数据标准化是 EDI 的三大要素。计算机应用是 EDI 的条件,通信环境是 EDI 应用的基础,网络和数据标准化是 EDI 的特征。这三方面相互衔接、相互依存,共同构成 EDI 的基础框架。

(二)电子数据交换技术的特点

(1) EDI 是为了满足商业用途的一种企业间信息交流的方式,其使用对象是不同的组织,传输的是企业间的报文,其所传送的资料是一般业务资料,如发票、订单等,而不是一般性的通知。

(2) EDI 是两个或多个计算机应用进程间的通信。

(3) EDI 传输的文件数据遵循一定的语法规则与国际标准具有固定格式。通过 EDI 传递的商业文件,具有标准化、规范化的文件格式,实现了数据的标准化,便于计算机自动识别与处理。EDI 采用电子化的方式传送资料,传输过程无须人工介入,无须纸张文件,可大大提高工作效率,消除许多无谓的重复工作,节省交易双方的支出。

(4) EDI 一般通过增值网和专用网等这一类的数据通信网络来传输。

(5) EDI 数据自动投递并传输处理,无须人工介入,由应用程序对它自动响应,实现了事务处理与贸易自动化,而传真与电子邮件则需要人工阅读、判断、处理才能进入计算机系统。

(三)电子数据交换技术的类型

EDI 的发展经历了早期的点对点直接专用方式、基于增值网的间接方式和基于因特网的 EDI 方式。

1. 直接型的 EDI

直接型的 EDI 系统是通过用户与用户之间直接相连而构成的。EDI 的用户开发各自的系统,这样开发的系统只同自己的客户相联系,不同的系统相联系,即所谓的专用 EDI 系统。

2. 基于增值网的 EDI

增值网(value-added network,VAN)是指能提供额外服务的计算机网络系统。增值网可以提供协议的更改、检错和纠错功能等。基于增值网的 EDI 的单证处理过程如下。

1) 生成 EDI 平面文件

EDI 平面文件是通过应用系统用户的应用文件或数据库中的数据映射成一种标准的中间文件,这是一种普通的文本文件,用于生成 EDI 电子单证。

2) 翻译生成 EDI 标准格式文件

翻译器按照 EDI 标准将平面文件翻译成 EDI 标准格式文件,即 EDI 电子单证。电子单证是 EDI 用户之间进行业务往来的依据,具有法律效力。

3) 通信

用户通过计算机系统由通信网络接入 EDI 信箱,将 EDI 电子单证投递到对方的信箱中,具体过程由 EDI 信箱系统自动完成。

4) EDI 文件的接收和处理

用户接入 EDI 系统,打开自己的信箱,将来函接收到自己的计算机中,经过格式校验、翻译、映射之后还原成应用文件,并对应用文件进行编辑、处理和恢复。

基于增值网的 EDI 技术比较成熟,已经有多年的运行经验,服务性和安全性也得到了认可,在国际贸易、报关、交通运输、政府招标、公用事业中有广泛应用。

3. 基于因特网的 EDI

由于增值网的安装和运行费用较高,许多中小型企业难以承受,它们大都使用传真和电话进行贸易往来。即使使用 EDI 的大企业也不能完全做到节省费用,因为它们的许多贸易伙伴并没有使用 EDI。因特网的发展提供了一个费用更低、覆盖面更广且服务更好的系统,使小型企业和个人都能使用电子商务。随着因特网安全性的提高,它已表现出部分取代增值网而成为 EDI 网络平台的趋势。基于因特网的 EDI 可分为如下三种类型。

1)基于电子邮件 EDI

采用多种因特网邮件扩展协议(multipurpose Internet mail extension,MIME)来传输 EDI 单证。MIME 协议可以详细说明和自动识别具有任意类型内容的电子邮件,使邮件的客户机识别 EDI 主体的分段。在采用因特网电子邮件传输 EDI 单证时必须采用特殊的封装技术,首先对 EDI 单证进行必要的传送编码处理,并封装在 MIME 电子邮件的体部,然后再利用因特网邮件传输系统进行传输。

2)基于 Web 的 EDI

使用 Web 作为 EDI 单证的接口被认为是目前最好的基于因特网的 EDI。参与者作为 EDI 用户,确定相应的 EDI 标准,在 Web 上发布表单,供中小客户登录到 Web 站点后选择并填写。提交填写结果后,由服务器端网关程序转换成 EDI 报文并进行通常的 EDI 单证处理。为了保证单证从 Web 站点返回参与者,单证还能转换成 E-mail 或 Web 表单的形式。

3)基于 XML 的 EDI

可扩展标记语言(extensible markup language,XML)是一种数据描述语言,它支持结构化的数据,可以更详细地定义和查询数据对象的数据结构,并能够通过非编程方式解释和映射消息,以实现数据的转换和集成。软件代理用最佳方式解释模板和处理消息,可以自动完成映射,并产生正确的消息,同时,软件可以为用户生成一个 Web 表单。与基于 Web 的 EDI 不同,基于 XML 的 EDI 可以在客户端处理消息,自动完成映射,花费很小。借助模板,用户可以实现对其环境的最佳集成,这些模板能够异地存储并动态融入本地应用程序。基于 XML 的 EDI 确保了所有参与者均能均衡受益,实现了一种对称的 EDI 体系。XML 本身的互操作性使基于 XML 的 EDI 的参与者都能从中获得好处,无论是大企业还是中小企业。

(四)电子数据交换技术的优点

1. 方便高效

采用 EDI 技术可以将原材料采购与生产制造、订货与库存、市场需求与销售,以及金融、保险、运输、海关等业务有机地结合起来,集先进技术与科学管理于一体,极大地提高了工作效率,为实现"金关"工程奠定了基础。EDI 系统中每个环节都建立了安全可靠的责任概念,每个环节上信息的出入都有明确的签收、证实的要求,以便为责任的审计、跟踪、检测提供可靠的保证。在 EDI 的安全保密系统中广泛应用了加密技术,以提供防流量分析、防假冒、防否认等安全服务。

2. 减少了许多重复劳动,提高了工作效率

如果没有 EDI 系统,即使是高度计算机化的企业,也需要经常将外来的资料重新输入电脑。调查表明,从一部电脑输出的资料有多达70%的数据需要再输入其他的电脑,既费时又容易出错。EDI 系统使贸易双方能够以更迅速有效的方式进行贸易,大大简化了订货或存货的过程,使双方能及时、充分地利用各自的人力和物力资源。EDI系统可以改善贸易双方的关系,厂商可以准确地估计日后商品的需求量,货运代理商可以简化大量的出口文书工作,商户可以提高存货的效率,大大提高了他们的竞争能力。

3. 降低成本

EDI系统规范了信息处理程序,信息传递过程中无须人工干预,在提高信息可靠性的同时,大大降低了成本。中国香港对EDI的效益做过统计,使用EDI可提高81%的商业文件传送速度,降低44%的文件成本,减少41%的因错漏造成的商业损失,降低38%的文件处理成本。

根据联合国组织的一次调查,进行一次进出口贸易,双方约需交换近200份文件,其纸张、行文、打印及差错可能产生的费用等大约为货物价格的7%。数据显示,美国通用汽车公司实施EDI后,每辆汽车的生产成本可降低250美元若每年产量为500万辆,则可节约高达12.5亿美元的费用。

(五)电子数据交换技术的应用

1. EDI用于金融、保险和商检

EDI可以实现对外贸易的快速循环和可靠支付,节约银行间转账所需的时间,增加可用资金的比例,加快资金的流动,简化手续,降低作业成本。

2. EDI用于外贸、通关和报关

EDI用于外贸业,可提高用户的竞争力。EDI用于通关和报关,可加速货物通关,提高企业对外服务能力,减轻海关业务压力,防止人为弊端,实现货物通关自动化和国际贸易无纸化。

3. EDI用于税务

税务部门可利用EDI开发电子报税系统,实现纳税申报的自动化,既方便快捷又节省人力、物力。

4. EDI用于制造业、运输业和仓储业

制造业利用EDI能充分了解并满足客户的需求,制订供应计划,达到降低库存、加快资金流动的目的。运输业采用EDI能实现货运单证的电子数据传输,充分利用运输设备、仓位,为客户提供高层次和快捷的服务。对于仓储业,EDI可提高货物的提取及周转速度,缓解仓储空间紧张,从而提高仓库利用率。

二、条码技术

(一)条码技术的概念

条码是利用光电扫描阅读设备来实现数据输入计算机的一种代码。它是由一组按一定编码规则排列的条、空符号,隐含一定的字符、数字及符号信息,用于表示物品的名称、产地、价格、种类等。"条"指对光线反射率较低的部分,"空"指对光线反射率较高的部分,这些条和空组成的数据表达一定的信息,通常每一种物品的编码是唯一的。

条码技术是在计算机的应用实践中产生和发展起来的一种自动识别技术。它是为实现对

信息的自动扫描而设计的,是快速、准确、可靠地采集数据的有效手段。条码技术的应用解决了数据录入和数据采集的瓶颈问题,为物流管理提供了有力的技术支持。条码技术的核心内容是通过光电扫描设备识读条码符号,实现机器的自动识别,并快速、准确地把数据录入计算机进行数据处理,从而达到自动管理的目的。条码技术是实现 POS(销售终端)系统、EDI、电子商务、供应链管理的技术基础,是物流管理现代化的重要技术手段。条码技术包括条码的编码技术、条码标识符号的设计、快速识别技术和计算机管理技术,它是实现计算机管理和电子数据交换不可缺少的前端采集技术。

(二)条码技术的特点

条码技术是电子与信息科学领域的高新技术,它所涉及的技术领域较广,是多项技术相结合的产物,经过多年的长期研究和应用实践,现已发展成为较成熟的实用技术。在信息输入技术中,采用的自动识别技术种类很多。作为一种图形识别技术,条码技术与其他识别技术相比有如下特点。

1. 制作容易、操作简单

条码符号制作容易,扫描操作简单易行。

2. 信息采集速度快

普通计算机的键盘录入速度是 200 字符/分,而利用条码扫描录入信息的速度是键盘录入的 20 倍。

3. 采集信息量大

利用条码扫描,依次可以采集几十位字符的信息,可以通过选择不同码制的条码增加字符密度,使采集的信息量成倍增加。

4. 可靠性高

通过键盘录入数据,误码率为三百分之一;利用光学字符识别技术,误码率约为万分之一;采用条码扫描录入方式,误码率仅有百万分之一,首读率可达 98% 以上。

5. 灵活、实用

条码符号作为一种识别手段可以单独使用,也可以和有关设备组成识别系统实现自动化识别,还可以和其他控制设备联系起来实现整个系统的自动化管理。同时,在没有自动识别设备时,也可实现手工键盘输入。

6. 自由度大

识别装置与条码标签相对位置的自由度要比光学字符识别(OCR)大得多。条码通常只在一维方向上表示信息,而同一条码符号上所表示的信息是连续的,这样即使是标签上的条码符号在条的方向上有部分残缺,仍可以从正常部分识读正确的信息。

7. 设备结构简单、成本低

条码符号识别设备结构简单,操作容易,操作人员无须专门训练。与其他自动化识别技术相比较,推广应用条码技术,所需费用较低。

(三)条码的类型

条码种类很多,大致可分为以下几类。

(1)按材料不同,条码可分为纸质条码、金属条码和纤维织物条码。

(2)按条码有无字符符号间隔,条码可分为连续型条码和非连续型条码两种。

(3)按字符符号个数固定与否,条码可分为定长条码(如 UPC 码、EAN 码等)和非定长条码(如三九码、库德巴码等)两种。

(4)按扫描起点划分不同,条码可分为双向条码和单向条码。双向条码是指起始符和终止符两端均可作为扫描起点的条码,如三九码、库德巴码;单向条码是指扫描起点在起始符的条码。

(5)按条码的码制不同,条码可分为 UPC 码、ENA 码、三九码、库德巴码、二五码、交叉二五码、11 码、四九码、EAN-128 码等几十种。

(6)按条码形成的空间不同,条码可分为一维条码、二维条码和复合条码。

根据有关方面统计,2000 年,国际上一维条码的码制有 500 多种,我国流行使用的一维条码不到 10 种,如 Code 39 码(标准三九码)、Codabar 码(库德巴码)、Code 25 码(标准二五码)、ITF 码(交叉二五码)、Matrix 码(矩阵二五码)、UPC-A 码、UPC-E 码、EAN-13 码(EAN-13 国际商品条码)、EAN-8 码(EAN-8 国际商品条码)等。

对于一维条码,通过数据库建立条码与物品信息的对应关系。条码信息识别是指由计算机的应用程序对数据库进行操作和处理,提取相应信息的过程。

由于一维条码具有信息密度小、占用面积大等缺点,二维条码得到广泛使用。二维条码可以携带大量的信息,使用二维条码时,可以脱离后台数据库,因为二维条码包含了存储于后台数据库中的信息,可以直接通过阅读条码得到相应的信息,俗称"便携式数据文件",这样,可以在远离数据库和不便联网的地方,提供物资信息。二维条码还有错误修正和防伪功能,增加了数据的安全性。目前,二维条码主要有 PDF 417 码、Code 49 码、Code 16K 码、QR 码等,主要分为堆积式和棋盘(矩阵)式两大类。

(四)条码技术的应用

1. 物料管理

现代化生产物料配套的不协调极大地影响了产品生产效率,杂乱无序的物料仓库、复杂的生产备料及采购计划的执行几乎是每个企业所遇到的难题。

通过条码技术将物料编码并打印条码标签,这样不仅便于物料跟踪管理,而且也有助于做到合理的物料库存准备,提高生产效率,便于企业资金的合理运用。对采购的生产物料按照行业及企业规则建立统一的物料编码,从而杜绝了因物料无序而导致的损失和混乱。对需要进行标识的物料打印其条码标签,以便于在生产管理中对物料进行单件跟踪,从而建立完整的产品档案。利用条码技术对仓库进行基本的进、销、存管理,可以有效降低库存成本。通过产品编码,建立物料质量检验档案,产生质量检验报告,与采购订单挂钩建立对供应商的评价。

2. 生产管理

生产管理是产品条码应用的核心基石,它要求构建一套完善的产品识别码体系。

(1)产品识别码的应用。在生产流程中,企业运用产品识别码来全面监控生产环节,包括采集生产测试数据、质量检查数据,进行产品完工检验。这一步骤旨在建立产品识别码与产品档案的关联,从而确保生产计划的有序执行,实时监控生产进度及产品流向,进而提升产品合格率。

(2)产品识别码格式的制定。依据企业内部的规章制度以及行业规范,企业制定了明确的产品识别码编码规则。这一规则确保了产品标识的规范化和统一化,为后续的生产管理提供了坚实的基础。

(3)产品档案的建立。在生产线上,利用产品标识条码对产品生产进行全程跟踪,并实时采集生产产品的部件信息、检验结果等数据,以此作为产品信息的重要组成部分。当生产批次计划经过审核后,应建立相应的产品档案。同时,通过生产线上的信息采集点,企业能够精准控制生产信息。此外,利用产品标识条码在生产线上采集质量检测数据,并依据产品质量标准对产品进行合格判定,从而有效控制产品在生产线上的流向。

三、射频识别技术

(一)射频识别技术的概念

射频识别(radio frequency identification,RFID)技术即无线射频识别技术,是自动识别技术的一种,通过无线射频方式进行非接触双向数据通信,利用无线射频方式对记录媒体(电子标签或射频卡)进行读写,从而达到识别目标和数据交换的目的,其被认为是21世纪最具发展潜力的信息技术之一。

RFID用于数据交换,能串联起一个极其复杂的系统。在识别系统中,通过电磁波实现电子标签的读写与通信。通信距离可分为近场和远场,为此读/写设备和电子标签之间的数据交换方式也对应地被分为负载调制和反向散射调制。

(二)射频识别技术的分类

射频识别技术依据其标签的供电方式可分为三类,即无源RFID、有源RFID、半有源RFID。

1. 无源RFID

在三类RFID产品中,无源RFID出现时间最早、最成熟,其应用也最广泛。在无源RFID中,电子标签通过接收射频识别阅读器传输来的微波信号,以及通过电磁感应线圈获取能量来对自身短暂供电,从而完成信息交换。因为省去了供电系统,所以无源RFID产品的体积可以达到厘米量级甚至更小,而且其自身结构简单,成本低,故障率低,使用寿命较长。但无源RFID的有效识别距离通常较短,一般用于近距离的接触式识别。其典型应用包括公交卡、二代身份证、食堂就餐卡等。

2. 有源RFID

有源RFID兴起的时间不长,但已在各个领域,尤其是在高速公路电子收费系统中发挥着不可或缺的作用。有源RFID通过外接电源供电,主动向射频识别阅读器发送信号,其体积相对较大,也因此拥有了较长的传输距离与较高的传输速度。一个典型的有源RFID标签能在百米之外与射频识别阅读器建立联系,读取率可达1700次/秒。有源RFID主要工作在900 MHz、2.45 GHz、5.8 GHz等较高频段,且具有可以同时识别多个标签的功能。有源RFID的远距性、高效性,使得它在一些需要高性能、大范围的射频识别应用场合里必不可少。

3. 半有源RFID

无源RFID自身不供电,但有效识别距离太短。有源RFID识别距离足够长,但需外接电源,体积较大。而半有源 RFID 就是为了解决这一矛盾的产物。半有源 RFID 又叫作低频激活触发技术。在通常情况下,半有源 RFID 产品处于休眠状态,仅对标签中保持数据的部分进行供电,因此耗电量较小,可维持较长时间。当标签进入射频识别阅读器识别范围后,阅读器先以 125 kHz 低频信号在小范围内精确激活标签使之进入工作状态,再通过 2.4 GHz 微波与其进行信息传递。也就是说,先利用低频信号精确定位,再利用高频信号快速传输数据。其通常应用场景为:在一个高频信号所能覆盖的大范围内,在不同位置安置多个低频阅读器用于激活半有源 RFID 产品。这样既完成了定位,又实现了信息的采集与传递。

(三) 射频识别技术的特点

1. 适用性

RFID 技术依靠电磁波,并不需要双方的物理接触。这使得它能够无视尘、雾、塑料、纸张、木材以及各种障碍物建立连接,直接完成通信。

2. 高效性

RFID 系统的读写速度极快,一次典型的 RFID 传输过程通常不到 100 毫秒。高频段的 RFID 阅读器甚至可以同时识别、读取多个标签的内容,极大地提高了信息传输效率。

3. 独一性

每个 RFID 标签都是独一无二的,通过 RFID 标签与产品的一一对应关系,可以清楚地跟踪每一件产品的后续流通情况。

4. 简易性

RFID 标签结构简单,识别速率高,所需读取设备简单。尤其是随着 NFC(近场通信)技术在智能手机上逐渐普及,每个用户的手机都将成为最简单的 RFID 阅读器。

(四) 射频识别技术应用领域

1. 物流

物流仓储是 RFID 最有潜力的应用领域之一,UPS、DHL、Fedex 等国际物流巨头都在积极试验 RFID 技术,以期将来大规模地应用 RFID 技术提升其物流能力。RFID 可应用的业务包括物流过程中的货物追踪、信息自动采集、仓储管理应用、港口应用、邮政包裹、快递等。

2. 交通

RFID 技术可应用于出租车管理、公交车枢纽管理、铁路机车识别等,目前已有不少较为成功的案例。

3. 身份识别

RFID 技术具有快速读取与难伪造性,被广泛应用于个人的身份识别中,如护照、二代身份证、学生证等各种电子证件。

4. 防伪

RFID 具有很难伪造的特性,但是如何应用于防伪领域还需要政府和企业的积极推广。RFID 可应用的领域包括贵重物品的防伪、票证的防伪等。

5. 资产管理

RFID 可应用于各类资产的管理,包括贵重物品、数量大相似性高的物品、危险品等。随着标签价格的降低,RFID几乎可以管理所有的物品。

6. 食品管理

RFID可应用于水果、蔬菜、生鲜等管理工作中。该领域的应用需要在标签的设计及应用模式上有所创新。

7. 信息统计

RFID的运用使信息统计变成了一件既简单又快速的工作。例如,由档案信息化管理平台的查询软件传出统计清查信号,阅读器迅速读取馆藏档案的数据信息和相关储位信息,并智能返回所获取的信息,与中心信息库内的信息进行校对。针对无法匹配的档案,由管理者用阅读器展开现场核实,调整系统信息和现场信息,进而完成信息统计工作。

8. 查阅应用

在查询档案信息时,档案管理者借助查询管理平台找出档号,系统按照档号在中心信息库内读取数据资料,核实后,传出档案出库信号,储位管理平台的档案智能识别功能模块会结合档号对应的相关储位编号,找出该档案保存的具体部位。管理者传出档案出库信号后,储位点上的指示灯立即亮起。资料出库时,射频识别阅读器将获取的信息反馈至管理平台,管理者再次核实,对出库档案和所查档案核查相同后出库。而且,系统将记录信息出库时间。若反馈档案和查询档案不相符,安全管理平台内的警报模块就会传输异常预警。

9. 安全控制

安全控制系统具有对档案的及时监控和异常报警等功能,可以避免档案被毁、失窃等。档案在被借阅并归还时,特别是实物档案,常常被用于展览,管理者对归还的档案应仔细检查,并和档案借出以前的信息核实,能及时发现档案是否受损、缺失等。

四、全球定位系统

(一)全球定位系统的概念

全球定位系统(global positioning system,GPS)又称全球卫星定位系统,是一个中距离圆形轨道卫星导航系统。它结合卫星及通信技术,利用导航卫星进行测时和测距。

(二)全球定位系统的优点

(1)GPS具有三维定位、定速和定时的高精度的特点,能够提供精准的物体位置坐标、速度信息和时间数据,可以满足用户高精度的定位需求,为各种应用场景提供准确的定位解决方案。

(2)GPS能够快速获取精确的位置信息,节省时间并提高效率,其多功能性使其成为现代社会不可或缺的关键技术,为各种应用场景提供可靠的定位服务。它可以满足用户快速定位的需求,提高用户工作效率,优化资源利用,并支持各种应用的发展与创新。

(3)通过GPS,用户可以在任何时间、任何地点获取精确的位置信息,实现移动定位功能。无论是在城市还是偏远地区,GPS都可以为用户提供可靠的定位服务,为用户提供方便、准确的位置信息,满足用户各种移动定位需求。

(4)GPS与传统的双星定位系统相比,在使用过程中接收机不需要发出任何信号,这增加了其隐蔽性。这种特性使得GPS在军事领域中具有重要意义,可用于军事定位、导航、目标追踪等任务,提高了军队作战效能并增强了军事行动的隐蔽性。

(5)使用低频信号是 GPS 的一项优势,因为低频信号具有较好的穿透性,即使在恶劣天气条件或建筑物遮挡下,也能保持相当强的信号穿透性。此外,全球卫星定位系统具有覆盖全球特点,覆盖率高达 98%。

(三)全球定位系统的发展趋势

GPS 最初就是为军方提供精确定位而建立的,至今它仍然由美国军方控制。军用 GPS 产品主要用来确定在野外行进中的士兵和装备的坐标,给军舰导航,为军用飞机提供位置和导航信息等。

我国的《全球定位系统(GPS)测量规范》已于 1992 年 10 月 1 日起实施。此外,在军事、交通、邮电、地矿、煤矿、石油、建筑以及农业、气象、土地管理、金融、公安等部门和行业,在航空航天、测时授时、物理探矿、姿态测定等领域,也都开展了 GPS 技术的研究和应用。

我国在静态定位和动态定位应用技术及定位误差方面进行了深入的研究,研制开发了 GPS 静态定位和高动态、高精度定位软件以及精密定轨软件。在理论研究与应用开发的同时,培养和造就了一大批技术人才和产业队伍。

近几年,我国已建成了北京、武汉、上海、西安、拉萨、乌鲁木齐等永久性的 GPS 跟踪站,进行对 GPS 卫星的精密定轨,为高精度的 GPS 定位测量提供观测数据和精密星历服务,致力于我国自主的广域差分 GPS(WADGPS)方案的建立,参与全球导航卫星系统(GNSS)和 GPS 增强系统(WAAS)的筹建。同时,我国已着手建立自己的卫星导航系统(双星定位系统),能够生产导航型 GPS 接收机,GPS 技术的应用正向着更深层次发展。

为适应 GPS 技术的应用与发展,1995 年我国成立了中国 GPS 协会,协会下设四个专业委员会,希望通过广泛的交流与合作,发展我国的 GPS 应用技术。

目前,GPS 系统的应用已经十分广泛,我们可以应用 GPS 信号进行海、空、陆的导航,导弹的制导,大地测量和工程测量的精密定位,时间的传递和速度的测量等。对于测绘领域,GPS 卫星定位技术已经用于建立高精度的、全国性的大地测量控制网,测定全球性的地球动态参数;用于建立陆地海洋大地测量基准,进行高精度的海岛陆地联测以及海洋测绘;用于监测地球板块运动状态和地壳形变;用于工程测量,成为建立城市与工程控制网的主要手段;用于测定航空、航天摄影瞬间的相机位置,实现仅有少量地面控制或无地面控制的航测快速成图,这些将引起地理信息系统、全球环境遥感监测产生技术革命。

许多商业机构和政府部门也使用 GPS 设备来跟踪它们的车辆位置,这一般需要借助无线通信技术。一些 GPS 接收器集成了收音机、无线电话和移动数据终端来适应车队管理的需要。全球定位系统技术已广泛应用于农业、林业、水利、交通、航空、测绘、安全防范、军事、电力、通信、城市管理等领域。

(四)全球定位系统的功能

1. 单点查询

本功能用于查询汽车当前所在的位置、方向、速度、时间、日期、车辆状态信息。当监控中心需要查询某一辆车的位置时,只需向该车辆安装的 GPS 车载设备下发单点查询命令,通过监控中心监控平台,直接在电子地图上显示该车所在位置及所处状态,如车门状态、点火状态等。

2. 实时跟踪

监控中心可以随时向 GPS 车载设备发送实时跟踪指令，GPS 车载设备会根据指定的时间间隔和信息数量向监控中心报告位置状态信息，从而实现对车辆进行高效、灵活的跟踪的目的。指令的时间间隔可以设置为 5～1275（1～255 秒的 5 的倍数），信息数量可设置为 0～255。无须等待当前实时跟踪命令执行完毕即可下发新的实时跟踪命令，因此可以实现长时间的连续跟踪。

3. 历史数据回传

GPS 车载设备内保存了汽车最近所经过的路线的位置状态信息，每两点信息间的时间间隔可由监控中心设定，因此保存信息的时间跨度可变。当监控中心下发历史数据回传命令，GPS 车载设备将从指定时间开始回传历史数据，直到当前时间为止。如果有警情发生，历史数据回传过程将被终止，立即上报所发生的警情。

4. 监听功能

当发生劫警、盗警等或者车主要求监听汽车内的状态时，监控中心可下发监听命令。车载设备收到指令后，立即进入监听状态，监控中心可监听车内的一切声音。

五、地理信息系统

(一)地理信息系统的概念

地理信息系统(geographic information system，GIS)有时又称"地学信息系统"。它是一种特定的、十分重要的空间信息系统，是在计算机硬、软件系统的支持下，对整个或部分地球表层(包括大气层)空间中的有关地理分布数据进行采集、储存、管理、运算、分析、显示和描述的技术系统。

位置与地理信息既是 LBS(基于位置服务)的核心，也是 LBS 的基础。一个单纯的经纬度坐标只有置于特定的地理信息中，代表某个地点、标志、方位后，才会被用户认识和理解。用户在通过相关技术获取到位置信息之后，还需要了解所处的地理环境，查询和分析环境信息，从而为用户活动提供信息支持与服务。

(二)地理信息系统的特点

1. 地理空间数据处理能力

GIS 具有处理地理空间数据的能力，可以对地理现象和空间关系进行捕捉、存储、查询和分析。这种空间数据处理能力使得 GIS 能够对空间信息进行可视化分析，从而帮助用户更好地理解地理现象。

2. 地理数据集成

GIS 能够整合来自不同来源的地理数据，包括地图、卫星影像、人口统计数据等，并对这些数据进行分析，为用户提供全面的地理信息视角。通过数据集成，GIS 可以帮助用户更好地理解地理现象的复杂性和多样性。

3. 空间分析功能

GIS 具有强大的空间分析功能，可以对地理数据进行空间关系的分析和模拟。通过空间分析，

GIS可以帮助用户进行地理问题的定位、评估和决策,从而支持各种规划、管理和决策活动。

4. 地图可视化展示

GIS可以将地理数据以地图的形式进行可视化展示,帮助用户直观地理解地理空间关系和地理现象。地图是GIS最常见的输出形式,通过地图展示,用户可以更直观地了解地理信息,从而更好地进行决策和规划。

(三)地理信息系统的相关研究

GIS按研究的范围大小可分为全球性的、区域性的和局部性的,按研究内容的不同可分为综合性的和专题性的。同级的各种专业应用系统集中起来,可以构成相应地域同级的区域综合系统。在规划、建立应用系统时应统一规划这两种系统的发展,以减少重复浪费,提高数据共享程度和实用性。

GIS的物理外壳是计算机化的技术系统,它由若干个相互关联的子系统构成,如数据采集子系统、数据管理子系统、数据处理和分析子系统、图像处理子系统、数据产品输出子系统等。这些子系统的优劣、结构直接影响着GIS的硬件平台、功能、效率、数据处理的方式和产品输出的类型。

GIS的操作对象是空间数据,即点、线、面、体这类有三维要素的地理实体。空间数据的最根本特点是每一个数据都按统一的地理坐标进行编码,实现对其定位、定性和定量的描述,这是GIS区别于其他类型信息系统的根本标志,也是其技术难点之所在。

GIS的技术优势在于它的数据综合、模拟与分析评价能力,可以得到常规方法或普通信息系统难以得到的重要信息,实现地理空间过程演化的模拟和预测。

GIS与测绘学和地理学有着密切的关系。大地测量、工程测量、矿山测量、地籍测量、航空摄影测量和遥感技术为GIS中的空间实体提供各种不同比例尺和精度的定位数据;电子速测仪、GPS全球定位技术、解析或数字摄影测量工作站、遥感图像处理系统等现代测绘技术的使用,可直接、快速、自动地获取空间目标的数字信息产品,为GIS提供丰富和实时的信息源,并促使GIS向更高层次发展。地理学是GIS的理论依托,有学者断言,"地理信息系统和信息地理学是地理科学第二次革命的主要工具和手段。如果说GIS的兴起和发展是地理科学信息革命的一把钥匙,那么,信息地理学的兴起和发展就是打开地理科学信息革命的一扇大门,必将为地理科学的发展和提高开辟一个崭新的天地"。GIS被誉为地学的第三代语言——用数字形式来描述空间实体。

六、电子自动订货系统

(一)电子自动订货系统的定义

电子订货系统(electronic ordering system,EOS)是指企业间利用通信网络(VAN或互联网)和终端设备,以在线连接的方式进行订货作业和订货信息交换的系统。

(二)电子自动订货系统的基本流程

电子自动订货系统的基本流程如下:

(1)商品信息采集。在零售终端使用条码阅读器扫描商品条码,通过终端机输入订购的商品种类和数量,将采购需求信息录入系统。

(2)订单生成。批发商接收到订单信息后,生成订单并开具发票。同时,根据订单信息制作提货单,以便零售商提货。

(3)商品提货。零售商凭借提货单到批发商处提取商品。批发商根据提货单进行商品发货,同时送货传票上的信息成为零售商的应付账款资料和批发商的应收账款资料。

(4)账款处理。应收账款信息被记录在系统中,以便后续结算和跟踪。

(5)商品验收与陈列销售。零售商收到货物后进行验收,确保商品完好无损。验收合格后,将商品陈列于店铺中进行销售。

通过电子自动订货系统,实现了订单的自动化处理、信息的实时传递和账务的自动记录,提高了订货效率和准确性,简化了订货流程,为零售商和批发商带来了便利和效益。

(三)电子自动订货系统的优点

(1)对于传统的订货方式,如上门订货、邮寄订货、电话传真订货等,EOS可以缩短从接到订单到发出订货的时间,缩短订货商品的交货期,减少商品订单的出错率,节约人工成本。

(2)有利于降低企业库存水平,提高企业的库存管理效率,同时也能防止出现商品特别是畅销商品缺货的现象。

(3)对于生产厂家和批发商来说,通过分析零售商的商品订货信息,能准确判断畅销商品和滞销商品,有利于企业调整商品生产和销售计划。

(4)有利于提高企业物流信息系统的效率,使各个业务信息子系统之间的数据交换更加便利和迅速,丰富企业的经营信息。

包括EDI、EOS、物流、销售及标准EDI贸易协定的物流信息技术如图7-1所示。

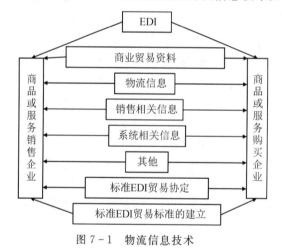

图7-1 物流信息技术

第二节 跨境电子商务物流信息系统概述

一、物流信息系统

(一)物流信息

1.含义

物流信息是指物流活动中各环节生成的信息,它一般随着生产、消费的物流活动而产生,与物流过程中的运输、储存、装卸、包装等各个环节有机结合在一起,是整个物流活动顺利进行所不可缺少的部分。

2. 特点

(1)物流信息量大、种类多、分布广,信息的产生、加工、传播和应用在时间、空间上不一致,方式也不相同,物流信息的收集、分类、筛选、统计、研究等工作的难度加大。

(2)物流信息动态性强、实时性高、时效性强,信息价值衰减速度快。

(3)物流信息趋于标准化。

3. 分类

(1)按信息所属的领域分类。按信息所属领域不同,物流信息可分为物流活动所产生的信息和其他信息源产生的供物流使用的信息两类。

(2)按信息的作用分类。按信息的作用不同,物流信息可分为计划信息、控制及作业信息、统计信息和支持信息等。

(3)按信息加工的程度分类。按信息加工的程度不同,物流信息可分成原始信息和加工信息两类。

(4)按活动领域分类。按活动领域不同,物流信息可分为运输信息、仓储信息、装卸信息等,甚至可细分为集装箱信息、托盘交换信息、库存量信息、火车运输信息、汽车运输信息等。

4. 作用

(1)物流信息的传送连接着物流活动的各个环节,并指导各环节的工作,起着桥梁和纽带的作用。

(2)物流信息可以帮助企业对物流活动各环节进行有效的计划、协调和控制,以达到系统整体优化的目的。

(3)物流信息有助于提高物流企业科学管理和决策水平。

(二)物流信息系统的含义

物流信息系统(logistics information system,LIS)是指由人员、设备和程序组成的,为物流管理者计划、实施、控制等职能提供信息的交互系统。它与物流作业系统一样都是物流系统的子系统。

物流信息系统实际上是物流管理软件和信息网络结合的产物,小到一个具体的物流管理软件,大到利用覆盖全球的互联网将所有相关的合作伙伴、供应链成员连接在一起提供物流信息服务的系统,都叫作物流信息系统。

对一个企业而言,物流信息系统不是独立存在的,而是企业信息系统的一部分,或者说是其中的子系统,即使对一个专门从事物流服务的企业也是如此。例如,对于一个企业的ERP系统而言,物流管理信息系统就是其中的一个子系统。

(三)物流信息系统的层次结构

处在物流系统中不同管理层次上的物流部门或人员,需要不同类型的物流信息。因此,一个完善的物流信息系统应包含以下四个层次。

(1)基层作业层。该作业层的部门或人员将收集、加工的物流信息以数据库的形式加以存储。

(2)数据处理层。该作业层的部门或人员对合同、票据、报表等业务进行日常处理。

(3)计划控制层。该作业层的部门或人员的工作内容包括制订仓库作业计划、选择最优路线、建立控制与评价模型,根据运行信息监测物流系统的状况。

(4)管理决策层。管理决策层的工作内容包括建立各种物流系统分析模型,辅助高层管理人员制订物流战略计划。

物流信息系统金字塔结构如图7-2所示。

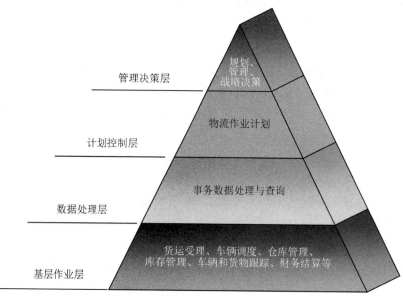

图7-2 物流信息系统金字塔结构

(四)物流信息系统的分类

(1)按物流信息系统的功能分类,物流信息系统可分为事务处理信息系统、办公自动化系统、管理信息系统、决策支持系统、高层支持系统、企业间信息系统。

(2)按管理决策的层次分类,物流信息系统可分为物流作业管理系统、物流协调控制系统、物流决策支持系统。

(3)按物流信息系统的应用对象分类,物流信息系统可分为面向制造企业的物流管理信息系统,面向零售商、中间商、供应商的物流管理信息系统,面向物流企业的物流管理信息系统,面向第三方物流企业的物流信息系统。

(五)物流信息系统的特点

1. 实时性和可追溯性

物流信息系统能够实时监控和跟踪物流活动,如订单处理、货物运输状态和位置等。同时,物流信息系统记录和存储了物流活动的历史数据,用户可以随时追溯和查看过往的物流信息,从而提高了运营效率和管理决策的准确性。

2. 集成性和数据共享

物流信息系统具有集成各个环节信息的能力,包括订单管理、库存管理、运输管理等。这种集成性使得不同部门或环节之间能够共享信息,避免信息孤岛,提高协作效率和信息传递的准确性。

3. 数据分析和决策支持

物流信息系统能够对大量的物流数据进行分析和处理,生成各种报表和分析结果。这些数据可以帮助管理者了解物流运作的情况,发现问题并做出相应的决策,从而优化物流流程,降低成本。

4. 安全性和可靠性

物流信息系统需要具备高度的安全性和可靠性,确保数据的机密性和完整性。系统需要采取各种安全措施,如数据加密、访问控制等,防止数据泄露和损坏,保障系统的稳定运行和信息安全。

(六)物流信息系统的发展阶段

随着信息技术的发展,物流信息系统经历了早期的数据管理阶段,到现在的信息管理阶段,并正在发展为知识管理阶段。

数据管理阶段信息技术应用的特点表现在计算机只是简单地事后记录数据。

信息管理阶段中信息系统的作用主要在于对信息的组织和利用,侧重于信息的搜索、分析、整理、传递以及企业业务流程控制等方面。

知识管理阶段则是对包括信息在内的所有智力资本进行综合决策并实施管理,它的核心是强调知识创新。知识管理的功能已由对信息物理属性的管理转变为对符合战略要求的决策支持,由基于内部的管理演化为兼顾内部与外部的管理,由以物为本的管理转变为以人为本的管理。知识管理阶段是信息管理阶段在深度和广度上的进一步深化和拓展。

(七)物流信息系统的内容

按系统采用的技术分类,物流信息系统可分为单机系统、内部网络系统、与合作伙伴及客户互联的系统。

物流信息系统根据不同企业的需要可以有不同层次、不同程度的应用和不同子系统的划分。例如,有的企业由于规模小、业务少,可能使用的仅仅是单机系统或单功能系统,而另一些企业可能就使用功能强大的多功能系统。一般来说,一个完整、典型的物流信息系统可由作业信息处理系统、控制信息处理系统、决策支持系统三个子系统组成。

1. 作业信息处理系统

作业信息处理系统一般有电子订货系统(EOS)、销售终端系统(POS)、智能运输系统(ITS)等类型。

电子订货系统按应用范围可分为企业内的电子订货系统(如连锁经营企业各连锁分店与总部之间建立的电子订货系统);零售商与批发商之间的电子订货系统以及零售商、批发商与生产商之间的电子订货系统等。及时、准确地处理订单是电子订货系统的重要职能。其中的订单处理子系统为企业与客户之间接受、传递、处理订单服务。订单处理子系统是面向整个订货周期的系统,即企业从发出订单到收到货物期间,要相继完成四项重要活动:订单传递、订单处理、订货准备、货物运输。其中实物流动由前向后,信息流动由后向前。订货周期中的任何一个环节缩短了时间,都可以为其他环节争取时间或者缩短订货周期,从而保证了对客户服务水平的提高。因为从客户的角度来看,评价企业对客户需求的反应灵敏程度,是通过分析企业的订货周期的长短和稳定性来实现的。

销售终端系统是指通过自动读取设备在销售商品时直接读取商品销售信息,如商品名称、单价、销售数量、销售时间、购买顾客等,并通过通信网络和计算机系统传送至有关部门,对商品进行库存数量分析,并指定货位、调整库存以提高经营效率的系统。

智能运输系统是典型的发货和配送系统,它将信息技术贯穿于发货和配送的全过程,能够快速、准确地将货物运达目的地。

2. 控制信息处理系统

控制信息处理系统主要包括库存管理系统和配送管理系统。

库存管理系统利用收集到的物流信息,制定出最优库存方式、库存量、库存品种以及安全防范措施等。

配送管理系统则将商品按配送方向、配送要求分类,制订科学、合理、经济的运输工具调配计划和配送路线计划等。

3. 决策支持系统

决策支持系统是给决策过程提供所需要的信息、数据、方案,为管理层提供决策信息的系统,一般应用于非常规、非结构化问题的决策。决策支持系统只是一套计算机化的工具,可以帮助管理者更好地决策,但不能代替管理者决策。

(八)物流信息系统的功能

物流信息系统的主要功能是进行物流信息的收集、存储、传输、加工整理、维护和输出,为物流管理者及其他组织管理人员提供战略、战术及决策的支持,提高物流运作的效率与效益。物流信息系统是物流系统的神经中枢,它作为整个物流系统的指挥和控制系统,可以分为多个子系统或者多种基本功能。通常,可以将其基本功能归纳为以下几个方面。

1. 数据收集

物流数据的收集首先是将数据通过子系统从系统内部或者外部收集到预处理系统中,并整理成系统要求的格式和形式,然后再通过子系统输入到物流信息系统中。这一过程是其他功能发挥作用的前提和基础,如果一开始收集和输入的信息不完全或不正确,在接下来的过程中得到的结果就可能与实际情况完全相左,这将会导致严重的后果。因此,在衡量一个信息系统的性能时,应注意它收集数据的完整性、准确性以及校验能力、预防能力、抵抗破坏能力等。

2. 信息存储

物流数据经过收集和输入阶段后,在其得到处理之前,必须在系统中存储下来。即使在处理之后,若信息还有利用价值,也要将其保存下来,以供以后使用。物流信息系统的存储功能就是要保证已得到的物流信息能够不丢失、不走样、不外泄,整理得当,随时可用。无论哪一种物流信息系统,在涉及信息的存储问题时,都要考虑存储量、信息格式、存储方式、使用方式、存储时间、安全保密等问题。如果这些问题没有得到妥善的解决,信息系统是不可能投入使用的。

3. 信息传输

在物流系统中,物流信息一定要准确、及时地传输到各个职能环节,否则信息就会失去其使用价值了。这就需要物流信息系统具有克服空间障碍的功能。物流信息系统在实际运行前,必须充分考虑所要传递的信息种类、数量、频率、可靠性要求等因素。只有这些因素符合物流系统的实际需要时,物流信息系统才有实际使用价值。

4. 信息处理

物流信息系统的最根本目的就是要将输入的数据加工处理成物流系统所需要的物流信息。数据和信息有所不同,数据是得到信息的基础,但数据往往不能直接利用,而信息是从数据加工得到的,它可以直接利用。只有得到了具有实际使用价值的物流信息,物流信息系统的功能才得到了发挥。

5. 信息输出

信息输出是物流信息系统的最后一项功能,也只有在实现了这个功能后,物流信息系统的任务才算完成。信息的输出必须采用便于人或计算机理解的形式,在输出形式上力求易读易懂、直观醒目。

以上五项功能是物流信息系统的基本功能,缺一不可。只有在数据收集、信息存储、信息传输、信息处理、信息输出这五个环节中都没有出错,最后得到的物流信息才具有实际使用价值,否则会造成严重后果。

(九)物流信息系统的设计

物流信息系统是一个有机的整体,具有整体目标和功能,这些目标和功能又是由相互联系的各个组成部分共同工作的结果。因此,系统设计阶段的主要任务是从系统分析说明书出发,根据系统分析阶段对系统逻辑功能的要求,在考虑技术、经济、环境等条件的基础上,确定系统的总体结构和各部分的技术方案,提出系统的实施计划。它是从物理上实现一个物流信息系统的重要基础。

1. 设计模型

物流信息系统的设计是在系统分析的基础上,充分考虑系统实现的内外环境及主客观条件,由抽象到具体的过程。通过数据、功能模型展示的系统需求被传送给设计人员,再运用某种设计方法实现数据设计、平台设计、模块结构设计、接口设计和过程设计。

(1)数据设计是将分析时创建的数据模型变换为实现系统所需的数据结构。

(2)平台设计是将性能要求变换成对系统软硬件环境的配置。

(3)模块结构设计定义系统模块元素之间的关系。

(4)接口设计描述系统内部、系统和协作系统之间及系统同人之间如何通信。

(5)过程设计是将加工说明变换为对系统模块内部算法的具体描述。

2. 设计方法

物流信息系统设计主要采取自顶向下的结构化设计方法,局部环节上也采用原型法或面向对象法。

1)结构化设计方法的概念

结构化设计方法是在结构化程序设计思想的基础上发展起来的,它强调把系统设计成具有层次的模块化结构,并且用一组标准的准则和工具帮助系统设计人员确定组成系统的模块及相互关系,即结构化设计方法采用模块化、自顶向下逐步求精的基本思想,以数据流图为基础构造出模块结构图。

2)结构化设计的特点

结构化设计是一种系统设计方法,旨在通过将系统划分为相互关联的模块或组件,以实现更好的可维护性、可扩展性和可重用性。以下是结构化设计的特点。

(1)模块化。结构化设计将系统分解为多个相互独立且功能明确的模块。每个模块负责特定的功能或任务,模块之间通过清晰定义的接口进行通信和交互。这种模块化的设计使得系统更易于理解、测试和维护,同时也提高了系统的灵活性和可扩展性。

(2)层次化。结构化设计通常采用层次化的结构,将系统分为多个层次或级别。每个层次负责不同的功能,且层与层之间通过明确定义的接口进行通信。这种层次化的设计有助于降低系统的复杂性,提高系统的可管理性和可组织性。

(3)模块间通信。在结构化设计中,模块之间的通信通常通过事先定义的接口和数据结构进行。这种明确定义的通信方式有助于减少模块之间的耦合度,使得系统更易于维护和扩展。常见的通信方式包括参数传递、函数调用、消息队列等。

(4)重用性。结构化设计鼓励模块的重用,即通过设计可重用的模块来提高系统的效率和开发速度。通过将通用功能封装到独立的模块中,开发者可以在系统中多次重复使用这些模块,减少重复开发工作,提高代码的可维护性和可重用性。

总的来说,结构化设计通过模块化、层次化、模块间通信和重用性等特点,帮助设计人员更好地组织和管理系统的结构,提高系统的可维护性、可扩展性和可重用性,从而构建出更加稳定、高效和易于维护的软件系统。

3)结构化设计的主要内容

(1)合理地进行模块分解和定义,使一个复杂系统的设计转化为若干种基本模块的设计。

(2)有效地将模块组织成一个整体,从而体现系统的设计功能。原型法的基本思想是在系统开发的初期,在对用户需求初步调查的基础上,以快速的方法先构造一个可以工作的系统雏形。将这个原型提供给用户使用,听取他们的意见,然后修正原型,补充新的数据、数据结构和应用模型,形成新的原型。经过几次迭代以后,原型可以实现用户与开发者之间的有效沟通,消除各种误解,形成明确的系统定义及用户界面。

面向对象设计首先涉及的是实体及实体间的关系。实体可以是现实中的对象,也可以是抽象的概念;实体间的关系指发生在问题域的对象间的相互作用。面向对象法的一种重要设计关系是继承关系。通过继承关系连接两个类,这样对父类的修改可以变成对子类的修改。

(十)物流信息系统的规划与开发过程

建立物流信息系统不是单项数据处理的简单组合,必须要有系统规划。因为它涉及传统管理思想的转变、管理基础工作的整顿提高以及现代化物流管理方法的应用等许多方面,是一项范围广、协调性强、人机紧密结合的系统工程。

物流信息系统规划是系统开发最重要的阶段,一旦有了好的系统规划,就可以按照数据处理系统的分析和设计持续进行工作,直到系统规划目标的实现。

1. 物流信息系统总体规划的基本步骤

(1) 定义管理目标。确立各级管理的统一目标，局部目标要服从总体目标。

(2) 定义管理功能。确定管理过程中的主要活动和决策。

(3) 定义数据分类。在定义管理功能的基础上，把数据按支持一个或多个管理功能分类。

(4) 定义信息结构。确定信息系统各个部分及其数据之间的相互关系，导出各个独立性较强的模块，确定模块实现的优先关系，即划分子系统。

2. 物流信息系统的开发过程

(1) 系统分析。主要对现行系统和管理方法以及信息流程等有关情况进行现场调查，给出有关调研图表，提出信息系统设计的目标以及达到此目标的可能性。

(2) 系统逻辑设计。在系统调研的基础上，从整体上构造出物流信息系统的逻辑模型，对各种模型进行优选，确定出最终的方案。

(3) 系统的物理设计。以逻辑模型为框架，利用各种编程方法，实现逻辑模型中的各个功能块，如确定并实现系统的输入、输出、存储及处理方法。此阶段的重要工作是程序设计。

(4) 系统实施。将系统的各个功能模块进行单独调试和联合调试，对其进行修改和完善，最后得到符合要求的物流信息系统软件。

(5) 系统维护与评价。在信息系统试运行一段时间以后，根据现场要求与变化，对系统做一些必要的修改，进一步完善系统，最后和用户一起对系统的功能、效益做出评价。

(十一) 物流信息系统的发展趋势

1. 开发构件化

构件开发就是将应用系统划分为各个构件，每一构件完成特定的功能，分散开发然后组合打包形成各种应用系统，这样可以最大限度地复用代码。构件是组成系统模板、结构框架和应用系统的基本元素，也是软件复用的基本单元。构件具有面向对象特性、支持重用、高集成性和低耦合性的特点。根据物流系统的作业流程，首先将作业内容相关性较大者统一于信息系统某一个或几个功能模块，再根据物流配送各个模块的功能，将其对应于各管理系统，从而构建出信息系统与构件库模块的结构关系。构件库的各模块之间不是孤立的，而是相互关联的。这些模块通过相互智能搭建形成一个系统的构件库。构件智能搭建系统采用复用技术可同时支持"黑箱"和"白箱"的应用；采用"专家引导、需求牵引"方式实现应用系统自动生成，提高信息系统的"柔性"；通过支持"正—逆"向工程的应用软件设计，实现软件设计与构件组合的双向交换。面向构件的软件技术需要解决构件之间的通信和相互操作问题，构件通用平台可以提供基础设施及"管道"，使构件之间可以相互通信。

2. 采集智能化

随着条码技术、RFID技术、传感器技术、图像识别技术等信息采集技术的快速发展，物流信息的采集速度大大加快，物流信息采集量也有了极大的提高。物流信息的准确率、物流安全性及物流效率均得到了很大的提升，信息采集的智能化水平越来越高。

3. 使用平台化

由交通运输部和国家发改委牵头，职能部门、科研院所、软件开发商、物流企业多方参与共建了一个开放、共享的物流单据和服务电子交换基础网络——国家交通运输物流公共信息平台(LOGINK),又称物流电子枢纽。该平台旨在构建覆盖全国、辐射国际的物流信息基础交换网络和国家平台门户,实现"公共平台"与相关物流信息系统和平台之间可靠、安全、高效、顺畅的信息交换,实现行业内相关信息平台交换标准统一,提供公正、权威的物流相关公共信息服务,有效促进物流产业链各环节信息互通与资源共享。除此之外,全国各地也都在积极建立大型物流信息平台,如湖南交通物流信息共享平台、湖北农产品物流信息共享平台等。

4. 信息可视化

可视化物流信息系统主要是由 GPS 定位卫星组、运输车辆、GPRS/GSM 通信网络、Internet 网络、RFID 阅读器组、GPS 定位终端、RFID 电子标签、控制中心等部分相互协调、有机组合而成的。

可视化物流信息系统具有多种优势:①实现数据的实时集成;②对货物的数量、品种、地点等实现全过程监控;③通过 GPS 系统实现物流系统全过程中各角色间的回流与信息沟通;④实现订货、作业、招标、监控等业务管理的信息化;⑤为企业建立物流数据仓库,并对相应的物流信息进行梳理和挖掘,形成决策支持系统。

二、跨境电子商务物流信息系统

(一)跨境电子商务物流信息系统的背景

目前,经济正处于高速发展的阶段,大众更加关注生活质量的提高,海淘逐渐成为一种新兴的购物方式。大量的商品跨境流通,许多跨境电子商务物流企业纷纷成立,聚焦于处理和解决商品跨境有关的业务。跨境电子商务物流企业通过与海外企业合作,设立物品代收点仓库,将客户的商品进行代收发,通过跨境电子商务物流系统预报的订单进行转运,完成包括报税等一系列的操作,最终把商品送到用户手中。

(二)跨境电子商务物流信息系统的发展现状

(1)物流信息系统的产生。竞争压力是跨境电子商务物流信息系统快速发展的核心动力之一。除去外部竞争的压力,企业也有发展跨境电子商务物流信息系统的内在动力,为了获得更低的成本、获取更高的利润,现代企业逐渐从单个实体竞争转向了供应链之间的竞争,而贸易的全球化和电子商务化更突显了这一点。

(2)信息技术的发展和成熟为物流信息系统提供了支撑和环境。

(3)物流信息系统的发展趋势是全球化、标准化、智能化。

(三)跨境电子商务物流信息系统的构成

1. 硬件设备

硬件设备主要包括用于计算和系统运行的服务器节点,这是物流信息系统的基础设施平台之一。

2. 软件系统

软件系统包括支持跨境电子商务物流信息系统的系统软件、中间软件和信息系统应用软件本身。

3. 网络设备

网络设备负责跨境电子商务物流信息系统中数据信息的共享与传输。

4. 人员

人员主要包含三类，分别是跨境电子商务物流业务的从业、管理人员，物流信息系统的维护、管理人员，跨境电子商务物流信息系统设计、开发阶段的相关人员。

(四)跨境电子商务物流信息系统结构

跨境电子商务物流信息系统与普通物流信息系统存在很大的差异，尤其表现在物流服务环节、跨境电子商务物流系统构建、基础设施、物流企业等方面。

1. 逻辑结构

跨境电子商务物流信息系统的逻辑结构可以分成五个核心组成部分，分别是信息源、信息处理器、信息变换整合、信息使用者和信息管理者。这五个部分也可以理解为一个完整跨境电子商务物流信息系统中的五个核心的逻辑角色，如图7-3所示。

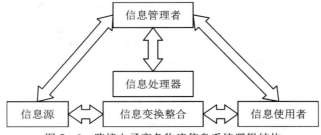

图7-3 跨境电子商务物流信息系统逻辑结构

2. 业务功能结构

跨境电子商务物流信息系统基础业务功能结构主要包括以下内容。

1) 基础服务业务

基础服务业务涵盖了系统的基础服务功能，包括用户认证、权限管理、系统配置等。该业务是为了确保系统的安全性、稳定性和可靠性。

2) 多平台应用业务

多平台应用业务涉及与多个电子商务平台的集成和连接，以便管理跨境电子商务活动。该业务包括订单处理、库存同步、支付处理等。

3) 集散货中心应用业务

集散货中心应用业务涉及管理和优化货物在集散货中心的存储、分拣和配送。该业务有助于提高物流效率、缩短交付时间。

4) 海外仓、保税仓管理业务

海外仓、保税仓管理业务涉及管理海外仓库和保税仓库的库存、订单处理、跟踪等。该业务是为了确保商品能够及时、顺利地进出境。

5) 信息使用者业务

信息使用者业务涉及向各种利益相关者提供信息和报告，包括实时数据查询、历史数据分析、报表生成等，以支持决策和监控业务运营。

6) 配送管理业务

配送管理业务涉及规划、调度和执行货物的配送活动。该业务包括路线优化、运输方式选择、配送跟踪等，以确保货物能够准时送达目的地。

7)企业管理应用业务

企业管理应用业务包括财务管理、人力资源管理、业务流程管理等,帮助企业管理者监控和管理企业的整体运营和发展。

(五)跨境电子商务物流信息系统的需求分析

1. 系统概述

随着跨国贸易的发展,消费者更喜欢进行跨境购物,所以创建符合实际的、先进的跨国运输体系,可以让消费者在进行跨国购物时更有效率、更方便。对运输企业而言,强化运输体系的信息质量,可以让它产生更大的作用。以原始的物流转运业务为基础,围绕其上下游业务进行拓展,最终建立一个涵盖上游电子商务平台以及下游仓储转运的跨境电子商务物流综合系统网络,三大体系分为终端层、平台层和政务层,如图7-4所示。

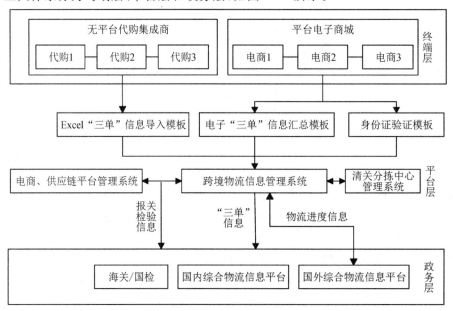

图7-4 跨境电子商务物流综合系统网络图

2. 典型的跨境电子商务物流信息系统

1)跨境订货处理子系统

一般的订货处理子系统包含了五个基本步骤,即订单准备、订单传递、订单登录、订单供货和订单处理状态跟踪。

2)仓储与库存管理子系统

仓储管理子系统是处理物流仓储中商品相关信息和业务的信息系统。仓储作业系统具有商品验收入库、存储保管和出库等功能,跨境电子商务物流信息系统在仓储管理中还应该多关注诸如多国、多仓协同管理,多语言支持,海外换标贴标,退换货,库内分销等业务。

库存管理,顾名思义就是首先准确地掌握当前库存的相关信息,然后根据库存信息按照一定规则进行库存数量的调整,也可以称为补充订货。

在跨境电子商务物流系统中还存在诸如"保税仓"等比较特殊的库存管理,但其本质上就是库存管理和库存控制的相应变化,只是在跨境背景下,物流信息系统需要与电子商务系统之间进行更加紧密的信息共享与协作。

仓储与库存管理子系统的应用提升了物流中的仓库管理效率,降低了物流成本。

3)配送管理子系统

配送管理子系统主要的功能集中在以下几点:配送业务的管理、配送信息的统计查询、库存盘点、库存分析与管理、库存货物预警、其他管理与操作等。

4)智能运输系统

智能运输系统(intelligent transportation system,ITS)是跨境电子商务物流智慧化的重要系统之一。其本质是将各种先进的人工智能、自动控制等技术与物流运输相结合。

智能运输系统的主要目标是为用户提供良好、高效的服务,所以其体系结构中一个重要的组成部分就是服务领域,确定能为用户提供哪几大类服务。

我国ITS有8个服务领域,其中包含34项服务功能,每项服务功能又被细分为7个子服务功能。美国ITS有9个服务领域,日本ITS有9个服务领域,欧洲国家ITS有6个服务领域。

5)菜鸟网络跨境电子商务物流信息系统

菜鸟网络跨境电子商务物流信息系统涵盖订单管理、仓储管理、运输管理、报关清关等多个功能模块,通过信息化技术实现物流全流程的可视化和优化,助力企业降低成本、提高效率。订单管理模块支持订单的实时跟踪和管理,帮助企业实现订单信息的集中管理和快速处理。仓储管理模块则涵盖了入库、出库、库存监控等,实现了对仓储环节的精细化管理和控制。运输管理模块包括国际运输和国内配送等环节的管理,确保货物安全、准时送达。报关清关模块则协助企业进行报关手续和目的地国家的清关工作,确保货物顺利通过海关检查。通过数据分析功能,系统能够收集和分析物流数据,为企业提供数据支持和决策参考。

三、跨境电子商务物流信息化

(一)物流信息化的必要性

(1)物流信息化是指运用现代信息技术分析、控制物流信息,以管理和控制物流、商流和资金流,提高物流运作的自动化程度和物流决策的水平,达到合理配置物流资源、降低物流成本、提高物流服务水平的目的。

(2)物流信息化是物流企业和社会物流系统核心竞争力的重要组成部分,是电子商务的必然要求。物流信息化主要表现为物流信息收集的代码化、物流信息处理的电子化、物流信息传递的标准化和实时化、物流信息存储的数字化等一系列先进的信息技术的应用。

(3)信息化和网络化水平的提升是物流业发展的基础和核心要素。物流信息化在现代物流发展中扮演着关键角色,是物流系统的核心,也是主要的发展趋势。为了推动我国电子商务的蓬勃发展,必须大力提升我国物流信息化水平。

(4)物流信息化利用信息技术手段来满足电子商务环境的需求,必须深入理解和分析物流运行环境、流程以及相关经济背景。这种变革性的信息化涵盖了整个社会物流系统,通过信息技术与传统物流功能的融合,企业塑造出了新的物流核心竞争力,丰富了物流的内涵。在电子商务环境下,物流信息技术的应用全面而深入,包括条码技术、射频技术、人工智能等,这些技术的应用提高了电子商务的效率。

(5)物流信息化的程度是衡量物流业务水平的重要标志,可以说没有信息化就没有现代化物流。要实现现代化物流的发展,物流信息化是必不可少的阶段。

(二)跨境电子商务物流信息系统的特点

1. 物流信息管理

跨境电子商务物流系统通过建立统一的信息平台,实现了物流信息的采集、处理、传递和共享。它具有订单管理、库存管理、运单跟踪等功能,方便卖家和买家随时了解商品的状态和位置。

2. 货物仓储与配送

跨境电子商务物流系统通常配备专业的仓储设施和配送网络,确保商品能够安全存储和及时送达。根据订单需求和目的地,系统可以自动选择最优的仓库和快递渠道,提供快速、可靠的配送服务。

3. 清关与报关

跨境电子商务物流系统会协助卖家完成出口报关手续,并跟踪货物在海关的清关流程。系统会提供必要的报关文件和资料,确保货物能够顺利通过海关,并按时送达买家手中。

4. 物流跟踪与投诉处理

跨境电商物流系统具有实时的物流跟踪功能,能让卖家和买家随时查询商品的位置和状态。同时,系统还具有投诉处理机制,解决可能出现的物流问题,保障买家权益。

5. 数据分析与优化

跨境电子商务物流系统通常会收集大量的数据,通过对数据的分析和挖掘,为企业提供决策支持和改进方案。通过优化物流流程和运作方式,降低成本,提高效率,提升企业竞争力。

总之,跨境电子商务物流系统是满足跨境电子商务交易需求的重要基础设施。它能够整合各个环节的资源和信息,提供高效、可靠的物流服务,促进国际贸易的便利化和跨境电商产业的发展。在全球经济一体化的背景下,跨境电子商务物流系统将发挥越来越重要的作用,推动商品流通和产业链的升级。

(三)加强物流信息化的策略

1. 转变传统的物流管理理念

在互联网迅速发展的大环境下,物流企业实际业务越来越复杂,物流管理信息化已经成为物流业发展的必然趋势。随着社会信息化程度的不断提高,企业的物流管理理念也需要不断更新,需要积极推进企业物流管理的信息化发展,提高企业信息化的管理程度。因此,为了促进物流管理信息化更好地发展,企业需要重视传统的物流管理各个环节的信息化建设。物流业具有流通性强的特点,所以先进的信息技术能提升各部门之间的信息共享水平,提高物流管理工作效率。

2. 构建物流信息网络

物流业是各产业发展的重要支柱,现代物流业的发展离不开信息网络技术的支撑。因此,企业在推动物流管理信息化的同时,也需要建立完善的物流信息网络。当前,许多大型物流企业集团在全球范围内建立了跨国信息网络体系。其他企业可以借鉴这些成功企业的经验,加强自身的信息网络建设,提升软硬件实力,提高物流管理信息化水平。

3. 完善物流信息管理标准体系

想要提升物流管理的工作效率,企业需要大力推进国家物流信息标准化体系建设。同时,还要提高物流领域的相关技术标准和管理标准,推进物流标准化信息服务平台建设,不断完善服务标准和规范,如逐步统一文件格式、物料接口等,加强物流标准化建设。此外,还要构建科学、规范的信息化操作规程,加强货物分拣、装卸、搬运过程的标准化、规范化建设,实现计量标准、包装标准、装卸标准等一体化,不断提高配送效率,有效减少流通环节,降低流通成本。

4. 应用现代化管理技术

在电子商务环境下,应用现代信息技术不仅能够提升物流管理模式的技术水平,还能提升物流管理模式的应用效果,因此,提升自身管理的现代信息技术应用水平显得尤为重要。目前,在物流管理模式中应用的现代信息技术主要包括互联网技术、卫星定位技术、条码技术、跟踪定位技术等。如果企业的物流管理模式在实际经营中遇到问题,则现代化技术可以为其提供稳定的技术支持。这样一来,企业的物流管理逐渐向现代化和智能化的方向发展,这能够节省大量的人力资源,提升物流的管理效率。例如在仓库存储阶段,应用自动引导小车进行引导,利用搬运机器人展开货物运输等。此外,物流企业还要创新信息技术手段,例如充分利用全球定位系统,全面掌握物流运输信息,提高物流运输的效率,更好地满足客户的需求。

5. 加强人才培养

近年来,虽然物流管理在我国的发展相当迅速,但目前市场上仍然缺乏物流信息化人才。人才是支撑物流管理生存发展的基础力量,为了更好地推进物流管理信息化建设,必须加强人才培养。首先,高校必须重点培养学生在现代物流信息技术方面的应用能力。其次,物流企业应加大人才引进和培养力度,大力吸收信息化物流人才,对物流人才进行全面培训。最后,我国各级政府要为培养物流现代化人才提供良好的条件,丰富信息技术的培训形式,建设物流行业之间的沟通与人才共享平台。

案例分析

ABC 公司是一家专注于家居用品的跨境电商企业,总部位于美国。随着业务的不断扩张,ABC 公司决定进军国际市场,寻求更广阔的发展空间。然而,面对跨境电商所涉及的复杂物流挑战,ABC 公司意识到它需要一个可靠的物流合作伙伴来支持它的全球化扩张计划。于是,ABC 公司选择了 UPS 的跨境电子商务信息系统作为其物流问题的解决方案。

1. 订单处理与库存管理优化

UPS 的跨境电子商务信息系统为 ABC 公司提供了高效的订单处理和库存管理功能。ABC 公司可以通过 UPS 的跨境电子商务信息系统实时监控订单流程(包括订单接收、处理、跟踪等环节),可以轻松管理订单信息,及时进行库存调整,避免库存积压和缺货情况。UPS 的跨境电子商务信息系统的智能化功能帮助 ABC 公司优化了库存管理,提高了库存周转率,降低了库存成本。

2. 多样化物流运输选择

UPS 的跨境电子商务信息系统为 ABC 公司提供了多种物流运输选择,包括空运、海运、陆运等。根据产品的特性、目的地的要求以及客户的需求，ABC公司可以灵活地选择最适合的运输方式。UPS全球物流网络覆盖广泛，能够确保货物快速、安全地到达目的地。ABC公司可以依托UPS的物流优势，实现全球范围内的物流配送，满足客户的需求。

3. 全球物流网络支持

UPS作为一家全球性物流服务提供商，拥有强大的全球物流网络。ABC公司可以借助UPS的全球物流网络，实现全球范围内的物流覆盖。无论是北美、欧洲、亚洲还是其他地区，UPS都能提供可靠的物流服务，确保货物准时送达客户手中。ABC公司可以依靠UPS的全球资源和经验，拓展国际市场，实现全球化扩张的目标。

通过利用UPS的跨境电子商务信息系统，ABC公司成功实现了全球化扩张，提升了物流效率，增强了客户体验。UPS的跨境电子商务信息系统为ABC公司提供了全方位的物流解决方案，助力该公司在国际市场取得成功。ABC公司通过与UPS合作，建立了稳固的物流伙伴关系，共同实现了业务的持续增长和发展。

思考：

1. 如何评估UPS的跨境电子商务信息系统对ABC公司业务的影响？

2. UPS的跨境电子商务信息系统在帮助ABC公司成功实现全球化扩张的过程中的关键因素是什么？

3. UPS的跨境电子商务信息系统如何帮助ABC公司建立稳固的物流伙伴关系？

练习与思考

1. 简述全球定位系统的优点。
2. 了解地理信息系统的相关研究。
3. 简述电子订货系统的含义。
4. 简述物流信息系统的含义。
5. 简述跨境电子商务物流信息系统的发展现状。
6. 简述跨境电子商务物流信息化。

第八章　跨境电子商务背景下各类企业物流系统

学习目标

- 理解物流系统的含义。
- 熟悉亚马逊的跨境电子商务物流系统。
- 熟悉沃尔玛的跨境电子商务物流系统。
- 熟悉戴尔公司的电子商务物流系统。
- 掌握中远e环球的跨境电子商务物流服务。
- 熟悉华球通公司的跨境电子商务平台物流服务。
- 熟悉阿里巴巴的跨境电子商务供应链。

第一节　企业自营物流系统

一、物流系统与企业自营物流

(一)物流系统的含义

物流系统是指在一定的时间和空间里,由所需输送的物料和相关设备、输送工具、仓储设备、人员以及通信联系等若干相互制约的动态要素构成的具有特定功能的有机整体。物流系统的要素能使物流系统整体优化、合理化,并适应或改善社会大系统的环境。物流系统的"输入"是指采购、运输、储存、流通加工、装卸、搬运、包装、销售、物流信息处理等物流环节所需的劳务、设备、材料、资源等要素由外部环境向系统内部提供的过程。

(二)企业自营物流

1. 企业自营物流的含义

所谓自营物流,即企业自身投资建设物流的运输工具、储存仓库等基础设施硬件,经营、管理企业的整个物流运作过程。我国传统物流基本上都是以自营物流为主的,近些年来,发展迅速的第三方物流已经成为现代物流的重要发展趋势。无论是自营物流还是第三方物流,都各有特点,都是现代物流的重要组成部分。

目前,采取自营物流的电子商务企业主要有两类:第一类为传统的大型制造企业或批发企业经营的电子商务网站。由于其自身在长期的传统商务中已经建立起初具规模的营销网络和物流配送体系,在开展电子商务时只需将其加以改进、完善,就可以满足电子商务条件下物流配送系统的要求。第二类是资金实力雄厚且业务规模较大的电子商务企业。电子商务在我国兴起的时候，国内第三方物流的服务水平远不能满足当时电子商务企业的要求，而这些企业手中持有大量的外国风险投资，为了抢占市场的制高点，它们不惜动用大量资金，在一定的区域甚至在全国范围内建立自己的物流配送系统。

自营物流体系的核心是建立集物流、商流、信息流于一体的现代化物流配送中心，而电子商务企业在自建物流配送中心时，应广泛利用条码技术、数据库技术、电子订货系统、电子数据交换、快速反应以及有效的客户反应(ECR)等信息技术和先进的自动化设备，以使物流中心能够满足电子商务对物流配送提出的各种新要求。

2. 自营物流的优势分析

综合来看，与第三方物流相比较而言，自营物流具有以下两方面的优势。

1)反应快速、灵活

与第三方物流相比，自营物流的整个物流体系是企业内部的一个组成部分，与企业经营部门关系密切，以服务于本企业的生产经营为主要目标，能够更好地满足企业在物流业务上的时间、空间要求，特别是要求物流配送较频繁的企业，自营物流能更快速、灵活地满足企业要求。

2)企业拥有对物流系统运作过程的有效控制权

在自营物流的情况下，企业可以通过内部行政权力控制自营物流运作的各个环节，企业对供应链较强的控制能力使物流系统容易与其他业务环节密切配合，能使企业的供应链更好地保持协调、稳定，提高物流运作效率。

3. 自营物流的劣势分析

1)一次性投资大、成本高

虽然自营物流具有自身的优势，但是由于物流体系涉及运输、仓储、包装等多个环节，建立物流系统的一次性投资较大，占用资金较多，对于资金有限的企业来说，投资建设物流系统是一个很大的负担。企业自营物流一般只服务于企业自身，依据企业自身物流量的大小而建立。而单个企业物流量一般较小，企业物流系统的规模也较小，这就导致物流成本较高。

2)需要较强的物流管理能力

自营物流的运营需要企业工作人员具有较强的物流管理能力，否则光有好的硬件，自营物流也是无法高效运营的。目前，我国物流人才培养严重滞后，导致物流人才严重短缺，企业内部从事物流管理人员的综合素质整体也不高，面对复杂多样的物流问题，他们经常凭借经验或者主观的考虑去解决，这是企业自营物流中一个亟待解决的问题。

一些企业的自营物流系统，既服务于本企业，又为其他企业提供物流服务，这实质上是一种业务上的多元化，其物流系统的性质已发生了一定的变化，与自营物流的本来定义已经不同了。

二、亚马逊的跨境电子商务物流系统

(一)亚马逊物流仓储体系分析

近些年，亚马逊之所以扭亏为盈，主要在于其仓储物流体系的建立。亚马逊投入大量资金用于其物流服务，经过多年的发展，已经具备了较强的物流竞争优势，逐渐盈利。那么，亚马逊到底为什么能够达到现在的物流高度呢？原因主要有以下几点。

1. 开放的物流仓储平台

亚马逊在发展过程中，使其物流平台开放，不仅吸引了商户，提高了其知名度和影响力，也进一步降低了物流成本。亚马逊在中国推出了"全球开店"服务，商家可以将货物放在亚马逊物流中心，亚马逊为其提供全球化的物流仓储服务，给中国商家将商品销往全球提供了一个全新的、便捷的通道。

2. 卓越的仓储管理、运营能力

仓储管理是电子商务发展过程中最重要的一环，直接影响着用户的体验效果。亚马逊是全球率先采用智能系统和大数据仓储管理模式的企业，将科技和创新融入物流仓储管理中。此外，亚马逊的整个物流系统从订单、仓储到配送都运用了很多技术。经过多年的发展，亚马逊已不仅是一家电子商务企业，也是一家科技企业。

3. 优秀的组织架构

亚马逊的物流仓储部门集结了一群拥有国际化视野，精通物流管理、运营和技术的专业人才，缔造了以客户为中心、以客户体验为目标、随时处理客户需求的专业团队。

(二) 亚马逊的自建配送中心

亚马逊在1997年就开始着手建立物流配送中心。目前，欧洲、亚洲都分布着亚马逊自建的物流配送中心。自建物流配送中心这样一个"非常规"的举措是基于客户的需求和体验而产生的。虽然直接物流分配模式有一定的成本消耗，但是客户的体验更为重要。如何打破客户网络购物的局限性是电商企业不容忽视的问题，购物没有地域限制是电子商务的一大优势。为了覆盖全球市场，亚马逊先后在各地建立仓库，这样不仅满足了客户的需求，也大大缩短了配送时间和配送成本。

1. 外包配送业务

亚马逊将配送业务外包给其他专业的物流企业，这样不仅提高了其配送效率，也减少了物流成本。通过外包配送业务，亚马逊节省了大量的人力、财力，便于集中发展自己的主营业务和核心业务。

2. 按商品类别设立配送中心

亚马逊物流中心的建立与常规物流中心的建立不同，它既不是基于人流因素建立的，也不是基于交通因素建立的，而是基于对专业水准有着更高要求的商品种类建立的。每一种商品都有各自对应的配送中心，不同种类的商品由不同种类的配送中心进行配送，原本繁杂的作业由此变得简单。相较于综合性物流中心，基于商品种类建立的物流中心在响应时间上稍显劣势，但其建立大大降低了配送中心的管理费用和运转费用。

3. 组合包装

组合包装技术即顾客在订货时把需要等待的商品和有现货的商品分别放在不同的订单中，承运人根据订单将有现货的商品进行组合、一起配装。亚马逊采用组合包装技术，将有现货的商品集中配送，不仅运输批量有所扩大、运输效率有所提高，运输成本也降低了很多。

4. 降低退货比率

亚马逊从源头上规避退货的发生，在商品采购环节就严格把关，尽量满足客户的需求。亚马逊不同于其他退货流程复杂的网站,它是很人性化的,消费者轻易就能取消订单,尽管如此,亚马逊的退书率相较于其他传统书店却是极低的。亚马逊在保持较高的服务水平的同时也赢得了良好的信誉。

(三)亚马逊提升客户体验的物流服务

亚马逊的主营业务主要分为两大部分,即零售和云计算服务(AWS)。零售部分又包括了自营部分和第三方市场平台部分,前者是亚马逊在图书销售业务基础上发展起来的全品类零售业务,后者是为世界各地的卖家提供了一个类似集市的场所,它们与亚马逊共同为消费者提供更加丰富的可选商品。围绕两大业务板块,亚马逊先后推出了相关的服务产品,使客户的体验不断得到提升。

1. 亚马逊金牌会员服务

2005年2月,亚马逊对外推出了金牌会员服务(prime),客户只要支付79美元的年费(2013年年费涨到了99美元),就可以享受两天内免费送货的无限制物流服务,也可每次增加3.99美元升级为一天内送达。这在最初被认为是一个非常冒险的项目,亚马逊为此投入了上千万美元的资金。金牌会员服务的定时送货承诺要求以新的方式运营订单履行中心。亚马逊创建了大规模的系统来完成仓库补货、货物摆放和商品定价的自动化。亚马逊机器人部门(2012年被收购的Kiva公司)为仓库配备了15000多台机器人进行货物堆放和提取作业,以实现比以往更高的密度和更低的成本,目前订单履行中心已进化到第八代,采用自主软件管理各种流程。亚马逊全球订单履行中心网络由2005年的13个扩展到2024年的185个。快速配送依然是金牌会员服务的核心内容,亚马逊依然坚持为会员增加其他福利。2011年,亚马逊增加了会员即时视频(prime instant video,PIV)服务。除了购买版权内容外,亚马逊还投资制作高质量的原创电影,其中有的电影甚至获得了金球奖,为金牌会员提供音乐欣赏、照片存储等服务,这些做法提高了试用会员转化为正式会员以及会员购买商品的比率。亚马逊金牌会员服务一直处于不断优化之中,亚马逊2014年推出的会员高速物流投递(prime now)服务为会员提供几万种商品的两小时送货服务,会员也可以支付7.99美元享受1小时送货服务。享受会员厨房(prime pantry)服务也是亚马逊2014年底推出的一项针对日用品、杂货的会员服务,当会员购买厨房服务商品时,相当于购买了一个大箱子,在不超过箱子容量的范围内选购商品不仅可享受优惠价格,超过5件商品时还可享受免邮服务。

2015年,亚马逊金牌会员的两日送达服务所覆盖的商品种类已从100万种扩大至超过3000万种,并新增了周日递送服务,同时在全球35个城市实现了几十万种商品的免费当日送达服务。2015年,亚马逊金牌会员人数增长了51%,其中美国本土会员增长47%,全球会员数量已达数千万。

2023年,亚马逊prime会员订阅服务费超过400亿美元,119美元的年费(2024年Prime会员年费价格从119美元提高到了139美元)服务能给客户带来很多体验。正如目前美国Netflix(奈飞公司)一样,亚马逊的金牌会员拥有免费的视频电影观看权利。Netflix的会员价格为7.99美元/月,如此算下来,其一年的费用就达到了95.88美元,这只有看电影的权利,而亚马逊年费还有很多其他服务。和Netflix一样的是,亚马逊的流媒体服务包括了不少自制影片,此项服务对于会员来说是"有价值的"。

2. 亚马逊物流外包服务

FBA 于 2006 年推出，可以有效连接第三方市场平台和金牌会员服务，并充分利用亚马逊现有的物流中心网络。卖家使用 FBA 服务时，将货物存放到亚马逊的仓库，由亚马逊负责所有的物流、客户服务、退货等工作。如果客户订购了 FBA 商品和亚马逊自营商品，就可以包装到一起发货，这极大地提升了效率。更重要的是，卖家加入 FBA 后，其商品同时获得金牌会员服务的资格，从而提升了客户的体验，促进了卖家的销售。通过 FBA，亚马逊完成闭环的良性循环。更多卖家加入 FBA，就有更多可选的金牌会员商品，会员价值提升，从而吸引更多客户加入，带来更多的销量，卖家业绩提升，也就会更愿意使用该服务。

三、沃尔玛的跨境电子商务物流系统

英国著名物流专家克里斯托弗认为：现代物流是指经信息技术整合的，实现物质实体从最初供应者向最终需求者运动的最优化的物理过程。

(一)沃尔玛信息技术的应用与发展

1962 年，山姆·沃尔顿在本顿维尔小镇上建立第一家沃尔玛商店。初期沃尔玛商店以农村包围城市的策略，积极发展小镇商店，这要求其在货品配送方面必须与时间赛跑。1970 年，沃尔玛公司在本顿威尔镇建立了第一个配送中心。从此沃尔玛开始了物流和信息化有机结合的探索和实践。通过采用最新的信息技术，沃尔玛将最古老的销售技巧与最现代化的高科技联系起来，达到了提高生产率和降低成本的目的。从 20 世纪 80 年代中后期开始，沃尔玛加快了信息技术和经营活动中寻求完美结合的脚步。

(二)沃尔玛物流系统构成

1. 高效的配送中心系统

沃尔玛有六种不同形式的配送中心，即干货配送中心、食品配送中心、山姆会员店配送中心、服装配送中心、进口商品配送中心和退货配送中心。这六种配送中心都拥有与总部和门店联网的信息系统，门店通过这个系统，应用 EDI 技术向配送中心订货，当任何一种商品在配送中心生成订单，即将运往某个门店的同时，门店和总部能够即时获取该批货物的运送情况，适时做好接货准备。

在沃尔玛的经营策略中，物流配送系统的重要性仅次于排在首位的员工，若员工对沃尔玛的重要性是 70%，那么剩下的 30% 则基本全被物流系统占有。可见物流系统在整个沃尔玛体系中有多么重要，从某个层面上讲，一个零售企业能否成功，主要在于这个企业的物流系统是否能够运行得当。在这个高速发展的时代，良好的物流系统可以在一定程度上弥补货物在空间上运输的时间问题。沃尔玛这种高效率的物流配送体系主要体现在以下两个方面。

1) 与供应商的无缝连接

(1) 保持与供应商之间亲密的战略合作伙伴关系。沃尔玛长期致力于与供应商打造战略合作伙伴关系，它的供应链的完整性、物流系统的强大性、评估系统的精密性以及各部门的合理设置等，使其长时间维持了与供应商之间亲密的战略合作关系。

(2) 沃尔玛-宝洁模式的建立。众所周知，宝洁是全球著名的日用品制造企业之一。沃尔玛最开始与宝洁的合作并没有那么顺利。曾几何时，两个商业界的龙头企业都有着自己的使命和目的，二者也是在经历了长时间的"冷战"之后，才将目光投向了合作。1987 年，山姆对当时的宝洁副总裁说:"我们的做事方式都太复杂了。"这也就成为协同商业流程革命的开端,这无不表现出在如今的时代洪流中,企业间的协作有多么重要,一个企业孤身奋斗是永远不可能称霸一个领域的。

2)维持技术领先,保证成本控制

(1)卫星通信系统。建立卫星通信系统是沃尔玛物流系统发展的一个里程碑事件。直到今天,卫星通信系统仍是沃尔玛最好的工具,也是其在竞争中取胜的最大优势。

(2)RF技术。RF技术作为一种较为安全先进的技术在物流系统中已较为常见,其工作流程及优点主要如下。

①RF技术是在基于电磁理论基础上产生的,即当扫描器扫描货物的电子标签时,产品的标准编号以及产品的数量将进入扫描器的记忆,同时扫描信息自动与订货单和配送单匹配,经过核对无误后,工人才能进行商品分拣和包装。

②RF技术不仅在远距离就可以识别货物,其本身还具有读写能力,扫描器还可携带大量数据,十分智能化。从某种层面上讲,它是很难伪造的。

③在使用 RF 技术时,只需在运输线上的仓库、检查点、转运点、车站、码头、机场等场所的关键位置安装其接收传发装置。

RF 技术可以广泛应用于物料跟踪、货架和运载工具的识别中,还能适应数据的不断变化。

(3)条码技术。条码技术是随着计算机和信息技术的发展而诞生的,是集编码、印刷、识别、数据收集和处理于一体的一种新技术。沃尔玛的所有商品都有一个统一的产品代码,称为 EAN 数字。通过应用条码技术,沃尔玛在对商品的整个处理过程中,现在的人工成本已经控制在之前的 40% 左右。条码技术主要具有以下几方面的优点。

①极速输入。与传统的键盘输入相比较,条码技术输入速度更快,并且能实现随时随地输入数据。

②方便制作。设备和材料容易识别且对设备无特殊要求,对工作人员不需要特殊培训。

③实用灵活。条码识别作为一个独立的装置,可以用来识别设备和其他的控制设备,也可以连接到一个自动化的管理系统。

④大信息采集量。二维条码与传统的一维条码相比,不仅可以携带更多字符的信息,还可以自动修改信息。

⑤设计科学的配送中心。从设计角度看,每个沃尔玛配送中心的面积都非常大,平均占地面积大约 11 万平方米。每个配送中心都负责为一定区域内的商店送货,为了确保及时交货,从配送中心到商店的时间一般不会超过一天。这样既可以保证物品的质量、降低物品的损耗率,又可以严格控制物流成本,避免在运输过程中造成不必要的损失。沃尔玛配送中心采用全天 24 小时不间断作业的工作模式,对整个流程进行科学的管理,制定紧密的时间表,严格按照时间表进行操作。在这样环环相扣的工作流程下,可以对整个时间有一个很好的掌控,从而节省时间、提高效率。

(4)强大的通信系统。沃尔玛配送系统的精华在于先进的通信网络。1987 年,沃尔玛运用卫星技术建立了自己的全球商业卫星通信系统。该系统的应用使得全球 5161 家沃尔玛分店都能够通过自己的终端与总部和配送中心进行实时联系,在数小时内完成"填妥订单、各分店订单汇总、送出订单"的整个流程,大大提高了配送的高效性和准确性。

(5)完善的门店系统。沃尔玛门店系统是由一个相当完善的信息网络系统进行辅助决策支持的。作为零售终端,该系统通过运用商品条码进行管理,实现POS系统、自动订货系统协同工作。同时每个门店又通过强大的通信系统与总部系统和配送系统联系在一起,形成了沃尔玛门店信息内部共享系统。

(6)先进的供应链系统。20世纪90年代,沃尔玛开始了供应链管理系统上的探索与应用。通过与主要供应商之间建立零售链接系统,它使供应商可以直接进入沃尔玛系统,使供应商和沃尔玛能够分享各自的商品在65周内的销售情况,依此供应商能够合理地对商品进行销售,甚至还能够实现供应商管理库存(VMI)。

通过以上系统的协作,沃尔玛将其在全球各地的配送中心、连锁店、仓储库房和货物运输车辆,甚至合作伙伴进行系统、集中的管理,形成了一个灵活、高效的商品生产、配送和销售网络,这为沃尔玛直接"控制生产"、高水准的"客户服务"以及"天天平价"提供了可能。

(三)中国沃尔玛物流系统的应用概况

目前,沃尔玛在中国尽管以美国标准模式管理,但其物流方面的优势一直没能显现出来,这里面有国内政策和硬件设施方面的限制,也与沃尔玛在中国采取的谨慎策略有关。从理论上说,只有中心城市对周边的卫星城市具有足够的辐射作用,分店的数目达到一定水平,物流配送中心才有效率。在美国,沃尔玛投资建设一个物流配送中心大约需要0.8亿~1亿美元,辐射范围约100家门店。迄今为止,沃尔玛中国公司拥有深圳、天津、成都、嘉兴、武汉、广州6家配送中心,在中国市场,现有的配送中心能充分体现出效果。以沃尔玛在深圳蛇口的配送中心为例:供应商如果只想在当地的沃尔玛门店里销售商品,则采取供应商直送的方式;如果要在国内销售商品,除了生鲜等食品类商品,其余商品要将货送至深圳的沃尔玛配送中心;如果想做出口,则由沃尔玛设在深圳的全球采购办操作。因此,该配送中心还只是一个货物的中转站,其功能无法与美国沃尔玛高效的物流配送中心相提并论。尽管如此,沃尔玛在中国所拥有的标准化信息系统控制能力依然强大。从功能上来说,中国沃尔玛管理信息系统结构以沃尔玛美国门店的标准构建。它们通过共同的系统进行联系,有相同的补货系统、相同的EDI条码系统、相同的库存管理系统、相同的会员管理系统、相同的收银系统,这样的系统能使管理者从一家门店了解全世界的门店的资料。这对于信息技术应用还处于初级阶段的我国零售企业具有借鉴意义。

以沃尔玛目前发展速度最快的购物广场(supercenter)为例,其门店采用POS系统作为销售和收银系统,同时又以SMART系统进行门店辅助管理决策支持。在门店里,POS系统与SMART系统是联网的。而门店则通过网络设施实现与总部HOST系统和配送中心WMDC系统的联网。中国沃尔玛的每个门店信息都可以通过这样的系统网络实现各种数据实时共享。图8-1为中国沃尔玛购物广场的系统基本构成。

每个门店的SMART系统是门店物流管理的核心,是计算机辅助决策支持的关键所在。SMART系统具有商品信息查询功能、自动订货功能、盘点功能、门店收货功能、供应商管理以及理货功能等。

1. 商品信息查询功能

SMART系统通过与POS系统的联网,对门店内销售的所有商品的销售数据都能够保存65周,销售数据可以具体到每一个单品的规格、颜色等;通过与总部HOST系统的联网,各门

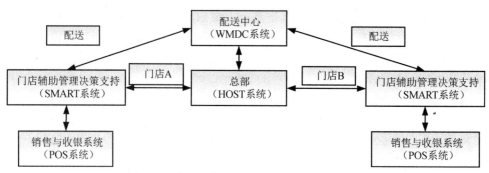

图 8-1 中国沃尔玛购物广场的系统基本构成

店从 HOST 系统的数据仓库中可以提取任意一种商品在门店的整体销售情况,如何时销量是高峰、何时开始进行清仓降价、商品的毛利率等非常具体的信息;通过与 WMDC 配送中心的信息系统联网,使门店员工能够了解到由配送中心送货的数量、在途商品等信息。这样的信息支持使采购人员和门店管理人员能够明确什么品种在什么时候该增加、什么品种在什么时候该淘汰;畅销品种每次进多少才能满足需求又不会导致积压,从而指导门店能够准确、有效地订货。

2. 自动订货功能

在 SMART 系统中有专门的订货平台,这个订货平台会根据 POS 系统提供的实时销售信息,以及 SMART 系统中现有的库存数量以及过去几周,甚至上年同期的销量数据,以特定的公式计算出自动订货的数据。沃尔玛各部门的管理者每天通过系统自动生成的订货单来审核系统订货数据的合理性。也就是说,SMART 系统给出的订货数量在一定程度上可以由门店管理者进行更合理的调整。当然,自动订货的数据准确与否,和 SMART 系统中所记录的各商品库存数的准确性息息相关。因此,SMART 系统支持门店盘点的各项功能。

3. 商品盘点功能

沃尔玛购物广场每个门店的商品品种数一般都在 1.2 万~2 万,如何维护庞大的库存商品数据准确性,SMART 系统提供了专门的盘点平台。每个月商场各部门都要对本部门商品完成一次盘点,SMART 系统每天跟踪各部门的盘点状况。信息部门通过系统报告形式监督部门的盘点状况。

4. 门店理货功能

沃尔玛的员工在信息系统的协助下,其理货工作变得相对轻松。与 SMART 系统联网的 Telxon 手提终端为员工在理货时提供相当具体的商品数据辅助服务。手提终端的应用,使商场人员丢下了厚厚的补货手册,对实施单品管理提供了可靠的数据,而且高效、准确。沃尔玛进入中国以来,如何改进物流、降低成本一直是其努力的方向。在沃尔玛门店里,一种新的 30-60-90 理货流程(即员工在一天的工作中,按照 30 分钟、60 分钟和 90 分钟的时间间隔进行不同的理货作业)规范正在实践过程中不断探索,其本质就是在信息系统的支持下,促进库存商品周转的流程改进。

5. 收货功能

在收货部门,SMART 系统和 WMDC 配送中心系统的联网是最常用的系统。每一个商品的配送情况、在途数量以及到达日期等数据能够被一一反馈给收货部管理人员,从而使收货部能对接货、验货、收货等环节的人员进行调配,对设施准备进行准确计划。尽管沃尔玛在中国还没有完备的物流配送中心的支持,多数商品采用本地供应商直接送货以及配送中心结合配送的形式,这在一定程度上加大了门店收货工作强度,但是完备的信息系统为沃尔玛收货部的接货提供了良好的管理支持,大大提升了工作效率。

6. 供应商管理

对于沃尔玛的采购人员而言,SMART系统除了提供商品信息以外,还为采购工作提供了准确的供应商信息。通过SMART系统的供应商平台查询,就可以轻松获取各类商品的供应商以及商品的毛利率等信息。对于现有中国沃尔玛门店而言,最重要的问题是如何解决门店规模与配送体系建设之间的矛盾。但是配送网络的建设只是时间的问题,而沃尔玛从在中国开的第一家门店开始,就以美国的管理信息系统标准来建设各门店的支持系统,这将在未来配送网络形成后发挥其强大的作用。

四、戴尔公司的电子商务物流系统

电子商务物流系统是指对整个物流系统实行统一信息管理和调度,按照客户订货要求,在物流基地进行理货工作,并将配好的货物送交收货人的一种物流方式。这种体系要求物流系统提高服务质量、降低物流成本、优化资源配置。

戴尔公司于1984年由迈克尔·戴尔创立,公司设计、开发、生产、营销、维修和支持包括外围硬件、计算机软件等在内的系列产品。戴尔在1994年建设了www.dell.com网站,并于1996年在该网站中加入了电子商务功能,推动商业向互联网方向发展。经过多年的发展,戴尔公司已成为全球领先的计算机系统直销商。戴尔公司的崛起是公认的奇迹,戴尔模式的背后凝聚了现代营销的精华。在2018年世界品牌500强中,戴尔位列第80位,2022年《财富》美国500强排行榜发布,戴尔位列第33位。下面我们对戴尔公司的电子商务物流系统进行介绍,分别从以下几个方面反映其独特的物流体系。

(一)戴尔的电商模式

1. 直销

直销,就是建立一条直接与客户联系的通道,由客户直接向戴尔发出列有所需配置详情的订单,然后由戴尔"按单生产"。戴尔所宣称的"直销模式"实质上就是简化分销渠道、取消中间商。《戴尔直销》一书中说道:"在非直销模式中,有两支销售队伍,即制造商将产品分销给经销商,经销商再分销给客户。而在直销模式中,我们只需要一支销售队伍,他们完全面向客户。别的企业必须保持高库存,以确保对分销和零售渠道的供货。我们只在客户需要时才生产他们所需的产品,因此我们没有大量的库存来占用场地和资金,所以我们有能力向客户提供更高价值的产品和服务,并迅速扩张。而对每一位新客户来说,我们能收集到更多他们对产品和服务需求的信息。"戴尔直接面对客户,有利于双方加深理解,客户得到了自己最想要的电脑,而戴尔对客户的需求也有了深入的把握,从而有助于提供更好的售后服务。

2. 按单生产

戴尔对客户和竞争对手的看法是"想着客户,不要总顾着竞争"。按单生产一改产品从工厂到市场的老路,形成了一个从市场到工厂再到市场的完美闭合系统。戴尔公司与客户所建立的直接关系,让它可以兼顾成本效益及客户反馈。在戴尔公司看来,最好的客户不见得是最大的客户,也不见得是购买力最强、需要协助或服务最少的客户,而是能给企业最大启发的客户;是能启发企业如何超越现有产品和服务,提供更大附加价值的客户;是能提出挑战,让企业想出办法后也可以惠及其他人的客户。戴尔称这种状况为"机壳外"增加价值,企业的最佳客户扮演着前导指示的角色,告诉企业市场的走向,给企业提供各种点子,使企业精益求精;他们提高标准的门槛,鼓励企业不断提升自己,从一家销售零散服务的公司转变成一家提供整体服务的公司。客户参与到生产过程中来,能使商品尽可能满足客户个性化的需求,确保产品适销对路。正如戴尔前亚太区总裁所言:"戴尔直接向客户提供符合客户所需要的商品,不存在中间环节。客户在和我们取得联系之后,提出他们的要求,讨论之后,我们会负责生产、发送和安装。"戴尔按单生产模式如图8-2所示。

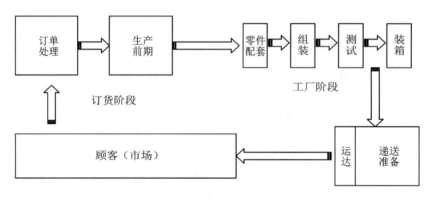

图8-2 戴尔按单生产模式

3. 以信息代替存货

戴尔提出要着力"摒弃库存",其实,绝对的零库存是不存在的。但戴尔所言的"以信息代替存货"的确非常精彩。存货意味着资金占用,存货管理直接关系到客户服务水平、资金周转速度以及最终的利润,而计算机产品更新迅速、价格波动频繁,库存成本成为行业最大的"隐形杀手"。利用现代技术,借助直销模式,戴尔不仅可以与客户共享信息,更清楚地掌握实际销售量,还可以与供应商共享所设计的数据库,不断地寻求减少库存的方法,进一步缩短生产线与客户的时空距离。

(二)戴尔的零库存管理

戴尔零库存管理的实施遵循这样一个思路:大量的库存会带来巨大的存货过量风险,要想降低自身的存货,则要"绑架"供应商,以供应商作为自己的仓库,转移存货过量风险,随后为了与供应商一同降低存货风险,还需要再通过企业与供应商的库存代管系统和与客户信息紧密沟通的网络。

1. 充分利用供应商的库存,转移企业自身的库存风险

戴尔坚持追求的首要目标是降低自身库存量。21世纪初期,当时戴尔负责物流配送的副总裁迪克·亨特解释说,大量的存货代表着占用了大量的资金,也代表着使用了昂贵的原材料。戴尔公司的库存量仅相当于一周的出货量,而别的公司库存量却是周出货量的 4 倍,这说明戴尔拥有物料成本优势,反映到产品上就是价格优势。

研究发现,戴尔成功的原因主要集中在低库存方面。订单由客户传至企业的控制中心,控制中心负责将任务分解,再通过网络下达给各个配件制造商,各供应商按电子时间表将生产完工的配件送到企业,企业则可以专注于组装和系统测试。只要企业持续收到来自世界各地的订单,这一整套运行流程便得以激活,并保持规模化运转。这样纷繁复杂的工作如果没有一个完善的供应链系统在后台进行支撑,而仅依靠普通的人工管理来做好,那是不可能的。德州圆石镇戴尔公司的托普弗制造中心,其厂房有五个足球场那么大,而制造中心的零部件仓库却小到只有客厅那么大,工人们根据订单每三五分钟就组装出一台新的台式个人电脑,可见其零库存运行效果之成功。

戴尔的零库存是建立在对供应商库存的使用或者借用的基础上的。在厦门设厂的戴尔,自身并没有零部件仓库和成品仓库。零部件实行供应商管理库存(VMI),并且随戴尔订单情况的变化而变化。

供应商的送货量随着戴尔的订单数变化而变化。比如戴尔 4 月 6 日接收到的订单量是 11000 台,4 月 7 日接收到的订单量是 12000 台。戴尔生产 14 英寸和 17 英寸两种显示屏,戴尔每天收到的 14 英寸显示屏和 17 英寸显示屏的订单组合是不同的,如 4 月 6 日的显示屏需求组合是 6000 台 14 英寸显示屏和 5000 台 17 英寸显示屏,4 月 7 日的需求组合是 5000 台 14 英寸显示屏和 7000 台 17 英寸显示屏。所以,戴尔的供应商需要经常采取小批量送货,从一天送货一次到一天送货多次,一切由需求决定,即由戴尔收到的订单组合决定。为了满足戴尔次数频繁且总量巨大的送货需求,供应商纷纷在戴尔工厂附近租赁或建造仓库。

在供应商的全力配合和先进物流链的共同作用下,戴尔才能够把供应商的仓库当作自己的仓库,实现了库存风险的转移,在这个过程中,戴尔采用了以 VMI 等信息技术为基础的订单制度,加上戴尔从客户下单到组装送货的订单式的成品管理模式,最终基本上实现了零库存。

2. 通过强化与供应商的合作关系,并利用充分的信息沟通降低存货风险

戴尔非常注重对互联网和信息技术的应用,主要表现在:一方面,戴尔和客户、供应商等合作伙伴之间不受上班时间的束缚,24 小时通过互联网在线及时沟通。另一方面,戴尔为了快速了解客户的需求动向,运用网络打破空间界线,与世界各地的工厂、营销中心进行即时联络,整合资源。

通过强化信息优势,戴尔与供应商形成了强大的合作关系和协动性,长时间的磨合使得供应商与戴尔的配合几乎天衣无缝。无论戴尔需要多少配件,供应商总能在规定时间内及时地将配件送至戴尔的生产基地。正是这种高度的协调性,使戴尔和供应商几乎融为一体,共同对客户的订单做出准确反应,在实现自身零库存管理的同时为客户带来了时间收益。

在供应链管理中,戴尔作为链主,其主要的分工是凝聚订单。当企业收到 20000 台电脑订单时,会立刻通知上游供应商,不同的供应商根据订单得出 20000 台电脑所需要的不同配件的供给量,如显示器、键盘、鼠标、处理器等。供应商提前在戴尔工厂附近设立仓库,将规定数量的配件运送到仓库中,在戴尔需要时随时取货。另外,戴尔可以充分利用库存赚取利润,比如,戴尔向供应商采购零部件时,可以采取 30 天账期结算;但在卖出电脑时执行的是先款后货政策,至少是一手交钱一手交货,并利用客户货款与供应商货款中间的时间差来获取利益。戴尔的零库存是基于供应商零距离之上的,这是因为供应商纷纷在戴尔工厂附近建立了仓库,配件从供应商的仓库到戴尔的时间是非常短的,几乎是随用随取,以达到戴尔自身零库存的状态,而供应商则承担了戴尔的库存风险,供应商需要自己筹划安排内部货物运输,以保证戴尔取货时仓库中有足够的货物。这就要求戴尔与供应商之间要进行及时、频繁的信息沟通与业务协调。戴尔所谓的摒弃库存其实是一种导向,绝对的零库存是不存在的,而是联合上游,以供货方的仓库作为仓库。

(三)电子商务环境下戴尔的闭环供应链管理

1. 戴尔闭环供应链管理的实施基础

闭环供应链管理强调企业之间进行战略性合作,通过协调企业之间的合作与资源共享,建立互信的良好合作关系,达到降低闭环供应链整体运行成本和化解风险的目的。依托其"交易引擎"即电子商务平台,戴尔与大中小型客户、供应商、第三方物流企业等建立了稳定的伙伴关系,将市场、销售、订货系统以及服务和支持能力连入客户自己的互联网络,形成电子商务环境下以客户为核心、信息快速交换、对市场迅速反应、运作灵活敏捷、高度一体化的闭环供应链。戴尔基于电子商务的信息共享平台如图8-3所示。

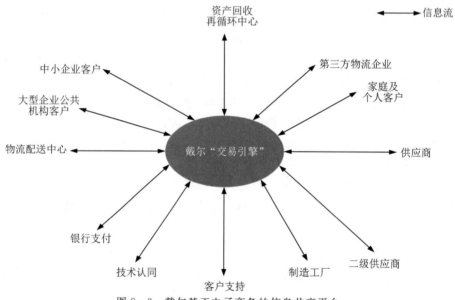

图8-3 戴尔基于电子商务的信息共享平台

戴尔的闭环供应链构成了一个电子商务供应链网络,消除了整个供应链网络上不必要的运作和消耗,促进了供应链向动态的、虚拟的、闭环的、全球网络化的方向发展,能有效降低能耗和环境污染,促进经济可持续发展。它提高了企业对市场需求的响应速度,在整个供应链网络的每一个过程实现最合理的增值,从而提高了企业的市场竞争力。

2. 戴尔闭环供应链管理的运作流程

戴尔在发展过程中始终把重点放在成本控制和制造流程优化等方面,其每年的研发投入不到5亿美元(这只是业界领先水平的1/10),却拥有550项企业经营流程方面的专利权。

3. 戴尔的正向供应链管理运作流程

戴尔基于电子商务平台构建了闭环供应链,客户在网上下订单后,戴尔迅速对其进行信息采集和整理,通过客户关系管理(CRM)系统对客户订单进行分解;与此同时,供应商和制造商能共享客户订单信息,及时做出生产预测,安排原料的生产;采购部将分解后的订单需求信息发到库存中心,由其及时补充零部件库存,并由库存中心迅速供应到装配部做最后的装配;而物流企业会根据物流需求提前做好配送安排,一旦商品出货就可直接将商品送到客户手中,客户可以通过电子商务平台实时跟踪到自己所订商品的信息。戴尔基于电子商务平台的正向供应链管理流程如图 8-4 所示。

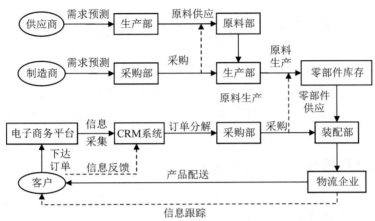

图 8-4 戴尔基于电子商务平台的正向供应链管理流程

4. 戴尔的逆向供应链管理运作流程

目前,戴尔的逆向供应链鲜有文献研究,但随着欧盟对回收的新法规和全球对计算机内有毒有害物质认识的提高,戴尔计划迅速扩大回收进程。

计算机通过第三方物流企业(主要是 UPS)返回给戴尔。如果计算机是常规性(如包退包换)的退回,需要在 21 天内运到戴尔,重新进入库存。这些计算机将被列在戴尔直销网站上,一旦有客户选定其中的一台,物流企业将在预定的时间内将其送达客户手中。还有两种途径可以将计算机返回给戴尔。一种是于 1994 年开始的针对大型企业、机构和政府客户提供的资产回收程序。按照戴尔与客户之间的合同约定,资产回收再循环中心的服务团队到客户办公地点运走淘汰掉的计算机。戴尔将重写硬盘以确保客户信息的安全。另一种是于 2003 年开始的针对个人客户的回收程序。根据戴尔网站上提供的回收程序,客户选择退回他们的废旧电脑供再循环或者捐赠。戴尔发给客户旧电脑的包装材料,由客户自己负责删除电脑上的数据。戴尔也经常性地举办一些社区回收活动,宣传鼓励家庭废旧电脑的回收利用。尽管有许多实施上的障碍,2006 年戴尔回收 20000 吨废旧电脑用于再利用或者再循环,为其带来了巨大的盈利。2019 年,戴尔在全球共接收退货计算机 85 万台,退货率约占新机出货量的 1%,其中美洲地区退货率最高。

在戴尔,一台报废计算机有四种可能的回收路径:一是捐赠给慈善机构。这是在 2001 年戴尔发现人们正为他们用过的电脑寻找捐赠途径后实施的。二是电脑转售。戴尔提供资产回收服务,如果电脑的功能和外观符合相关要求,只需要更换少数零部件即可正常使用,则电脑将进入物流中心的库存,在戴尔的直销网站上作为二手设备重新销售。如果是企业客户,假设转售在一个月内完成,戴尔将只收取少许劳务费,将销售价值返还给客户。三是检测其可用的零部件。这些零部件从报废电脑上拆卸下来进入零部件库存。在那里,这些零部件被用于需要更换零件的电脑的保修服务。四是不能为戴尔所用的零部件被送往公司的回收合作伙伴,其根据环境标准妥善处置或者进一步分离出原材料。以上几种路径中有的被整合到正向供应链,供再销售、再利用,有的则进入再循环,开始新的产品生命周期,它们均高效率、低成本地实现了废弃品的循环再利用。通过产品的循环再利用,大大减少了资源的消耗量和废弃品的产生量,从而提高了企业的环境效益。

第二节 第三方企业物流系统

国内外关于第三方物流的概念存在差异,争论的焦点主要集中在两方面,即第三方物流中第三方的认定和第三方物流提供物流服务的范围和深度。前者应以商品交易为参照,后者不是定义第三方物流的关键所在。就概念而言,第三方物流是指商品交易双方之外的第三方为商品交易双方提供部分或全部物流服务的物流运作模式。

一、中远物流的跨境电子商务物流系统

2014年初,广州中远海运航空货运代理有限公司(以下简称广州中远)成为首批取得广州海关、广州市外经贸局跨境电子商务物流试点资质的企业。中远e环球是广州中远旗下全新的跨境电子商务综合物流服务平台。依托广州中远强大的综合实力和全球网络资源,遍布国外主要空港城市的海外仓库,先进的IT服务平台和自动化的分拣系统,高素质的专业操作团队,快速的清关能力,较强的境内外、最后一公里配送能力,中远e环球为广大跨境电子商务客户提供更加快捷、高效、低成本、高质量、阳光化操作、规范化经营的一站式综合性跨境电子商务进口、出口全程物流解决方案。

中远e环球的主要服务为三大块,分别是跨境电子商务服务、综合物流服务和增值服务。

(一)跨境电子商务服务

1. 网购保税进口

网购保税进口模式是广州开通的进口跨境电子商务物流阳光渠道。中远e环球网购保税进口业务是基于保税区备货模式,采取"整批入区,B2C快件缴纳行邮税出区"的方式为广大电商企业提供海外仓集货—进口国际运输(空运、海运、中港陆运)—保税区仓储管理—分拣、包装、贴标等增值服务—关务数据交换—电子清关—境内派送等一站式VIP全程无忧服务。整个过程以行邮税形式清关,降低综合成本,实现当日清关当日发货,提升物流时效,阳光、正规操作,保证货物流通的安全、可靠、高效,有效提升终端客户的体验,提高电子商务平台及商家的市场竞争力。

2. 网购直购进口

跨境电子商务直购进口模式是广州继开通跨境电子商务保税进口模式以后,新开通的跨境电子商务业务模式,是指符合条件的电子商务平台与海关联网,境内个人跨境网购后,平台将电子订单、电子支付单、电子运单等实时传输给海关,商品通过海关跨境电子商务专门监管场所入境,按照个人邮递物品征税的跨境电子商务进口业务模式(见图8-5)。中远e环球基于"海外直邮"模式(见图8-6),为广大电商企业提供境外集货、分拣、打包、贴标等增值服务以及电子清关、境内派送等全程跨境电子商务物流服务。

图 8-5 中远 e 环球跨境电子商务直购进口模式

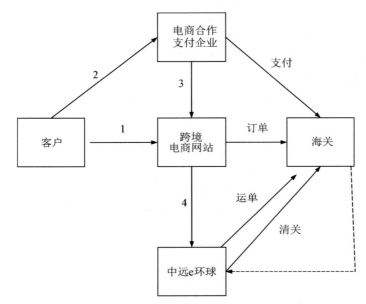

图 8-6 中远 e 环球全程跨境电子商务物流服务模式

3. 出口 B2C 业务

中远 e 环球出口 B2C 业务是广州中远成功开发的出口跨境电子商务物流一站式解决方案，能够全方位满足跨境电子商务平台、商家等多元化、个性化的物流服务需求。目前，中远 e 环球已成功开通了欧洲专线、美国专线、澳洲专线等出口 B2C 跨境电子商务物流服务。

中远 e 环球出口 B2C 跨境电子商务物流业务流程如图 8-7 所示。

图 8-7 中远 e 环球出口 B2C 跨境电子商务物流业务流程

(二)综合物流服务

1. 进口保税业务

广州中远在广州新白云机场综合保税区设有 4000 平方米的保税仓，其中包含 18～20 ℃阴凉库、2～8 ℃冷藏库/防尘防静电库/药品仓库，可以为客户提供多种方式保税物流服务。进口保税物流具有以下五大政策优势。

(1)境外货物进入保税物流中心，海关给予保税。

(2)境内货物进入保税物流中心视同出口，享受出口退税政策，并在进入中心环节退税。

(3)中心内货物出保税物流中心进入境内的，视同进口，海关根据货物出保税物流中心的状态和贸易方式,按照进口货物的有关规定办理报关验放手续。

(4)物流中心和境外进出的货物,一般不实行进出口配额、许可证管理。

(5)保税物流中心内的货物可在保税物流中心企业之间、保税物流中心与保税区、出口加工区等其他保税物流中心等海关监管区域、场所之间进行自由转移。

2. 进口空运业务

广州中远是华南地区规模巨大的空运物流国有企业,拥有一支业务素质高、经验丰富、服务意识强的专业操作队伍,有报关报检人员 30 多人,有自营的海关监管仓库、恒温仓、冷冻仓、海关监管车队以及先进的航空物流 IT 管理信息系统。作为华南地区极具竞争力的综合航空物流企业,广州中远进口空运可为客户提供进口门到门海、陆、空全程运输、代理报关、代理报检、仓储、配送、网上支付税金等一条龙综合物流服务(见图 8-8)。

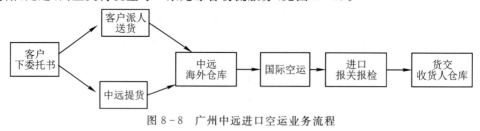

图 8-8　广州中远进口空运业务流程

3. 出口空运业务

广州中远依托"COSCO"的巨大品牌优势、网络资源优势和资金优势,加上自身多年来在华南空运市场的专业耕耘,已成为华南市场极具影响力的综合性航空物流企业。作为一家国有企业,广州中远严格按照国家政策的有关要求切实履行好企业的各项义务,公司与广州海关、商检、外经贸局等政府部门保持充分的沟通,建立了良好的关系,被海关评为 A 级报关企业。同时,公司与 CZ(中国南方航空公司)、CA(中国国际航空公司)、MU(中国东方航空公司)、KE(大韩航空公司)、AF(法国航空公司)、EK(阿联酋航空公司)、QR(卡塔尔航空公司)、TK(土耳其航空公司)等众多国内外知名航空公司建立战略伙伴关系,拥有大量的航空运输固定舱位资源,能够为客户提供全方位、高品质的航空物流服务。广州中远出口空运业务流程如图 8-9 所示。

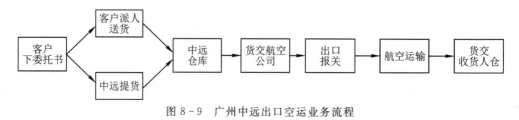

图 8-9　广州中远出口空运业务流程

(三)增值服务

为了给客户带来更快捷、更方便的运输增值服务,配合广州口岸运作,充分发挥广州空港的枢纽优势,广州中远不断完善和优化口岸配套服务资源,开通了来往于广州和香港的"穗港直通车"。"穗港直通车"作为广东新兴现代物流板块,增强了广州在华南地区、泛珠三角地区乃至东南亚的经济辐射力,加快了区域一体化进程。穗港卡车航班业务流程如图8-10所示。

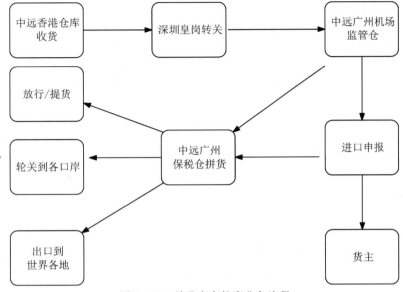

图8-10 穗港卡车航班业务流程

1. 穗港卡车航班海关监管与服务政策

(1)实施陆路运输监管和保税仓监管,一般贸易货物无须在深圳口岸完税,货到广州后再办理报关手续。

(2)简化通关手续,企业凭空运提单与进口合同数据即可办理报关。

(3)海关提供专用审单窗口,优先通关。

(4)通关前可申请入仓看货,保障申报的准确性。

2. 穗港卡车航班业务优势

(1)简化运输环节,提升货运效率。穗港卡车航班服务使得货物无须离开香港机场空运货站,直接转用卡车航班服务,大大缩短了运输时间。

(2)灵活运作。货物到达广州后,客户可以根据需求选择直接清关或转关到其他口岸清关。此外,国内航班限制尺寸的货物可以通过卡车航班中转,货物还可以安排进保税仓进行进出仓分货操作。

(3)降低成本。穗港卡车航班的运费相比空运更低,从而节省了香港的运营成本以及本地的运输(提货)、仓储费用。同时,采用拼装运输方式,不受货量限制,较中港(中国内地与香港之间)包车节省运输成本,并避免了由于报关问题所造成的压车等费用。与传统中港跨境运输模式相比,穗港卡车航班能够降低20%以上的物流成本。

(4)高效通关。穗港卡车航班业务通过优化运输流程和管理模式,提高了通关效率。例如,南航广州卡车航班通过网格化管理、集中码放、装车、统一管理等方式,大幅提升了理货、装车、配载速度,缩短了货物的地面等待时间。

(5)拓展运输网络。穗港卡车航班业务不仅限于穗港之间的运输,还通过与其他地区的合作,将运输网络拓展至更广泛的地域。

(6)提升服务质量。穗港卡车航班业务注重提升服务质量,通过增设专职专岗负责卡车联运货物的日常管理与交付,精准对接各承运方,及时对不正常货物进行跟进处理,从而提升了货物转运效率和服务品质。

综上所述,穗港卡车航班业务在提升货运效率、降低成本、灵活运作、高效通关、拓展运输网络以及提升服务质量等方面具有显著优势。

二、中国外运股份有限公司的跨境电子商务物流服务系统

中国外运股份有限公司简称"中国外运",根据公司发布的2022年年报,2022年公司实现营业收入1088.17亿元,运营的仓储面积达600余万平方米,拥有堆场面积400万平方米、铁路专用线42公里。此外,公司还建立了强大的全球网络,包括81家自营海外网点和超过400家的国际代理网络服务商,业务范围广泛覆盖中国大部分地区以及港澳地区。

(一)中国外运核心优势

1. 海岸资源优势

中国外运在国内多家主要海关设有监管仓库和保税仓库,随着海淘行业规模的扩展,对口岸仓储网络的需求成为公司竞争力的主要来源之一。

2. 海关联动优势

中国外运与海关长期合作,与海关有着完善的数据对接系统,方便了跨境电子商务进口商品信息的登记备案流程,大大节约了通关时间。未来公司主推的空中报关流程,将进一步提升通关效率。

3. 网络遍全球

中国外运在海外具有广泛的网络和分支机构,通过建设集货仓库,有能力实现对集货、运输、报关清关和国内配送全流程覆盖。

(二)中国外运主要产品

1. 供应链规划设计

根据客户业务运作需求,中国外运主动为客户提供仓库选址、建仓设计、布局规划、运作能力设计、配送方案设计、运营管理体系设计等多种供应链设计服务,为客户节约整体物流费用。同时通过物流设备、物流辅助设备、运作流程等环节的创新、改进和调整,降低能耗及环境污染,在提高供应链服务效率的同时也提高了社会整体效益。

2. 国际快递

中国外运提供通达全球200多个国家和地区、1~4天承诺时效的包裹/资料的快捷服务。针对较重货物,中国外运通过直航航班提供最佳性价比的经济快递服务。通达的国家和地区有中东、澳洲、日本、韩国、中国台湾、印度、南非、英国、法国、德国、美国以及东南亚等。

3. 供应链管理

中国外运整合货运代理、仓储、运输等基础业务,为客户提供从国际段的海/陆/空运、进出口清关到国内段的仓储、运输的一站式物流服务。中国外运利用其遍及全国的各种类型(包括干货库、温控库、保税库、海关监管库、危险品库等)的仓库资源,为客户提供入厂物流、厂内物流、成品物流、逆向物流以及产品组装、产品配套、生产线喂料、包装、贴标、质检等增值服务。

随着汽车产能的不断扩大,加上客户需求日趋个性化,车型配置更加复杂,订单式生产对汽车零部件物流服务尤其是入厂物流的要求越来越高。单一环节的物流配送服务在配送的时效性、稳定性和准确性等诸多方面都不能满足客户的物流需求,尤其对位于供应链前端的入场物流来说,其质量运作不稳定而产生的"牛鞭效应"严重地干扰了汽车企业的正常生产。在此情况下,中国外运凭借专业的服务,整合供应商从前端入场物流到售后物流的资源,集成多种模式提升资源效率,利用信息技术提升物流效率和准确性,以专业有效的全程供应链管理能力保障整条供应链服务的稳定性和高效性,满足客户的需求。

4. 入场物流

1)服务简介

中国外运根据客户的生产需求设定不同的运输解决方案,帮助客户整合来自国内及国际的供应商产品,为客户有效节约生产物流成本,确保其实现生产线零停线率的承诺。

2)服务核心

(1)循环取货。循环取货是指卡车按照既定路线和时间依次到不同供应商处提货,是针对多频次、小批量的及时拉动式的集货模式。通过路线设计和装载方案的合理优化,可以节省运输成本、提高运输效率。

(2)JIT/JIS 模式运输。JIT(just in time)即准时化,是指通过对库存进行管理,实现无库存或库存量最小的一种运输模式,此模式对于到货的时效性要求很高。JIS(just in sequence)即准时化顺序供应,是 JIT 的一种特殊而极端的模式,除时效性要求外还要求"顺序供货"。此两种模式对运输质量要求高,需准时交付、准确交付。

(3)FTL/FCL。FTL(full truck load)即整车运输,是针对单票货量达到整车、可实现整车提货并直送进厂的运输模式。FCL(full container load)即整柜运输,是一种运输成本较低、时效较长的海运运输模式。

(4)产前仓库操作及配送。按照客户要求新建或租赁仓库,对产前零件进行接收、储存、翻包、质检等操作。根据生产节拍及零件需求,合理配货并发运。

(5)VMI 仓储操作。VMI(vendor managed inventory)即供应商管理库存,是指在共同协议下由供应商管理库存,实现客户和供应商双方都获得最低成本,通过不断监督协议执行情况和修正协议内容,使库存管理得到持续的改进。

5. 厂内服务

1)服务简介

中国外运具有包装设计与生产、物料及循环器具流转、危险品物流解决方案等全方位物流服务能力,以及生产用原材料的国际采购运输能力。

2)服务核心

(1)仓储操作及配送。接收送进厂的零件,按一定标准分类储存,对零件进行翻包、质检,对有问题的零件报检并进行处理。根据生产线的需求,合理配货并运送上线。

(2)生产线物料补充。用上线专用车辆将需补充的物料及零件,根据要求上线时间、要求上线顺序、要求上线数量/型号等,运送到生产线旁,保证生产顺利进行。

(3)空器具流转管理。接收生产线下来的空器具,进行整理、清洁、维修、储存、盘点,根据供应商库存与生产需求按一定计划将空器具返至供应商。

6. 仓储与订单执行

1)服务简介

在物流行业,仓储是不可或缺的一个重要节点。现代物流的发展需要现代化的仓储管理做支撑,信息化和以信息化做指导的先进技术成为仓储业走向现代化的有效途径。仓储管理主要包括仓库收货管理、库存管理、发货管理、仓库 GMP(良好生产规范)管理等多种管理工作及相关操作。中国外运为客户提供 CDC(控制、指导、协调)管理、RDC(区域分发中心)管理、恒温仓管理、保税仓管理、越库作业,以及安全库存管理、库存分析、质量管理、促销商品再包装、过期产品回收和报废处理、市场退换货等其他相关增值服务。在库存管理中,中国外运积极探寻新技术的应用,以提高仓库的利用率,提升作业效率和准确率,帮助客户有效控制物流成本。

2)服务核心

(1)GMP 管理。快消品仓库对 GMP 的要求很高。中国外运在仓库中设置挡鼠板、灭蝇灯,在仓库门口设置挡鼠板和风幕机,使用的卡板严格经过熏蒸处理。仓库每天由专人进行 GMP 检查,确保仓库的安全、卫生、环境等指标达标。

(2)仓库管理标准化。客户在 RDC 管理中,常遇到因各 RDC 管理理念、作业流程、执行标准不同而导致的各 RDC 管理水平参差不齐的情况。例如,中国外运根据客户要求,为其旗下的 3 个 RDC 实行标准化管理,从仓库作业流程、管理制度、人员培训等各个方面,进行统一培训和规范,使 3 个 RDC 全部通过了 ISO9001、ISO 4001、OHSAS(职业健康安全管理体系)18001 认证。

7. 运输管理

1)服务简介

快速消费品企业运输管理的重要工作之一,是均衡各种运输模式并追求整个物流系统总成本最低。目前,多数物流过程涉及一种以上的运输方式,快速消费品企业运输管理的重要工作之一是均衡各种运输模式并追求整个物流系统总成本最低。物流运输系统的目标是实现物品迅速完成转移、降低运输成本,而运输时间和运输成本则是选择运输方式的重要参数。中国外运的运输网络覆盖全国 32 个省、自治区、直辖市及特别行政区,以公路运输服务为主,同时根据客户的业务需求,为客户提供铁路运输、内河沿海海运、空运等配套服务;提供市内 KA(关键客户)配送服务;提供恒温车长途干线/市内配送服务;提供工厂带板转仓运输;提供市场退货等逆向物流服务。

2)服务核心

(1)市内配送。近年来,快消行业的销售逐渐由传统渠道向以 KA 门店、连锁店为代表的现代渠道转换。然而,市内 KA 配送的难度远大于经销商配送:预约送货、投单取号、排队等待、负责卸货等,增加了运输成本和配送难度,一旦错过送货时机,就有可能导致订单被取消,影响客户的销售业绩。中国外运凭借多年的 KA 配送经验,长期为众多世界 500 强快消客户提供 KA 配送服务,并与沃尔玛、家乐福、欧尚、大润发等多家企业保持良好的合作关系,旨在为客户提供高效、准确的运输服务,不断提高订单满意率。

(2)恒温车运输。以巧克力为代表的产品,在运输过程中,需要将温度维持在 5～22 ℃(根据巧克力的含量不同,温度设定有差异)。不恰当的运输方式会减损巧克力的口味,影响客户产品的销售品质。中国外运根据客户的产品需求,为客户提供恒温车长途/市内配送。对于大批量的货物,中国外运采用恒温车整车配送;对于小批量货物,中国外运采用配备空调的小型厢车或恒温箱配送,确保产品品质的完好。

(3)区域配送。中国外运的海外运输网络覆盖45个国家和地区,凭借强大的运输网络,为多家大型快消企业提供区域配送服务。借助先进的运输管理系统和可视化看板,中国外运能够为客户提供实时的运输信息监控,提高运输效率的同时,确保了信息的完整、可靠,让客户更安心地享受中国外运提供的物流服务。同时,中国外运还为客户提供区域市场的退货、换货服务,提高客户应对市场需求的灵活性。

8. 备件备品物流

电子电器产品的备件备品具有种类繁多、规格多样的特点,其仓储管理是整个备件备品物流服务的难点。先进的设备、专业的人员,能够有效地解决上述难点,为客户提供优质的备件备品物流服务,同时提供售后物资和材料的仓储服务,在保证服务水平的同时,为客户节约了成本。

9. 逆向物流

1)服务简介

逆向物流是企业供应链的重要组成部分。对从客户处退回的货物进行有效的管理,能够减少货物损坏,提高资产价值,同时保持客户的满意度。中国外运具备设计、运作逆向物流的能力,丰富的运作经验、配套的资源和技术,使得中国外运能够实时跟踪逆向运输过程,实现精准的仓储管理以及库内转运操作。除了提供退回货物相关服务外,中国外运还可提供换货服务。

2)服务核心

逆向物流服务的核心在于高效、专业地处理退货及回收物品,以实现客户价值的最大化和运营成本的优化。

10. 增值服务

1)服务简介

中国外运可以为客户提供多种增值服务,也可以按照客户的特殊要求为其提供定制化的增值服务。例如:中国外运可以提供单件产品、产品外箱贴标服务,包括正品贴、配件条码、进口品中文标签、产品箱贴等;还可以提供产品条码管理服务,包括入库货物条码采集以及出库货物条码校验、采集及管理等;还可提供到货翻托、换箱等服务。

2)服务核心

服务的核心内容包括:①贴标服务;②条码管理;③客户定制化服务。

11. 国际货代

中国外运整合全球网络中各节点资源,以客户需求为导向,以持续优化成本为驱动,依据客户实际业务需要为客户提供定制化的进出口物流服务。在海外发货港提供提货、质检、集拼服务,全程追踪货物运输情况,到港后依托丰富的进口经验对货物进口清关、商检、运输提供专业化的建议和操作,使得客户供应链的前置期可控、费用可控。

12. 金融物流

1)服务简介

中国外运的供应链金融一体化解决方案以自身的供应链物流及信息服务为基础,旨在通过调节物流领域中的货币资金运动,降低企业的融资成本,拓宽企业的融资渠道,降低企业原材料、半成品和产成品的资本占用率,提高企业资本利用率,实现资本优化配置,降低采购成本或扩大销售规模,提高企业销售利润的综合性服务。与此同时,通过一系列的服务外包工作,企业较长的供应或销售链条会大大缩短,客户可以将精力更加专注于自身的核心业务。

2)服务核心

(1)国际采购供应链管理服务。随着国际分工及供应商多元化的发展,在获得更优质资源的同时,企业的供应链条被大大地延伸了。使用一个熟悉国际贸易法规、通则、支付工具、融资工具、外汇市场及税务处理的专业团队来管理企业的国际供应链可以最大限度地减少客户的供应风险,加速资金供应周转速度,规避法律风险,降低融资成本。与此同时,中国外运还能解决面对进出口业务时需要办理众多资质的问题。

(2)采购金融供应链。供应商和核心企业之间就账款期限问题的博弈永无止境。在买方市场占绝对主导权的今天,核心企业的议价能力往往使之处于主动地位。对于核心企业来说,无休止地拉长供应商账期最终会影响自身的供应安全,这个理论已经被学者以及实际案例无数次地验证了。中国外运的采购供应链服务以解决这一问题为目标,通过定向采购、盘活原料库存及寄售库存等服务,为企业提供较传统流动资金融资更加灵活且成本低廉的融资渠道,缩短企业国际化供应源头与企业之间的物理距离和供应链条,提高企业的资金周转率,使客户资金的使用效率倍增。

(3)销售金融供应链。该服务以盘活企业产成品库存为目标,帮助核心企业尽早完成账面销售,实现预期利润。除此之外,中国外运的销售金融供应链服务与金融机构及保险机构的风险控制类产品有效结合后,可以为企业提供完善的经销商评价服务,并最终为企业的下游经销商提供销售融资或赊销支持,帮助企业和经销商之间的合作打开一扇新的大门。

(4)融资模式及渠道优化。现金流犹如企业经营命脉中的血液,而经营性流动资金借款传统上是企业获得采购融资现金流的主要途径。供应链金融本身所具有的强大融资能力可以为企业提供更加广泛且灵活的融资渠道,帮助企业实现流动资产货币化。通过中国外运包含物流管理和信息管理的供应链管理基础服务,企业可以将供应链变得更加可控和透明,增强供应链融资的可能性。与此同时,中国外运也携手金融机构为企业的供应链量身打造最适合企业的融资模式和产品,帮助企业稳定采购/结算汇率,降低企业融资成本,延长企业融资期限。

(5)离岸金融。离岸金融是相对在岸金融业务而言的,它能使客户在现有采购/销售链条上实现更加有效的低成本融资。中国外运熟悉离岸金融产品,可以帮助企业更好地控制金融风险,也更专长于将它们进行更加有效的组合。

(6)报表优化。当采购模式及销售模式发生变化后,企业会因此获得一个更加良性的财务数据,更低的原料库存、负债率、融资率,更高的原料使用率、成品库存流转率、资金使用率等,这些给企业带来了可持续发展的空间和良好的再融资前景。中国外运既能独立或与金融机构携手为企业解决供应链中的资金流问题,又能帮助企业解决金融机构不能解决的问题。

13. 物流信息系统

中国外运以其业界领先的信息系统为客户提供一流的物流综合解决方案和全程供应链物流信息服务,着力发展物流电子商务,打造领先的物流电子商务平台,实现业务转型,创新业务模式和产品服务。

第三节　基于供应链的跨境电子商务物流系统

一、长沙华球通供应链管理有限公司物流系统

(一)公司简介

长沙华球通供应链管理有限公司(以下简称华球通)总部坐落于长沙市开福区长城万富汇金座,是一家集供应链数据整合、外贸平台开发、货运代理以及跨境电子商务人才孵化、畅销产品设计采购为一体的全新的"互联网+"模式国际贸易企业。华球通将现代化互联网技术与传统国际贸易业务以及跨境电子商务物流做了有机的结合,以数据和系统平台为依托,迅速成为具有庞大出口规模的跨国 B2B、B2C 企业。

作为一家高速发展的公司,华球通拥有 50 余人的技术研发团队,将国内供应商数据进行分割加工,将中国产品迅速推向全球,解决了广大国内生产企业的海外销路问题。借助华球通研发的国际贸易交易平台,可以无缝对接众多海外知名的电子商务平台,如 Amazon、eBay、AliExpress、Newegg、iOffer、Wish 等各种国际贸易交易网站。

(二)服务范围

华球通跨境电子商务综合服务平台物流服务方面主要是欧美专线物流和 FBA 贴标服务。

1. 欧美专线物流

1)服务地域

华球通的服务地域为中国—北美洲和中国—欧洲。

2)服务内容

华球通负责从商品查验、包装、贴标到选择最佳线将商品运送到指定的买家手里。

3)物流专线

(1)航空小包:包括荷兰小包、中国香港小包、e 邮包,可选择挂号方式,时效 12~15 天。

(2)航空专线:欧美专线,双清关,上门投递,在线跟踪,时效 5~8 天。

4)收费方式

收费方式为按年收费:3000 件以内不增加任何费用,超出一件征收 5 元操作运费,此服务需配合订单管理系统同时购买使用(费用根据行业情况会有上下浮动)。

2. FBA 贴标服务

华球通为客户把商品发送到其指定仓库,工作人员会贴 FBA 标签并完成配送。

3. ERP 系统服务

1)商品说明

华球通拥有核心研发团队,能为客户提供系统 OEM(原始设备制造商)定制开发服务,客户可使用自主品牌进行招商孵化。

2)商品介绍

服务内容包含跨境电子商务生态亚马逊智慧 ERP 系统、系统性培训和现代化仓储物流中

心。应用ERP系统可以简化采购管控、降本增利；作为采购管理工具，涵盖供应商管理、订单采购、询单报价、协同管理等一站式服务。目前，公司已与20多家优质供应商达成合作，商品种类已经涵盖亚马逊可销售目录。供应商产品添加到供应商系统后经审核直接在ERP系统展示，可自行选择上架。

华球通经过自主研发，成功推出了专业的数字化ERP管理平台。该平台拥有自身专利技术，不仅功能强大，而且具备弹性、智能的特点。该平台涵盖了工作台数据管理、员工成长监测、爆款推送、商品上架、订单处理、物流跟踪、供应链服务以及财务核对等多项功能，为企业提供一站式的解决方案。更重要的是，该平台支持Amazon、eBay、AliExpress、Wish、Lazada等全球主流电商平台，使得企业能够轻松接入多个市场，实现多平台运营。同时，该平台操作简单，将多平台的复杂操作统一简化，实现了商品、订单的统一管理，大大提高了工作效率。华球通的ERP管理平台以智能保姆的方式，帮助国内企业增加海外销路，助力企业轻松跨境、走向全球。无论是初创企业还是成熟企业，都能通过该平台实现国际化运营，拓展全球市场，获得更多的商业机会。华球通自主研发的专业数字化ERP管理平台主要有以下核心功能。

（1）工作台数据管理系统。此功能提供了一个集中化的工作界面，客户可以在此查看、编辑和管理各种数据，如销售数据、库存数据、客户数据等，确保数据的准确性和一致性，从而提高工作效率。

（2）员工成长监测系统。该功能可以追踪记录员工的业绩、成长轨迹和技能提升情况，有助于企业更好地了解员工的发展状态，并为员工提供更有针对性的培训和晋升机会。

（3）爆款推送系统。通过分析销售数据和市场趋势，该系统能够自动识别和推送潜在的爆款产品，帮助企业快速把握市场机遇，提升销售业绩。

（4）产品上架系统。这一功能简化了商品上架的流程，支持批量上传商品信息，并自动进行格式校验和分类，大大减少了手动操作的烦琐性，提高了商品上架效率。

（5）多平台统一订单处理系统。该功能实现了在多个电商平台上的订单统一处理，客户可以在一个界面上查看、编辑和处理来自不同平台的订单，提高了订单处理的效率和准确性。

（6）订单管理系统。此系统能够实时跟踪订单的状态，包括订单的创建、处理、发货和完成等各个环节，确保订单信息的准确性和及时性，为企业的订单管理提供了有力的支持。

（7）商品全自动上架系统。通过自动化流程，该系统可以自动将新商品上架到指定平台，减少了人工操作可能产生的错误和烦琐性，提高了商品上架的速度和准确性。

（8）抓取系统。此系统能够自动抓取其他平台或网站上的相关信息，如价格、销量、评论等，可以帮助企业更好地了解市场动态和竞争对手情况。

（9）多语言翻译系统。针对跨境电商的需求，该系统能够自动将商品信息和订单内容翻译成多种语言，消除了语言障碍，有助于企业拓展全球市场。

（10）物流跟踪及物流智能匹配系统。通过集成物流信息，该系统能够实时跟踪订单的物流状态，并提供智能的物流方案匹配，帮助企业优化物流成本、提高物流效率。

（11）供应链服务系统。该功能提供了全面的供应链解决方案，包括供应商管理、采购计划、库存控制等，确保供应链的顺畅运作和高效管理。

（12）财务核对系统。该功能能够自动核对销售数据、订单数据和财务数据，确保数据的准确性和一致性，减少了人为错误产生的风险，提高了财务管理的效率。

综上所述，华球通的ERP管理平台通过集成强大的功能，为企业提供了全方位的数字化解决方案,有助于企业提升运营效率、降低成本并拓展市场。

4. 现代化仓储物流中心

华球通有领先的信息系统,已全方位对接公司专利 ERP,全程可视,可随时掌握每单业务的准确进度;完善应急处理机制与保障系统,及时化解损失;专业的促销应对经验,稳定有保障,不用担心物流时效,一站式无忧电商仓配服务。

(1)收货。订单货物直接发到深圳仓库,由仓库员工签收入库。

(2)质量控制。对于每笔订单,仓储人员会对其进行质量控制,进行商品外观、数量和质量的验收,确保订单商品信息准确、质量合格。

(3)分类。商品按照类别整理摆放,分类备货,定期盘点检查。

(4)打包。使用纸箱和气泡信封等包装材料来加固 SKU 订单的包装,减少商品在运输途中遭到破坏的风险。

(5)配送。自主和合作物流渠道有 40 余种,包括华球通物流、国际快递、邮政小包、国际专线、国际空运,灵活、快速、高效、可靠的物流线路能够满足不同跨境电子商务企业的客户需求,并根据客户需求选择最合适的物流渠道,让客户体验更省钱、更省时的物流服务。

二、阿里巴巴集团跨境电子商务供应链

(一)阿里巴巴集团跨境电子商务发展历程

阿里巴巴集团是电商行业的典型代表,引领着中国电商企业不断进行改革和创新。1999年 9 月,马云和其工作室一起正式创立了阿里巴巴集团,最初成立的平台网站是全球批发贸易市场阿里巴巴。截至 2001 年底,阿里巴巴网站的注册用户数量已迅速超过 100 万。2010 年 8 月,阿里巴巴集团收购两家服务美国小企业的电子商务解决方案供应商 Vendio 及 Auctiva。2010 年 11 月,阿里巴巴集团开始重点布局出口,将著名一站式出口服务供应商"一达通"收归麾下。

2014 年 2 月,阿里巴巴集团的跨境服务正式开启,天猫国际的上线,让中国消费者可以在线购买国际品牌的商品。同年 6 月,阿里巴巴集团收购了已经发展成熟的移动浏览器公司 UC 优视。同月,阿里巴巴集团开始通过阿里电信品牌在中国提供移动虚拟网络运营商服务。同年 7 月,阿里巴巴集团合资银泰,目的是发展和普及 O2O 业务。同月,阿里巴巴集团重点投资数字地图公司高德,全面布局本土化业务。同年 9 月,阿里巴巴集团在美国上市,当时已经是规模仅次于谷歌的全球第二大网络公司。10 月,阿里巴巴集团旗下的蚂蚁金服正式上线启动。

2015 年 3 月,阿里巴巴集团决定与英国著名的借贷机构 Ezbob 及 Iwoca 建立长期合作关系,协助英国的中小企业在向其平台上的中国供应商购买货物时能够更加便捷地获得营运资金。同年 7 月,阿里巴巴集团重点部局阿里云,扩展海外业务,建设大数据、云计算领域的基础技术和完整的数字科技体系。同年 8 月,阿里巴巴集团与梅西百货签订合作协议。同时,梅西百货也入驻天猫国际平台。同年 9 月,德国最大的零售贸易集团麦德龙也与阿里巴巴集团在供应链整体运营、大数据信息处理技术等方面建立长期合作。2015 年 12 月,阿里巴巴集团分别在德国慕尼黑和法国巴黎设立了办公室。

2016 年 6 月,阿里巴巴集团正式成立了"阿里巴巴大文娱版块",包含阿里影业、阿里音乐、阿里体育、UC、阿里游戏、阿里文学、数字娱乐事业部,这是阿里巴巴集团本土化战略布局

的关键一步。2017年3月,阿里巴巴集团全资收购了大麦网。2018年5月,阿里巴巴集团再次扩展海外业务,收购巴基斯坦著名的电商企业集团Daraz,这意味着中巴两国电子贸易往来有了突破性进展。2019年1月,阿里巴巴集团宣告阿里智能电商运营系统将来会系统地帮助全球零售行业重新塑造构建电商运营的要素。2022年12月8日,阿里巴巴eWTP(世界电子贸易平台)与泰国共建的首个数字自贸区正式开始试运营。2023年8月10日,阿里巴巴(9988.HK)发布2024财年第一季度(截至6月30日)财报,财报显示,该季度阿里营收2341.6亿元,同比增长14%。

阿里巴巴集团的跨境业务包括天猫国际、淘宝全球、AliExperess、Lazada等。2019年1月1日,随着跨境电子商务新政策的颁发,跨境清单的商品种类新增加了63种,囊括了较为热门的各个行业。这意味着允许通过跨境电子商务将更多的商品和品牌引入,并且阿里巴巴集团旗下的天猫国际商品数量扩大到100万,同时也表明了天猫国际在进口规模上实现了显著增长,这对我国跨境电子商务行业来说是一个重大突破。

阿里巴巴集团作为国内第一大电商企业,为商家及其他提供产品、服务和数字内容的企业提供互联网基础设施以及营销平台,让商家可借助互联网与用户互动。阿里巴巴业务包括核心电商业务、云计算、移动媒体和娱乐以及其他创新项目。同时,阿里巴巴实施供应链物流服务,针对不同类型的订单(样品单、试订单、常规订单、大单)提供一站式物流、贸易等综合解决方案,开通世界各地专线业务,如中美专线、中东专线、东南亚专线等,通过集约化操作,最大限度地降低成本,促成订单成功交易。

总体来说,阿里巴巴集团的发展主要经历了三个阶段:第一阶段由电商业务出发,创建以电商、物流、支付为三大焦点的系统布局;第二阶段以数据为目标,对数据进行搜集、分析和整理,实施有针对性的战略投资;第三阶段则满足人的需求,即用户的需求,围绕人的需求展开一系列的业务创新工作。

(二)阿里巴巴集团供应链管理现状

在海淘迅猛发展的背景下,各大跨境电子商务平台也随之出现。2009年,跨境电子商务洋码头平台正式上线;2013年,小红书成立并发展了社区式跨境电子商务的形式,跨境电子商务的模式更加多样;2014年,我国出台了一系列的跨境电子商务法律和政策,意味着我国跨境电子商务走向合法化,同时出台的税收政策也在无形中支持着跨境电子商务企业的发展;2014年、2015年这两年是跨境电子商务企业集中成立的时期,阿里巴巴集团成立了跨境电子商务平台天猫国际、淘宝全球、AliExperess、Lazada等,同一时间网易考拉、京东全球购、唯品国际、宝贝格子等平台也纷纷成立并迅猛发展。这意味着,阿里巴巴集团将市场扩展到海外,开始布局企业的国际化策略。事实证明,其策略选择非常明智。在随后的几年内,跨境网购用户数量逐年递增、涨势迅猛,互联网逐渐被大众所接受,因此消费结构也发生了转变,大大地促进了跨境电子商务的发展,同时,跨境电子商务的快速发展也影响着我国传统消费者的消费观念。从此,跨境电子商务进入黄金发展阶段。

2015年,我国政府对外贸商品税收政策进行调整,降低了一些商品的关税。随着政策的改变以及社会经济环境的变化,天猫国际开始加速发展,跨境购物也开始走向规范化、合法化。这一阶段天猫国际的主要经营模式以平台式为主,这也始终是阿里巴巴集团的传统业务领域;物流则以海外直邮为主,商品从海外发货直接送达消费者,这样不仅供应链的管理相对简便,商品质量也比较有保障。阿里巴巴集团旗下的跨境电子商务平台为了加强国际供应链的管理,同时也着手建立保税区和海外仓。

2016年,我国政府针对跨境电子商务零售商品采取了全新的税制,出台了"四八新政"。保税模式突然遭受重创,跨境电子商务平台纷纷转变为国际直邮或保税仓模式。新政施行的前期监管严格,电商行业需要时间转型。为了更加便捷、高效地监控供应链,阿里巴巴集团的天猫国际采取了保税仓或者直邮发货模式,再加上以部分自营类商品的方式进行物流供应链管理,取得了比较明显的效果。

2017年,阿里巴巴集团的跨境电子商务平台经营继续维持着已经成熟的平台招商模式,邀请各个商家入驻平台并提供商品和相关服务,该模式属于轻资产模式,具有安全性较高、客户信任度较高、海外零售商可授权平台商家并提供本地退换货服务、物流采取海外直邮、便于整体供应链管理等诸多优势。其劣势则是净利润不高,只能通过赚取入驻商家佣金获利,同时第三方商家数量众多、质量参差不齐,所出售商品种类、数目多,品质难以完全把控。同年,天猫国际广纳海外品牌,商品来自63个国家,共3700个品类,入驻的海外品牌数已达数万个,同时在物流保税区的货物5天左右即可送达,海外直邮7~14天到达,甚至热门的海外商品可以提前采购至国内保税仓备货,随时根据客户的需求配送,同时严格把控所售商品的正品率,其供应链模式已日趋成熟。

2018年10月,阿里巴巴集团创立了本地生活服务公司,构建了一个全新的本地生活服务平台。事实上,在此之前阿里巴巴集团在本地生活布局方面已经初具规模,前期收购了口碑、大麦网、优酷、飞猪、饿了么等已发展成熟的平台企业,旗下平台包括阿里健康、阿里音乐、阿里体育、阿里影业等,阿里巴巴集团的目标是将大数据应用到生活的方方面面,旨在打造高效、协同的供应链与完善的物流信息系统。在数字化升级转型的过程中,本地生活化模式能够极大地简化供应链管理,同时也为其跨境交易提供了良好的环境和更大的发展空间。阿里巴巴集团每年举办的天猫"双11"购物节都在不断刷新纪录、创造历史。2023年,天猫一年一度的"双11"全球购物狂欢节当天交易总金额突破5403亿元。从阿里巴巴集团的发展策略、实际发展历程和目前发展现状来看,阿里巴巴集团的核心在于其高效率的供应链体系和其打造的全新的智慧物流体系,阿里巴巴集团前期扎实的铺垫、对市场环境和发展趋势的预判、最终采取的转型策略都是其成功的重要因素,非常值得其他中小新兴跨境电子商务企业学习。在发展中不断思考创新、为自身创造竞争优势以及把握住客户的真正需求是电商企业生存和发展的重要保证。

(三)阿里巴巴集团供应链管理模式分析

1. 资金流分析

一般来说,资金流包括支付结算和交易环节这两个过程,这两个环节不仅建立了商家和消费者之间的联系,同时也连接着平台和商家、平台和供应商,是电子商务交易活动的核心环节,也是跨境电子商务可以进行跨境交易业务的基本保障。阿里巴巴集团很早便高度重视资金流环节,发展初期便创立了支付宝,用于旗下交易业务的支付结算。支付宝作为中间交易平台,不参与交易业务的整个过程,只是扮演着第三方担保的角色。从2004年成立至今,支付宝已经是当前全球最大的移动支付平台,其间支付宝积极参与国际合作,合作了国内外上百家银行,与MasterCard、VISA等海外贸易机构建立联系,逐渐成为目前人们普遍依赖的电商支付方式。支付宝促进了阿里巴巴的资金流发展,同时阿里巴巴集团的国际资金链也需要依靠支付宝完成跨境支付。支付宝的发展策略是以数字经济为主要理念来发展其所收集的数字信息。2023年,支付宝境外人均消费比 2019 年增长 24%，阿里巴巴集团旗下的天猫国际的跨境支付交易规模也实现了高速增长。阿里巴巴集团的数字经济理念使支付宝成为现在人们消费的重要工具。

2. 信息流分析

信息流在互联网时代的核心是以极低的成本来达成无边界的传输，这对于跨境电子商务来说十分重要。但是想要使信息流和资金流、物流实现全球范围内的整合，其难度非常大。2014 年天猫国际成立，阿里巴巴集团开始布局全球，建设基础设施为天猫国际的发展提供保障。阿里巴巴集团对信息流方面的建设十分重视，在发展前期就开始重点建设信息流的基础设施，以较低的成本收集了众多网站信息，这样客户就可以在阿里巴巴集团的平台上迅速地读取到大量的、最新的信息。阿里巴巴集团还推出了可以用于企业和企业之间沟通的信息交流工具——贸易通。这不仅有利于企业之间更加便捷地进行贸易往来，还降低了信息成本，提高了交流沟通的效率。此外，阿里巴巴集团还推出了采取会员制形式的"诚信通"，注册升级成为其会员的企业或客户可以发布重要信息，可以综合地进行商品的线上线下同时推广。天猫国际在跨境电商领域不断创新，通过搭建信息流，不断培育前端消费者的消费习惯，并建立了一套完善的交易规则和信用体系，为行业发展做出了贡献。

3. 物流分析

现今的跨境电子商务企业采取的物流方式有保税进口、海外直邮、海外拼邮等。全球的客户通常是从跨境电子商务平台、个人卖家代购以及海外电商零售这些方式中来选择消费渠道的。阿里巴巴集团旗下的跨境电子商务业务采用了"海外集货+国内保税"的仓储物流模式，保税区 5 天左右即可送达，海外直邮则 7~14 天可送达，它将海外集货、保税仓物流以及全球订单履约中心海外备货的服务相结合。2018 年，阿里巴巴集团成立了本地生活服务公司，全面构建高效的供应链体系以及智慧物流系统，将消费贸易全面数字化，业务结构成功转型升级，为天猫国际和阿里其他跨境电子商务平台创造竞争优势，提高利润水平。因此，创建高效协调的供应链和完整的物流信息系统，对跨境电子商务平台的构建具有积极的借鉴和启示作用。

4. 其他方面分析

在面向客户商品展示方面，阿里巴巴集团目前不仅采取视频、直播等方式将海外商品更直观、更方便地展现在客户面前，还利用大数据云计算技术，分析客户的喜好和需求，为客户提供更加精准的商品和服务。在营销策略方面则是采取团购、节日促销等方式，如天猫聚划算、"双11"、"双12"等多种方式刺激客户消费。阿里巴巴集团在品质控制方面则是通过"神秘抽检""入仓检""质量溯源"等措施来对商品质量进行把控，同时阿里巴巴集团加强了与监管部门的积极合作，调动自身的社会资源和合作企业，直接邀约国外优质商家，发挥正品优势，全面加强对商品质量的把控，让客户得到更好的购物体验。

(四)阿里巴巴集团供应链管理的优势

在跨境电子商务高速发展的时代背景下，跨境电子商务企业呈现出平台为主、自营为辅的竞争格局。如京东全球购、网易考拉等都主要发展自营模式，更重视产品流的管理，以信息流、现金流为辅，适应线下市场集中度相对较高的环境，通过提供完整和卓越的供应链服务以获得规模优势。中国线下市场集中度较差，供给与需求之间缺乏有效匹配。因此，阿里巴巴集团以搭建平台、招商引资、善于整合为主要运营发展模式的跨境电子商务平台更有发展优势。客户不仅可以通过平台进行搜索，选购商品的时候也可以对比各个商家的商品然后再进行选择，这不但扩大了商品选择范围,而且平台模式还具有商品品类不受限、无库存压力的优势。此外,阿里巴巴集团本身的发展策略就是横向扩展,先规模后效率,其商业布局前期已经适应了信息较为分散的市场,解决了早期的有效供给不足,现阶段其正在努力提升有效需求,通过采取一系列品控和质检措施给客户带来更好的购物体验。由此可见,平台模式的跨境电子商务企业相比其他以自营模式为主要模式的跨境电子商务企业具有一定的优势。

案例分析

北京××物流公司借助北京××经贸集团的资源在9年时间内建立了销售网络,最初,北京××物流公司以单一的物流配送为主要服务方式,配送服务形式分为B2B和B2C两种。

后来,该物流公司进行物流管理系统的设计,该公司物流管理系统设计主要基于四个因素:①居民消费方式的转变;②该物流公司业务模式的更新;③全方位物流服务模式的需要;④该物流公司正式启动物流管理信息系统项目。

北京××物流公司物流管理信息系统采用柔性构建技术,即模块化设计方式,每一个模块完成单一功能。该物流公司的物流管理信息系统包括分布式库存管理监控系统、运输优化调度系统、第三方物流作业支持系统和客户关系管理与商业智能系统四个业务子系统,分别完成企业的库存透视、调度优化、订单跟踪、智能决策。

可以看出,物流管理系统的设计和运用所要实现的目标是:①提高对客户的服务,也就是迅速、准确地把客户所订的物品送达客户的手里。②降低物流总成本,减少和消除各个活动环节上的浪费。北京××物流公司物流管理系统设计的涵盖面较大,以整合其业务和优化其流程为主要目的,强调各种职能部门的分工与协作,并且注重客户关系的管理。

北京××物流公司的物流管理系统设计给其他企业的启示是:一个企业物流信息系统的构思与设计,一方面要结合本企业的实际情况,力求符合国情厂情,真正地按市场运行的要求进行设计;另一方面要认真地与软件开发商合作,以专业的人才,高、精、尖的技术为设计与开发物流管理信息系统服务。

思考:
1. 物流管理系统设计中如何兼顾管理标准化与企业个性化?
2. 如何理解北京××物流公司物流管理信息系统的四大功能?该物流公司采用的分布式库存与一般的集中式库存的利弊各是什么?

练习与思考

1. 亚马逊的主营业务主要分为( )两大部分。
   A. 零售　　　　　　B. 批发　　　　　　C. 配送　　　　　　D. AWS云计算服务
2. 中远e环球的主要服务为( )三大块。
   A. 增值服务　　　　B. 信息模块　　　　C. 跨境电子商务服务　D. 综合物流服务
3. 中远e环球的综合物流服务包括( )。
   A. 进口保税业务　　B. 进口空运业务　　C. 出口空运业务　　D. 仓储服务
4. 沃尔玛的小同形式的配送中心分别为( )。
   A. 干货配送中心　　B. 食品配送中心　　C. 山姆会员店配送中心
   D. 服装配送中心　　E. 进口商品配送中心　F. 退货配送中心

附录　跨境电子商务物流相关名词解释

跨境电子商务 B2C 物流渠道相关名词见附表 1,各名词的具体内容如下所述。

附表 1　跨境电子商务 B2C 物流渠道相关名词

序号	跨境环节	相关名词
1	发件国物流渠道	实重、体积重、跟踪号、转单号、排仓、爆仓、偏远、上网时效、起飞时效、未上网、申报
2	发件国海关	出口总包护封开拆、出口总包直封分发、出口总包护封分发
3	在途	交航、转运/中转
4	收件国海关	清关、税号、检疫、关税、扣关、清关时效
5	收件国物流	丢弃、退件、代收、丢件

1. 实重

实重也称净重,是指包裹放在磅秤上显示的实际重量。

2. 体积重

在 EMS 与商业快递的收费方式中,除了包裹实重外,还会计算包裹体积重,体积重与实重择其较大者作为收费标准。当体积重＞实重时,按照体积重收取运费;当实重＞体积重时,按照实重收取运费。按照体积重收费的货品称为"泡货",按体积重收费又称为"计泡",EMS 只有在长、宽、高三边中任一单边达到 60 cm 及以上时才需计体积重。体积重的计算公式为:长(cm)×宽(cm)×高(cm)/5000(EMS 以 8000 作为分母)。

【例 1】客户买了一个手机壳和一个小音响,发 DHL,用纸箱包装,实重 0.98 kg,纸箱长 13 cm、宽 20 cm、高 18 cm,此时:

实际重量:0.98 kg,按 1 kg 计;体积重:13×20×18/5000＝0.936 kg,按 1 kg 计;

计费重量:1 kg。

【例 2】客户混批手机壳和平板电脑保护套,发 FedEx,用纸箱包装,实重 1.4 kg,纸箱长 25 cm、宽 20 cm、高 18 cm,此时:

实际重量:1.4 kg,按 1.5 kg 计;体积重:25×20×18/5000＝1.8 kg,按 2 kg 计;

计费重量:2 kg。

3. 跟踪号

跟踪号是指当包裹被物流渠道服务商揽收后,物流渠道服务商所提供的一组英文字母加数字或是纯数字组合的物流信息。买家可以通过这组跟踪号追查包裹目前的最新状况。

根据万国邮政联盟规定,查询号码是:(由字母及数字组成的 13 位标准单号)前面 2 个字母、中间 9 位数字、后面 2 个字母是根据标准 ISO 3166－1 国家名称简码定义发件国家,部分国家可能存在自己定义的特殊单号。

A——平邮小包(不超过 2 kg);R——挂号小包(不超过 2 kg);V——挂号小包(保险)(不超过 2 kg);C——邮政大包(2 kg 以上);L——邮政特快专递(不超过 2 kg);E——邮政特快专递(2 kg 以上)。

4. 转单号

转单号是指航空包裹无法由寄件国直达目的国,途中经过第三方国家而产生的另外一组跟踪号;或是抵达收件国之后,当地的派送公司可能另外给出的追踪号;也可能是遇到异常情况的转单号。

5. 排仓

排仓是指已经被海关放行的货物被航空公司根据货物尺寸、轻重编排装载表,然后交给货站进行货物装箱或预配。当四大快递航班仓位不足而需要等待时,一般需要排仓,此时可能会收取排仓费。

6. 爆仓

爆仓是指物流旺季快递或者邮政渠道包裹太多而超出其承受能力,来不及分拣快件,甚至没办法再收件,大量快件滞留在始发站或中转站,包裹到达目的地的时间相对比较长。爆仓发生的原因有天气因素(大雪、洪水、台风)、网购高峰期(大多是节假日前后,如圣诞节、元旦、春节、情人节等)、国际赛事加强安检(如奥运会)、长假期快递公司多数人员休假等。

7. 偏远

对于偏远地区,如果货物通过邮政渠道无法送达,这时就需要通过商业快递发货。此时,快递公司会收取一些额外的服务费用,而通过邮政渠道(包含 EMS)发货则无偏远费。

8. 上网时效

上网时效是指邮局收货并查货后把单号数据上传到官网的速度。如果是直封分发,通常在拿到单号之后的 1~3 个工作日内就可以看到物流信息开始更新。通过线上发货的包裹,仓库在工作日收到包裹后的隔天,基本上都可以看到物流信息更新。如果是线下发货的包裹,超过 3~5 天仍看不到物流信息更新,那卖家就需认真考虑此货代企业处理货物的时效性了,很有可能是货代企业将货物转手给其他货代企业造成物流信息更新滞后。平台大促销或是购物旺季来临时,因为各个邮局的处理能力有限,爆仓时货物堆积如山,很有可能导致物流信息更新严重滞后。

9. 起飞时效

起飞时效是指邮局把货物送给海关查验,海关验货放行后在机场等待航班起飞的时间。一般来说,到欧美等航班较多的国家,起飞时效更短;到航班较少的不发达国家,则起飞时效会较长。

10. 未上网

未上网是指单号数据在官网上还未更新或暂时查询不到包裹的任何信息。

11. 申报

申报是指发件人对包裹内容进行陈述,将物品详情、数量、金额三大要素体现在形式发票(快递)或报关单(小包)上,进口国家当地海关对该货物进行检查。比如加收关税等都是由申报信息产生的。

12. 出口总包护封开拆

邮局寄出口包裹时，一般会根据不同的目的国，将包裹装在邮递袋子里封好，这个过程称为总包。经过海关检查后合格的总包，要再封上，称为护封。邮局把货交给海关（都是一大袋一大袋的，一个大的袋子装了很多中国邮政的小包），海关会把邮局的包裹大袋子拆开，过机扫描，有时会抽查，看物品是否和所申请的物品一致。所以货物名称要写清楚，如果字迹有点模糊，海关就会拆包检查，这样会耽误货物发出的时间。

13. 出口总包直封分发

出口总包护封开拆以后，一般会显示出口总包直封分发，这表示包裹已经顺利地通过海关检查，重新打包好，交给航空公司，航空包裹由寄件国直达目的国，途中不经过第三方国家。

14. 出口总包护封分发

需要中转的包裹和根据不同地址分拣后的进口小包裹，会再次被封装成为总包，然后发往目的地投递站点。

15. 交航

交航是指国内服务商已经把包裹交给机场，包裹已经在机场或者已经交给发货的飞机公司。显示交航就是包裹已经上了目的国的航班，下一条更新信息就是包裹已经抵达收件国了。

16. 转运/中转

转运/中转是指航空包裹无法由寄件国直达目的国，途中经过第三方国家。转运中物流操作人员不规范操作或暴力分拣，可能会导致货物破损或丢失。多次转运可能会导致货物上网的信息非常慢。

17. 清关

清关即结关，是指进口货物、出口货物和转运货物进入或出口一国海关关境或国境时必须向海关申报、办理海关规定的各项手续，履行各项法规规定的义务。

18. 税号

税号是纳税人识别号的简称，是税务登记证上的号，每个企业的税号都是唯一的。在某些国家，除了企业税号，也有个人税号，如巴西、澳大利亚。巴西的税号分为个人税号（CPFNO）和企业税号（CNPJNO）。税号由税务部门编制，唯一且终身不变。个人税号与企业税号的区别在于清关能力。申报金额较高的货品，极有可能无法使用个人税号去报税清关。

19. 检疫

检疫是卫生检疫、动植物检疫、商品检疫的总称。电子类产品主要要求各种认证和严查仿牌。

20. 关税

关税是由国家授权海关，针对出入关境的货物及物品所征收的一种税收，它普遍存在于各个国家，通常设有特定的起征点作为申报标准。除了基本的关税信息，如热门国家的税率等在网络上可轻易查阅外，关税体系还涵盖了反倾销税及增值税等复杂内容。当货物的申报价值超过目的国所规定的进口货物最高免税限额时，就有可能需要缴纳相应的关税。

扩展阅读

英国税率起征点:15英镑。
综合关税＝增值税＋关税＋清关杂费
增值税＝货值(向海关申报)＋运费＋关税
关税＝货值×产品税率
澳洲税率起征点:1000澳币。
综合关税＝增值税＋关税＋清关杂费
增值税＝[货值(向海关申报)＋运费＋关税]×10%
关税＝货值×产品税率
美国起征点:200美金。
综合关税＝关税＋清关杂税
关税＝货值×产品税率

以上范例的起征点仅供参考,发货若涉及税点,最好事先跟买家或货代企业确认目的地国家的关税和免税额。卖家虽然没有承担关税的责任与义务,但买家极有可能因为高昂的关税导致不清关,因而产生交易纠纷。

21. 扣关

扣关是指包裹在收件国海关因某些原因而被当地海关查扣。发生扣关大多是以下几种情况:申报价值和估价不一致、品名和商品不符、装箱清单不详、收货人条件不允许(没进出口权等)、包裹价值超过收件国免税金额(需要补交关税)、违禁商品。

22. 清关时效

清关时效是指货物在海关完成正常手续并放行的时间。

23. 丢弃/退件

包裹到了收件国之后,因为"任何"原因无法顺利妥投,就会面临丢弃或者退件的情况。在某些国家,包裹即使被丢弃,也会被收取"处理费"。如选择"退件",万国邮政明确规定了小包退回到发件目的地国家是免费的。商业快递如果需要退件,退件费用是寄件费用的3～5倍。所以,如果是商业快递请不要随便让客户拒签。

24. 代收

当包裹在收件国无法顺利妥投时,通常会被暂存在当地的物流服务中心1～3个星期,具体时间因不同的国家而有所不同,然后会通知收件人在暂存时间结束之前自行前往领取,时间结束之前若无人领取,包裹有可能会被丢弃或进行退件处理。

25. 丢件

在网上已无信息更新,邮局并未回复检查结果并且客户未签收的货物,在确认丢失后,邮政有限额赔偿。

参考文献

[1] 黄晓莉.我国对外贸易增长与跨境电子商务的互动研究[J].商业时代,2016(20):140-142.

[2] 汪旭晖,冯文琪.电子商务助推现代服务业升级:机制、路径及政策:以大连市为例[J].北京工商大学学报(社科版),2016(2):41-52.

[3] 王喜荣,余稳策.跨境电子商务发展与传统对外贸易互动关系的实证分析[J].经济与管理研究,2018,39(2):79-86.

[4] 张夏恒.跨境电子商务概论[M].北京:机械工业出版社,2020.

[5] 丁荣涛,荣伟.面向协作交易的跨境电子商务物流网络评价[J].物流商论.2014(4):94-95.

[6] 李兴志,张华,曹益平.电子商务物流管理[M].济南:山东大学出版社,2019.

[7] 薛红松,谢美娥,柳志刚.国际物流[M].西安:西北工业大学出版社,2021.

[8] 娄晨菲.我国跨境电子商务物流现状及运作模式[J].中国储运,2023(5):123.

[9] 杨洁.跨境电子商务物流模式创新与发展探究[J].中国物流与采购,2023(3):90-91.

[10] 倪安安.跨境电子商务的物流监管体系优化方案:基于系统协同度模型[J].物流科技,2022,45(14):44-47.

[11] 耿波.跨境电子商务物流发展现状与运作模式探析[J].国际公关,2022(1):110-112.

[12] 赖广强.跨境电子商务与物流融合现状及优化策略[J].商场现代化,2021(24):23-25.

[13] 胡仁,周凌轲.双循环背景下江苏省人民政府推动跨境电子商务物流的政策研究[J].物流工程与管理,2021,43(12):101-105.

[14] 昝望.我国现有跨境电子商务物流模式比较分析[J].现代商业,2021(32):43-45.

[15] 李岐,李侠.跨境电子商务的发展现状及物流困境分析[J].物流工程与管理,2021,43(3):44-46.

[16] 杜鑫.跨境电子商务物流模式创新与发展趋势研究[J].中小企业管理与科技(中旬刊),2021(3):57-58.

[17] 宋明伟,方敏.跨境电子商务物流供应链管理与创新[J].投资与合作,2021(2):66-67.

[18] 王新艳.跨境电子商务物流现状及运作模式探究[J].海峡科技与产业,2020(10):95-97.

[19] 吴晴秋."一带一路"背景下跨境电子商务与物流融合路径分析[J].现代商业,2020(27):33-34.

普通高等教育"十四五"应用型本科实验实践类创新性系列教材

经济学基础	人力资源管理概论
管理学基础	国际贸易概论
会计学基础	物流管理概论
经济法	公共关系学
运筹学	会计电算化
组织行为学	财务管理
市场营销	现代管理会计(第二版)
计量经济学	商务礼仪
应用统计学	外贸函电
电子商务概论	商务谈判
金融学	微观经济学
供应链管理	数据库原理及应用实验教程
企业管理(第二版)	数据库原理及应用(第二版)
跨境电子商务物流	

欢迎各位老师联系投稿!

联系人:李逢国
手机:15029259886　办公电话:029—82664840
电子邮件:1905020073@qq.com
QQ:1905020073(加为好友时请注明"教材编写"等字样)